攻玉社中学校

〈収録内容〉

便利な DL コンテンツは右の QR コードから

解答用紙

過去年度

国語の問題は
紙面に掲載

⇒ 

※データのダウンロードは 2025 年３月末日まで。
※データへのアクセスには、右記のパスワードの入力が必要となります。 ⇒ 569306

〈合格最低点〉

	第１回	特別選抜
2024年度	182点	100点
2023年度	185点	116点
2022年度	179点	94点
2021年度	201点	90点
2020年度	204点	122点

本書の特長

実戦力がつく入試過去問題集

▶ 問題 …………… 実際の入試問題を見やすく再編集。
▶ 解答用紙 …… 実戦対応仕様で収録。
▶ 解答解説 …… 詳しくわかりやすい解説には、難易度の目安がわかる「基本・重要・やや難」の分類マーク（下記参照）。各科末尾には合格へと導く「ワンポイントアドバイス」を配置。採点に便利な配点つき。

入試に役立つ分類マーク 

基本 確実な得点源！
受験生の90%以上が正解できるような基礎的、かつ平易な問題。
何度もくり返して学習し、ケアレスミスも防げるようにしておこう。

重要 受験生なら何としても正解したい！
入試では典型的な問題で、長年にわたり、多くの学校でよく出題される問題。
各単元の内容理解を深めるのにも役立てよう。

やや難 これが解ければ合格に近づく！
受験生にとっては、かなり手ごたえのある問題。
合格者の正解率が低い場合もあるので、あきらめずにじっくりと取り組んでみよう。

合格への対策、実力錬成のための内容が充実

▶ 各科目の出題傾向の分析、合否を分けた問題の確認で、入試対策を強化！
▶ その他、学校紹介、過去問の効果的な使い方など、学習意欲を高める要素が満載！

解答用紙ダウンロード 解答用紙はプリントアウトしてご利用いただけます。弊社ＨＰの商品詳細ページよりダウンロードしてください。トビラのＱＲコードからアクセス可。

UD FONT 見やすく読みまちがえにくいユニバーサルデザインフォントを採用しています。

攻玉社中学校

きめ細やかな教育プログラムで仲間と切磋琢磨し成長できる伝統ある進学校

URL	https://kogyokusha.ed.jp

生徒数　723名
〒141-0031
東京都品川区西五反田 5-14-2
☎03-3493-0331
03-3495-8160（広報企画部直通）
東急目黒線不動前駅　徒歩１分

誠意・礼譲・質実剛健が校訓

1863（文久3）年、明治の6大教育家の一人、近藤真琴によって創設された、実に160年の歴史を持つ、伝統ある学園である。

“攻玉”とは、詩経の「他山の石似って玉を攻（みが）くべし」から引用したもので、建学の精神にもなっている。「生徒の一人ひとりを玉として、これを攻くために、切磋琢磨しあいながら勉強に励め」という意味で、これを勉学の基本方針としている。また、校訓の「誠意・礼譲・質実・剛健」をもとに、しつけも重視している。

温水プールもある充実の体育設備

2003年に地下2階、地上7階建ての校舎が完成。室内温水プール、冷暖房完備の剣道場、柔道場、視聴覚設備を完備した270名収容の大教室、70名分の個別ブースが設置された自習室など、施設も充実している。

6年間を3つに区切る独自の英才教育

6年間をSTAGE 1（中１・２）、STAGE 2（中3･高1）、STAGE 3（高2・3）に分けた独自の英才教育を実施し、中3より1学級「選抜学級」を設置。

冬期も使用可能な温水プール

中学では、基礎力アップのために英・数・国の授業時間を多く取り、3年次には高１の内容に入るなど大幅な先取り教育を行っている。また、生きた英語を学ぶため、1年次から外国人教師による英会話の授業もある。そのほか、余力のある者や勉強が遅れがちな者に対しては、放課後を利用して、特別講習や補習授業も実施している。さらに、帰国生を対象にした「国際学級」では、英・数・国で分割授業を実施し、レベルに応じた授業を行っている。

高校では、2年次から6クラスを8クラス編成とし、少人数制によるきめ細かな指導を行う。また、大学の志望方向によって文系（国立･私立）･理系（国立･私立）のコース制となり、選択科目を大幅に取り入れて大学受験に直結させている。さらに、7月下旬に夏期講習（中3～高3）、8月下旬にも夏期特別講習（中1・2）を実施して、大学受験のための学力向上を図っている。

クラブ活動との両立で個性を伸ばす

勉強だけでなく、個性を伸ばし、体を鍛えるために、クラブ活動を奨励しており、特に、水泳部、サッカー部、硬式テニス部、剣道部、バスケットボール部、陸上競技部、鉄道研究部、将棋部、理化学部、数学研究愛好会、英語ディベート部の活躍が光っている。

また、芸術鑑賞やスキー学校、キャリアガイダンスなど、学校行事も多彩である。

全員が４年制大学進学志望

進学校だけあって、全員が４年制大学へ進学する。独自のカリキュラ

ムや、年間3～5回の実力テスト、模擬試験、組織的な進路指導などで、進路の決定を強力にサポートしている。東大、東京工業大、一橋大などの国公立大をはじめ、慶應義塾大、早稲田大、東京理科大、上智大などの難関私立大への実績も目覚ましい。

伝統ある海外英語研修

海外英語研修の行き先はオーストラリアで、中3・高1の希望者を中心に約2週間の日程で実施し、ホームステイをしながら、生きた英語を学習する。

2024年度入試要項

試験日　1/11（国際学級）
2/1（第１回）
2/2（第２回）
2/5（特別選抜）

試験科目　国・算または英＋面接（国際学級）
国・算・理・社（第１・２回）
算Ⅰ・Ⅱ（特別選抜）

2024年度	募集定員	受験者数	合格者数	競争率
第1回/第2回	100/80	385/438	173/181	2.2/2.4
特別選抜	20	77	25	3.1
国際学級 国算/英	40	74/37	45/21	1.6/1.8

過去問の効果的な使い方

① **はじめに**　ここでは，受験生のみなさんが，ご家庭で過去問を利用される場合の，一般的な活用法を説明していきます。もし，塾に通われていたり，家庭教師の指導のもとで学習されていたりする場合は，その先生方の指示にしたがって，過去問を活用してください。その理由は，通常，塾のカリキュラムや家庭教師の指導計画の中に過去問学習が含まれており，どの時期から，どのように過去問を活用するのか，という具体的な方法がそれぞれの場合で異なるからです。

② **目的**　言うまでもなく，志望校の入学試験に合格することが，過去問学習の第一の目的です。そのためには，それぞれの志望校の入試問題について，どのようなレベルのどのような分野の問題が何問，出題されているのかを確認し，近年の出題傾向を探り，合格点を得るための試行錯誤をして，各校の入学試験について自分なりの感触を得ることが必要になります。過去問学習は，このための重要な過程であり，合格に向けて，新たに実力を養成していく機会なのです。

③ **開始時期**　過去問との取り組みは，通常，全分野の学習が一通り終了した時期，すなわち6年生の7月から8月にかけて始まります。しかし，各分野の基本が身についていない場合や，反対に短期間で過去問学習をこなせるだけの実力がある場合は，9月以降が過去問学習の開始時期になります。

④ **活用法**　各年度の入試問題を全問マスターしよう，と思う必要はありません。完璧を目標にすると挫折しやすいものです。できるかぎり多くの問題を解けるにこしたことはありませんが，それよりも重要なのは，現実に各志望校に合格するために，どの問題が解けなければいけないか，どの問題は解けなくてもよいか，という眼力を養うことです。

算数

どの問題を解き，どの問題は解けなくてもよいのかを見極めるには相当の実力が必要になりますし，この段階にいきなり到達するのは容易ではないので，この前段階の一般的な過去問学習法，活用法を2つの場合に分けて説明します。

☆偏差値がほぼ55以上ある場合

掲載順の通り，新しい年度から順に年度ごとに3年度分以上，解いていきます。

ポイント1…問題集に直接書き込んで解くのではなく，各問題の計算法や解き方を，明快にわかるように意識してノートに書き記す。

ポイント2…答えの正誤を点検し，解けなかった問題に印をつける。特に，解説の 基本 重要 がついている問題で解けなかった問題をよく復習する。

ポイント3…1回目にできなかった問題を解き直す。同様に，2回目，3回目，…と解けなければいけない問題を解き直す。

ポイント4…難問を解く必要はなく，基本をおろそかにしないこと。

☆偏差値が50前後かそれ以下の場合

ポイント1～4以外に，志望校の出題内容で「計算問題・一行問題」の比重が大きい場合，これらの問題をまず優先してマスターするとか，例えば，大問2までをマスターしてしまうとよいでしょう。

理科

理科は1から順番に解くことにほとんど意味はありません。理科は，性格の違う4つの分野が合わさった科目です。また，同じ分野でも単なる知識問題なのか，あるいは実験や観察の考察問題なのかによってもかかる時間がずいぶんちがいます。記述，計算，描図など，出題形式もさまざまです。ですから，解く順番の上手，下手で，10点以上の差がつくこともあります。

過去問を解き始める時も，はじめに1回分の試験問題の全体を見通して，解く順番を決めましょう。得意分野から解くのもよいでしょう。短時間で解けそうな問題を見つけて手をつけるのも効果的です。くれぐれも，難問に時間を取られすぎないように，わからない問題はスキップして，早めに全体を解き終えることを意識しましょう。

社会

社会は1から順番に解いていってかまいません。ただし，時間のかかりそうな，「地形図の読み取り」，「統計の読み取り」，「計算が必要な問題」，「字数の多い論述問題」などは後回しにするのが賢明です。また，3分野（地理・歴史・政治）の中で極端に得意，不得意がある受験生は，得意分野から手をつけるべきです。

過去問を解くときは，試験時間を有効に活用できるよう，時間は常に意識しなければなりません。ただし，時間に追われて雑にならないようにする注意が必要です。“誤っているもの”を選ぶ設問なのに“正しいもの”を選んでしまった，“すべて選びなさい”という設問なのに一つしか選ばなかったなどが致命的なミスになってしまいます。問題文の“正しいもの”，“誤っているもの”，“一つ選び”，“すべて選び”などに下線を引いて，一つ一つ確認しながら問題を解くとよいでしょう。

過去問を解き終わったら，自己採点し，受験生自身でふり返りをしましょう。できなかった問題については，なぜできなかったのかについての分析が必要です。例えば，「知識が必要な問題」ができなかったのか，「問題文や資料から判断する問題」ができなかったのかで，これから取り組むべきことも大きく異なってくるはずです。また，正解できた問題も，「勘で解いた」，「確信が持てない」といったときはふり返りが必要です。問題集の解説を読んでも納得がいかないときは，塾の先生などに質問をして，理解するようにしましょう。

国語

過去問に取り組む一番の目的は，志望校の傾向をつかみ，本番でどのように入試問題と向かい合うべきか考えることです。素材文の傾向，設問の傾向，問題数の傾向など，十分に研究していきましょう。

取り組む際は，まず解答用紙を確認しましょう。漢字や語句問題の量，記述問題の種類や量などが，解答用紙を見て，わかります。次に，ページをめくり，問題用紙全体を確認しましょう。どのような問題配列になっているのか，問題の難度はどの程度か，などを確認して，どの問題から取り組むべきかを判断するとよいでしょう。

一般的に「漢字」→「語句問題」→「読解問題」という形で取り組むと，効率よく時間を使うことができます。

また，解答用紙は，必ず，実際の大きさのものを使用しましょう。字数指定のない記述問題などは，解答欄の大きさから，書く量を考えていきましょう。

算数　出題傾向の分析と合格への対策

●出題傾向と内容

近年の出題数は，大問が4・5題，小問数が20題から30題前後である。

近年は，「平面図形」「立体図形」「速さの三公式と比」「割合と比」が重要分野として，これまでによく出題されている。その他，「数列・規則性」「縮図と拡大図」「数の性質」もよく出題される。

全体的によく練られた良問がそろっており，1題1題が充実している。年度によっては前半に難しい問題が配置されることもあるので，できるものから確実に解いていこう。

全問を試験時間内で解くには，スピードが必要であるが，優先する問題を選ぶことが必要。

✔学習のポイント

基本内容はすべて学習しておくとともに，図形，速さ，規則性，グラフなどの分野を中心に応用力をつけよう。

●2025年度の予想と対策

全体的な問題の質，レベルに大きな変化はないと思われるが，出題数や出題分野は一定しているとは限らないので，多少の変化があってもとまどわないよう，分野を限定せず過去問を利用して問題を選択できる力を身につけよう。

1から四則計算以外の小問が出されるので基礎をしっかりと固め，標準問題であればどの分野のものでもこなせるようにしておくこと。2以降の対策としては，「図形」，「規則性」，「速さ」，「グラフ」を中心に問題練習を重ねていくとよい。図形は，複合図形の面積の求め方や「相似」などに慣れておこう。「グラフ」の読み取りは，過去の問題を参考にして練習を重ねよう。

▼年度別出題内容分類表

※　よく出ている順に☆，◎，○の３段階で示してあります。

出題内容			2020年	2021年	2022年	2023年	2024年
数と計算		四則計算	○	○	○	○	○
		概数・単位の換算	○	○	◎	◎	○
		数の性質		◎	◎		☆
		演算記号	○	○	○	☆	☆
図形		平面図形	☆	☆	☆	☆	☆
		立体図形	☆	☆	☆	☆	○
		面積	◎	☆		◎	○
		体積と容積	○	☆		◎	
		縮図と拡大図	○		○	☆	○
		図形や点の移動	☆	☆	○	○	
速さ		三公式と比	☆	☆	☆	☆	○
	文章題	旅人算	○	○	○	○	
		流水算					
		通過算・時計算	○	○		○	
割合		割合と比	☆	☆	☆	☆	☆
	文章題	相当算・還元算					
		倍数算					
		分配算					
		仕事算・ニュートン算	○				
文字と式							
2量の関係(比例・反比例)							
統計・表とグラフ							☆
場合の数・確からしさ				○		○	○
数列・規則性			○	○	◎	○	☆
論理・推理・集合					○		
その他の文章題		和差・平均算					
		つるかめ・過不足・差集め算		○			
		消去・年令算	○		◎	◎	○
		植木・方陣算		○			

攻玉社中学校

算数 ——グラフで見る最近５ヶ年の傾向——

最近５ヶ年に出題されたすべての問題を内容別に分類・集計し，全体に対して何パーセントくらいの割合になっているかを示しました。

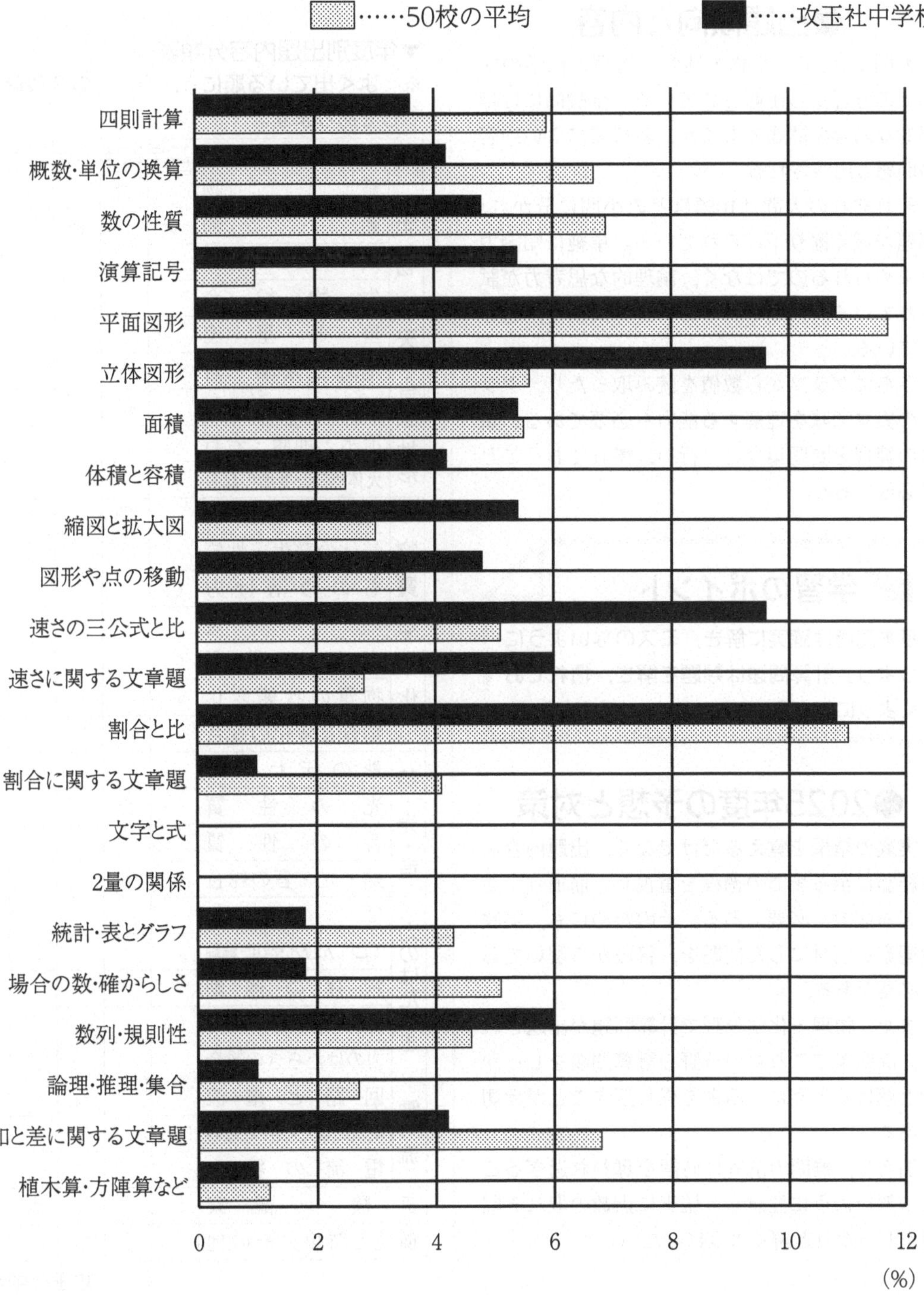

理科　出題傾向の分析と合格への対策

●出題傾向と内容

大問が4題で，生物・地学・物理・化学のすべての分野から出題されている。全般的には標準的な内容の問題であるが，教科書にない内容の問題も出題される。

それぞれの大問は10題ほどの小問に分かれ，問題が深く掘り下げられている。単純に知識力が求められるのではなく，論理的な思考力が試されている。大問それぞれに計算問題が出題されている。

さらにグラフから数値を読み取ったり，グラフの表す意味を理解する能力も必要である。類題の練習を問題集などで行い，慣れておくことが必要である。

学習のポイント

基本問題は確実に解き，ミスのないようにしよう。計算問題は類題を解き，慣れておくようにしよう。

●2025年度の予想と対策

実験の結果を覚えるだけでなく，出題内容より結論に至るまでの過程を重視し，筋道立てて考える能力が必要である。そのためにも，実験や観察を題材にした問題を，普段から解いておく必要がある。

また，物理・化学分野で計算問題が出題される。問題集でこれらの分野の計算問題をしっかりと解けるように，演習を繰り返すことが大切である。

加えて，難問の解答に時間を奪われ過ぎることの無いように注意し，確実に点数の取れる問題をしっかりと解くようにしたい。

▼年度別出題内容分類表

※　よく出ている順に☆，◎，○の３段階で示してあります。

	出題内容	2020年	2021年	2022年	2023年	2024年
生物	植物		☆		☆	
	動物	☆		☆		☆
	人体					
	生物総合					
天体・気象・地形	星と星座					
	地球と太陽・月	○	☆			
	気象		◎			
	流水・地層・岩石	◎		☆	☆	☆
	天体・気象・地形の総合					
物質と変化	水溶液の性質・物質との反応		◎		☆	
	気体の発生・性質		◎		◎	
	ものの溶け方	◎				☆
	燃焼			☆		
	金属の性質	○				
	物質の状態変化	◎				
	物質と変化の総合					
熱・光・音	熱の伝わり方					
	光の性質		☆			
	音の性質					
	熱・光・音の総合					
力のはたらき	ばね					
	てこ・てんびん・滑車・輪軸				◎	☆
	物体の運動					
	浮力と密度・圧力	○			○	
	力のはたらきの総合				☆	
電流	回路と電流			☆		
	電流のはたらき・電磁石	☆				
	電流の総合					
実験・観察		◎		☆	☆	◎
環境と時事／その他		○	○	◎		◎

攻玉社中学校

理科 ——グラフで見る最近５ヶ年の傾向——

最近５ヶ年に出題されたすべての問題を内容別に分類・集計し，全体に対して何パーセントくらいの割合になっているかを示しました。

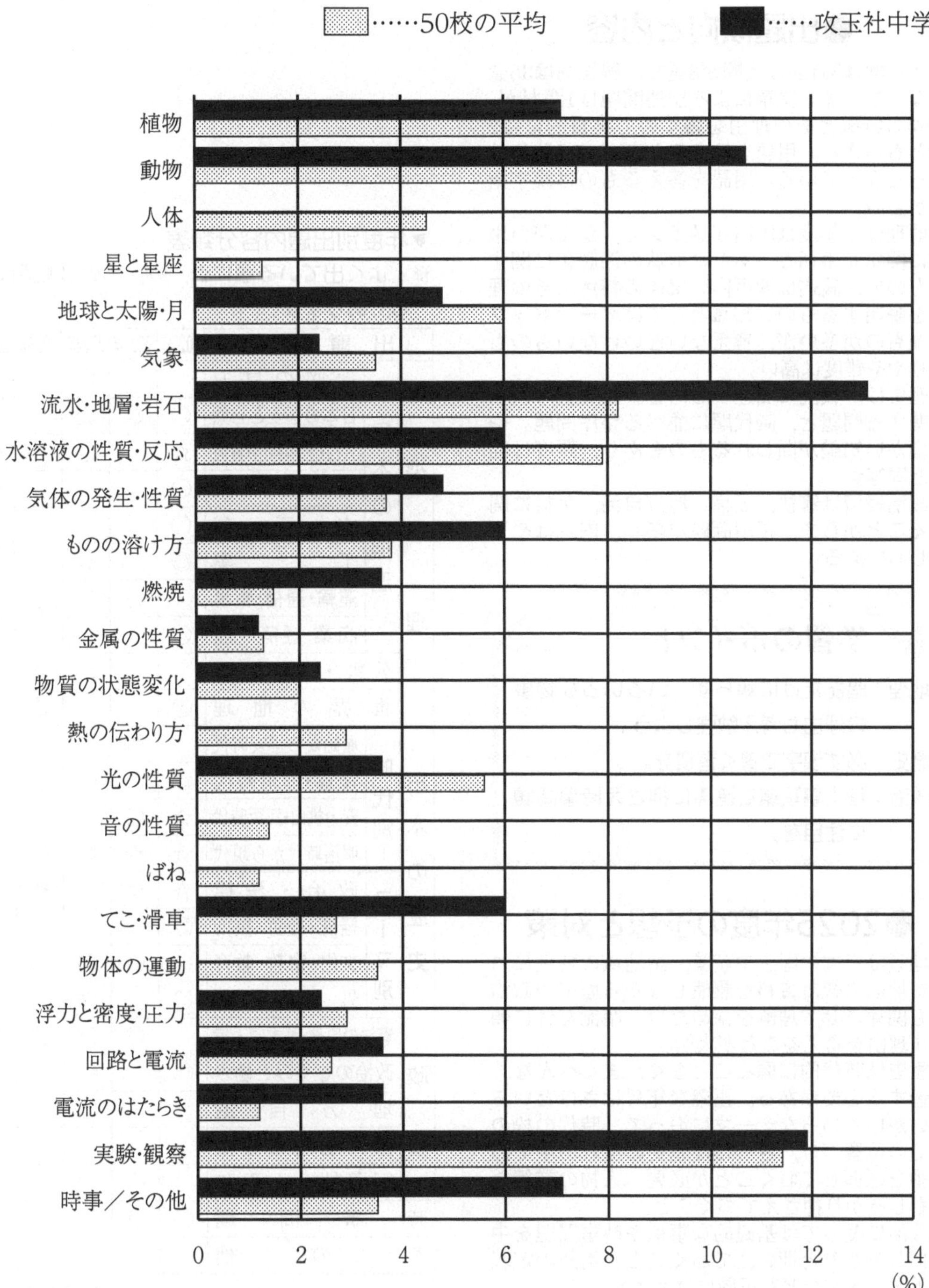

社会　出題傾向の分析と合格への対策

●出題傾向と内容

今年度は第1回は大問が3題で，解答欄は35個となっている。文章による記述問題は1問だが，気候の特徴とその理由を書くので実質的には2問ともいえる。用語を答えるものが12で残りは記号となっている。用語を答えるものは漢字指定が多い。

地理は今年度は国内がメインで，かんがい用水に関する事柄と，あとは地球の温暖化に関するもので，論述は瀬戸内の気候の特色とその理由を説明するもの。知識としてはオーソドックスなものが多いが，考えないといけないものもありやや難度は高い。

歴史は，戦乱に関連する内容。歴史上の人物に関する問題と，時代順に並べる整序問題。やや細かい知識が問われるものもあり，難度は地理と同等か。

政治経済は憲法，三権，地方自治，ケ材に関することがらで，正誤問題が多く，内容はやや難しめである。

学習のポイント

地理：暗記だけに頼らず，いろいろな物事の理由も考え勉強しよう。

歴史：必ず漢字で書く習慣を。

政治：基本事項環を確実に押さえ時事問題に注目を。

●2025年度の予想と対策

地理は日本の国土や産業，諸地域の特色について地図や統計資料を駆使しながら歴史や政治とも関連させて理解を深めたい。暗記だけに頼らず理由を考えることが大切。

歴史は時代的に偏ることなく，まんべんなく学習する必要がある。正確な年号はさほどいらないがいろいろなテーマに沿って，時代の枠の中での位置づけ，さらには歴史の流れの中での順番を把握しておくことが必要。人物の業績などもしっかり押さえておくこと。

政治に関しては基礎的な事柄や時事問題を中心にしっかりと押さえておくこと。用語の定義や手順，数字なども正確に覚えておくこと。

▼年度別出題内容分類表

※　よく出ている順に☆，◎，○の３段階で示してあります。

出題内容			2020年	2021年	2022年	2023年	2024年
地理	日本の地理	地図の見方			◎		
		日本の国土と自然	○	◎	☆		◎
		人口・土地利用・資源	☆		○		◎
		農業	○				◎
		水産業	○			○	
		工業	◎		◎	○	
		運輸・通信・貿易		◎		○	
		商業・経済一般	○				
	公害・環境問題				○	☆	
	世界の地理		○			◎	
日本の歴史	時代別	原始から平安時代		◎	○	◎	◎
		鎌倉・室町時代	◎	○	○	☆	◎
		安土桃山・江戸時代	☆	○	☆	◎	◎
		明治時代から現代	☆	☆	◎	◎	☆
	テーマ別	政治・法律	☆	☆	☆	☆	☆
		経済・社会・技術	◎		○		
		文化・宗教・教育	○	◎	○	◎	◎
		外交	○	○	◎		◎
政治	憲法の原理・基本的人権			◎	◎	◎	◎
	政治のしくみと働き		◎	○	◎	◎	◎
	地方自治				○		○
	国民生活と福祉						
	国際社会と平和			○	○	◎	
時事問題			◎	◎	○		◎
その他				○	○	○	◎

攻玉社中学校

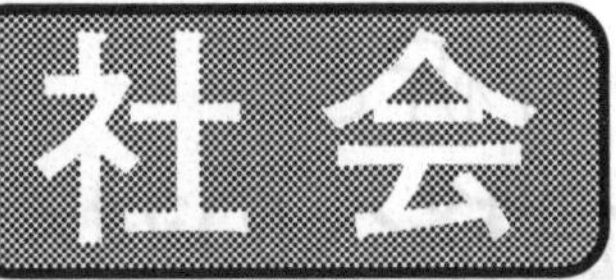

――グラフで見る最近５ヶ年の傾向――

最近５ヶ年に出題されたすべての問題を内容別に分類・集計し，全体に対して何パーセントくらいの割合になっているかを示しました。

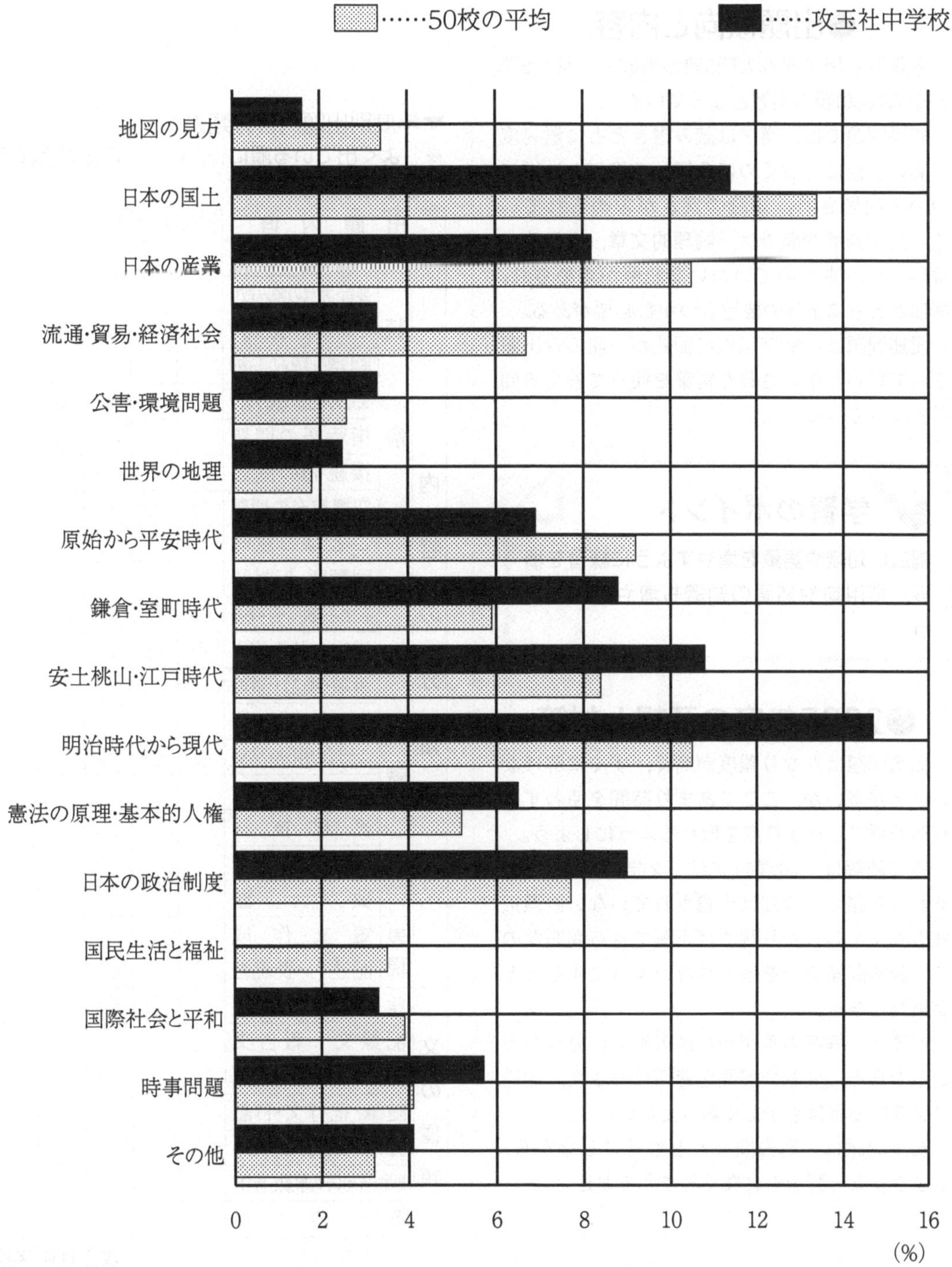

□……50校の平均　■……攻玉社中学校

地図の見方
日本の国土
日本の産業
流通・貿易・経済社会
公害・環境問題
世界の地理
原始から平安時代
鎌倉・室町時代
安土桃山・江戸時代
明治時代から現代
憲法の原理・基本的人権
日本の政治制度
国民生活と福祉
国際社会と平和
時事問題
その他

0 2 4 6 8 10 12 14 16 (%)

国語　出題傾向の分析と合格への対策

●出題傾向と内容

今年度も例年通り大問5題の構成で，長文2題と知識問題3題の出題となっている。

知識問題では，漢字は読み書きともに難易度は高い。他に『おくのほそ道』の俳句と地域について出題され，知識の深さが求められている。長文読解問題では，論理的文章，文学的文章いずれも本文のていねいな読解が求められ，細部とともに全体の要旨もつかむ必要がある。

記述問題は，80字以内の記述が一題のみ出題されている。指定された言葉を使って答える問題となっている。

学習のポイント

幅広い知識や語彙を増やすように練習を積み，慣用句や熟語の知識も増やしておこう。

●2025年度の予想と対策

知識問題はかなり難度が高く，すぐに解けないことが多いが，ここであまり時間を使わずに読解問題でしっかり点を取れるようにしよう。

長文読解は，論理的文章，文学的文章とも，それほど難しい設問は出題されていない。選択肢も本文をしっかり読めば正解できる問題なので，読解問題で点を落とさないようにすることが重要となる。

記述は，解答の手がかりが広範囲に見つかることもある。文章の展開を適切におさえ，記述に必要な要素は手がたくおさえたい。

知識問題は，過去問などを参考にしながら，さまざまな分野をもれなくおさえておきたい。

▼年度別出題内容分類表

※　よく出ている順に☆，◎，○の３段階で示してあります。

		出題内容	2020年	2021年	2022年	2023年	2024年
内容の分類	読解	主題・表題の読み取り		○	○	○	
		要旨・大意の読み取り	○	○	○	○	◎
		心情・情景の読み取り	☆	☆	☆	☆	☆
		論理展開・段落構成の読み取り			○	○	○
		文章の細部の読み取り	☆	☆	☆	☆	☆
		指示語の問題				○	○
		接続語の問題	○		○		○
		空欄補充の問題	☆	☆	☆		☆
	知識	ことばの意味					
		同類語・反対語					
		ことわざ・慣用句・四字熟語	◎	◎	◎	☆	○
		漢字の読み書き	☆	☆	☆	☆	☆
		筆順・画数・部首					
		文と文節					
		ことばの用法・品詞	◎	◎	◎		
		かなづかい					
		表現技法					
		文学作品と作者					○
		敬語					
	表現	短文作成					
		記述力・表現力	○	◎	○	○	○
文の種類		論説文・説明文	○	○	○	○	○
		記録文・報告文					
		物語・小説・伝記	○	○	○	○	○
		随筆・紀行文・日記					
		詩（その解説も含む）					
		短歌・俳句（その解説も含む）					
		その他					

攻玉社中学校

国語 ——グラフで見る最近5ヶ年の傾向——

最近5ヶ年に出題されたすべての問題を内容別に分類・集計し，全体に対して何パーセントくらいの割合になっているかを示しました。

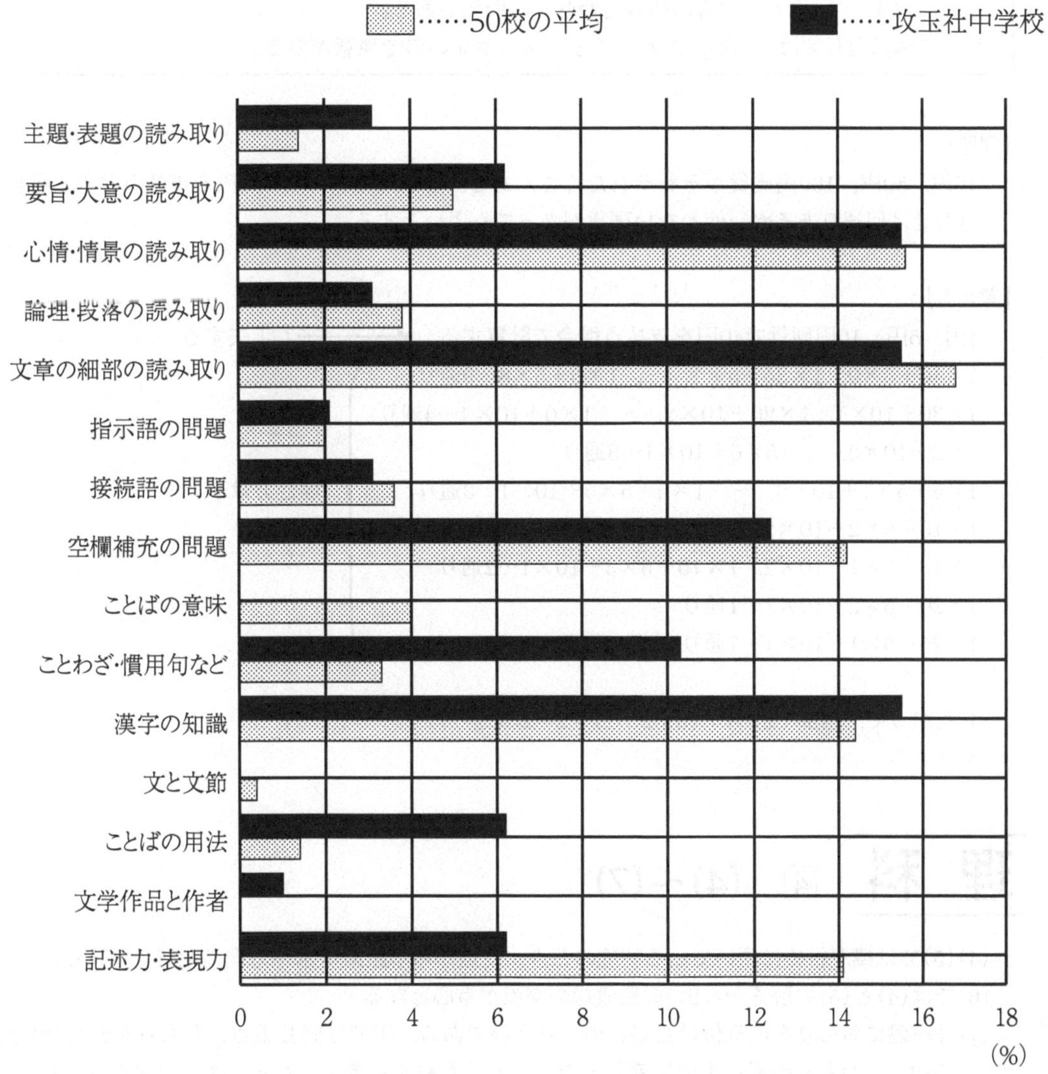

	論説文 説明文	物語・小説 伝記	随筆・紀行 文・日記	詩 (その解説)	短歌・俳句 (その解説)
攻玉社 中学校	50.0%	50.0%	0.0%	0.0%	0.0%
50校の平均	47.0%	45.0%	8.0%	0%	0%

2024年度 合否の鍵はこの問題だ!!

算 数 2 (3)

よく出やすい「3種類の硬貨の組み合わせ」の問題である。
問題自体は難しくはないが，あわてるとミスしやすいので注意が要る。

【問題】

10円，50円，100円硬貨がそれぞれたくさんある。これらを使って400円を支払うとき，硬貨の組み合わせは何通りあるか。使わない硬貨があってもよいとする。

【考え方】

1円，5円，10円硬貨で40円を支払う場合で計算する ← 工夫する

場合分け：

1×40＋5×0，1×35＋5×1，～，1×0＋5×8…9通り
1×30＋10×1，1×20＋10×2，～，1×0＋10×4…4通り
5×2＋10×3，～，5×6＋10×1…3通り
1×5＋5×1＋10×3，～，1×5＋5×5＋10×1…3通り
1×10＋5×2＋10×2，1×10＋5×4＋10×1…2通り
1×15＋5×1＋10×2，1×15＋5×3＋10×1…2通り
1×20＋5×2＋10×1…1通り
1×25＋5×1＋10×1…1通り

したがって，全部で9＋4＋(3＋2＋1)×2＝25(通り)

理 科 4 (4)～(7)

(4)(5)では棒が斜めに傾いている状態のとき，支点からの距離は水平方向の距離で考える。
(6)では(4)と(5)の解答から2つの鉛直線の交点が重心となる。
(7)は円盤におもりを取り付けた場合のつり合いである。①では同じ重さのおもりを2つの場合はつりあった時2つのおもりの真ん中の目盛りとなることはたやすく考えられる。②ではおもりは100gと200gの2種類が2つずつの出題である。2つの100gのおもりは線対称の位置にあるので200gの2つのつり合いで考える。③では1つずつ3種類の重さのおもりのつり合いの問題であり，おもりが100g+200g＝300gとなることと3点を結ぶと直角二等辺三角形になることに気がつくと正解が導ける。(4)と(5)の三角形の考え方がヒントとなっている。考え方のヒントが問題の問いかけに隠されているので，それをつかみながら解き進もう。

社 会 2

2は地理分野の問題。今年度は「かんがい用水」に関する様々な問題が小問で8，解答欄の数で14ある。瀬戸内地方のため池，埼玉の見沼代用水，福島の安積疎水，世界の気候に関連する事柄が問われている。短文記述では，瀬戸内地方の気候の特色と，そのようになる理由の説明をそれぞれ1～2行程度で書くものがあるが，これは本校を受けるレベルの受験生なら書けてほしい問題。やや難しいかなと思われるのが，瀬戸内地方で一番ため池が多い県として兵庫県を答えるもの，日本の水資源賦存量を答えるもの。ため池というと香川県をまず考える受験生が多いと思うが，瀬戸内ならどこも降水量が少ないので，他の県にもため池はあり，兵庫県はこの地域では農業が盛んな県でもあるので考えればわかるとはいえる。水資源賦存量は，問題の中で計算方法はあるので，そこに数字を当てはめていけば分かるが，単位換算に要注意。ただ，選択肢を見れば，およその数字で見当をつけることも可能ではある。

国 語 五 問十一

★合否を分けるポイント

══線部「他でもない，コンピューターが教えてくれたのである」とあるが，どういうことか，「かえって」という言葉を必ず用いて，指定字数以内で説明する記述問題である。本文全体の論の流れをつかむとともに，求められている説明が的確にできているかがポイントだ。

★何を説明すれば良いか，着目すべき部分を見極める

本文の論の流れを確認すると，

○ 建築の世界で，雑誌にのっている写真が信用を失いつつある最大の理由は，コンピューターによる画像処理技術の進歩である。

→ 画像処理を誰も問題視しないのは，建築雑誌が真実ではなく，美醜を価値基準としているからである。

○ 建築物が美しいか，醜いかという価値基準によって支配されたフィールドが，写真というメディアに依存せざるを得なかったことに問題があった。

・写真というメディアの捏造活動に歯止めをかけるのは二つの方法しかなく，真実という基準の支配によってたがをはめること，写真芸術という自立した世界を用意してやることである。

・この二つの方法が適用できないフィールドで写真を媒体として用いることは，危険かつ無意味で，美を基準とする領域においては，同一の舞台に立たせて，肉眼で眺める方法のみが，有効性を持つはずである。

☆ 移動させることができない建築を，同一の舞台に立たせて見比べることはできないので，写真の形式で評価され，比較されることになり，写真だけを用いて評価するという根本的な矛盾を，コンピューターによる画像処理技術は露呈させる役割を担った。

○ この問題を解決する唯一の方策は美という基準を見直し，新しい基準を発見することしかなく，その徴候は，結果としての美を競うのではなく，そこにいたるプロセス自体を競いはじめるなどといった形で出現しつつある。

☆ いかようにも捏造できる視覚的な美の時代は終わりつつある。大切なのは，同じひとつの時間，ひとつのプロセスを共有することで，そういう体験の重みだけが人間にとって意味を持つということを，他でもない，コンピューターが教えてくれたのである。

という内容になる。建築雑誌の写真の問題点を具体的に述べ，その解決策を提案しているというのが全体の流れで，その中で，「コンピューター」すなわち「コンピューターによる画像処理技術」が教えてくれたことを説明することを求められている。上記の内容から，「コンピューターによる画像処理技術」について述べている☆部分に着目し，コンピューターによる画像処理技術によって美を基準とする比較が無意味となる→「かえって」同じ条件で共有する体験が重要であることを画像処理技術が教えてくれた，といった内容でまとめていく。その際，本文の語句を言いかえるなどして指定字数以内でおさまるよう，工夫することも不可欠である。

2024年度

★★★★★★★★★★★★★★★★★★★★★★★★

入　試　問　題

2024年度

攻玉社中学校入試問題（第１回）

【算　数】（50分）　＜満点：100点＞

【注意】１．必要なときには，円周率を3.14として計算しなさい。
　　　　２．比で答えるときは，最も簡単な整数比で答えなさい。
　　　　３．図やグラフは正確とはかぎりません。

1　次の □ にあてはまる数を求めなさい。

(1)　$\left\{3.14-\left(\frac{1}{5}+0.775\right)\times\frac{12}{13}-1\frac{1}{7}\right\}\div 0.64=\square$

(2)　$(252\div 3-3)\div 3\div\square-3=1$

(3)　分数Ａと整数Ｂについて，（Ａ，Ｂ）という記号は，Ａを小数で表したときの小数第Ｂ位の数を表すものとします。

例

$\left(\frac{3}{4},\ 1\right)=7$

$\left(\frac{3}{7},\ 3\right)=8$

このとき，

①　$\left(\frac{1}{2024},\ 7\right)=\square$ です。

②　$\left(\frac{1}{7},\ 2024\right)=\square$ です。

③　$\left(\frac{1}{13},\ X\right)+\left(\frac{1}{41},\ X\right)=18$ のとき，

Ｘにあてはまるもっとも小さい数は □ です。

2　次の □ にあてはまる数を求めなさい。

(1)　Ａ地点からＢ地点まで時速4.2kmで歩く予定でしたが，時速4.8kmで歩いたので予定より15分早く着きました。Ａ地点からＢ地点までの道のりは □ kmです。

(2)　□ チームで野球の総当たり戦を１試合ずつ行うと，試合数は120試合になります。

(3)　10円，50円，100円硬貨（こうか）がそれぞれたくさんあります。これらを使ってちょうど400円を支払（しはら）うとき，硬貨の組み合わせは □ 通りあります。ただし，使わない硬貨があってもよいものとします。

(4)　もも20個とりんご23個となし15個を何人かの子どもに配りました。全員に２個ずつ配ったところ，同じくだものを２個もらった子どもはいませんでした。また，くだものは１個も余りません

でした。このとき，りんごとなしの２個をもらった子どもは［　　］人です。

(5)　１辺の長さが１cmの立方体が123個あります。この立方体の何個かをすきまなく積み重ねて直方体を１つだけ作り，作った直方体の体積を アcm^3，表面積を イcm^2 とします。ア÷イの値がもっとも大きくなるような直方体を作ったとき，その ア÷イ の値は［　　］です。

3　図のように，ある規則にしたがって整数を１から順に並べ，上から○行目，左から□列目にある数を（○，□）と表すことにします。例えば，上から２行目，左から３列目にある数は８なので,（２，３）＝８です。このとき，次の問いに答えなさい。

	1列	2列	3列	4列	5列	…
1行	1	2	4	7	11	
2行	3	5	8	12	17	
3行	6	9	13	18	24	
4行	10	14	19	25	32	
5行	15	20	26	33	41	
⋮						

(1)　(7，７）で表される数を求めなさい。

(2)　（X，X）＝221のとき，Xにあてはまる数を求めなさい。

１行目にも１列目にもない数を１つ選び，その数と上下左右にある数の５つを小さい順にA，B，C，D，Eとします。

例えば13を選ぶと，Aは８，Bは９，Cは13，Dは18，Eは19です。

(3)　Cが70のとき，A＋E を求めなさい。

(4)　A＋B＋C＋D＋E＝1332 のとき，Cを求めなさい。

(5)　Cが（20，24）で表されるとき，A＋B＋C＋D＋Eを求めなさい。

4　図のように，ABを直径とし，中心をOとする半径５cmの半円があり，C，D，Eは円周上の点です。FはOCとDEが交わる点，GはBCとDEが交わる点です。また，三角形OBCの面積は12cm^2で，辺BCの長さは８cmです。さらに，三角形OBCと三角形OEDは合同で，ABとDEは平行です。このとき，次の問いに答えなさい。

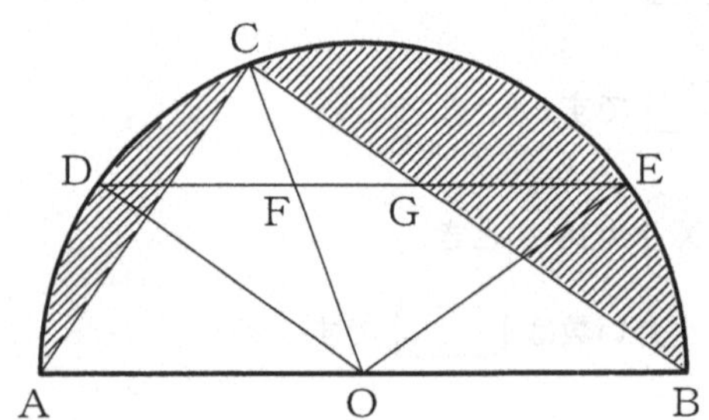

(1)　図の斜(しゃ)線部分の面積の合計を求めなさい。

(2)　辺ACの長さを求めなさい。

(3)　CGの長さを求めなさい。

(4)　三角形CFGの面積を求めなさい。

(5)　DFとFGとGEの長さの比を求めなさい。

【理　科】（40分）　＜満点：50点＞

【注意】　１．言葉で解答する場合について，指定のない場合はひらがなで答えてもかまいません。
　　　　　２．図やグラフを作成するときに定規を使用しなくてもかまいません。

1　真琴君と先生は生物部の活動のために駅前で待ち合わせをしています。その時の会話文を読んで，以下の各問いに答えなさい。

真琴　先生，足元を見てください。鳥のフンがいっぱい落ちていますね。

先生　確かに多いね。夜，ここの街路樹をねぐらにしているのかな？ただ，これは正確には鳥のフンだけではないのだよ。

真琴　え，どういうことですか？

先生　これらには黒い部分と白い部分があるだろう。黒い部分はフンだけど，白い部分は(ア)尿（にょう）なのだよ。

真琴　そうなのですね。だけど尿なのに液体ではないのですね。

先生　そうなのだよ。鳥類は，陸上に(イ)卵で産み落とされ，卵の中で育つので，水に溶けにくく，尿の体積が少なくてすむ尿酸という物質で，ほとんどの老廃物を排出しているのだよ。ヒトを含む（ウ）は主に尿素という物質で排出しているのだけどね。

真琴　尿素は知っています。有害な（エ）を（オ）で無害な尿素にしているのですよね。

先生　そうだね。尿素は水に溶けやすいので，ヒトは液体の尿を排出するのだよ。

真琴　先生，有害な（エ）はどうしてできるのですか？

先生　タンパク質は(カ)がたくさんつながってできているだろう。それが体内で分解されると(エ)ができてしまうのだよ。

真琴　そうなのですね。タンパク質とともに栄養源となる(キ)デンプンなどの炭水化物や(ク)脂肪が分解された時にはできないのですか？

先生　できないよ。炭水化物や脂肪には（エ）になる成分は含まれていないからね。

真琴　そうなのですね。では，尿素を排出するための尿はどのようにしてできるのですか？

先生　(ケ)尿は血液の血しょうから不要な成分を排出するものだけれど，最初は水分がすごく多いのだよ。この段階のものを原尿と言うのだよ。血しょうに含まれるタンパク質は原尿には排出されないけれど，それ以外の成分では血しょう中と原尿中の濃度は変わらないのだよ。原尿をそのまま排出してしまうと体内は水分不足となってしまうので，水分を吸収して濃縮したり，必要な成分を吸収したりして尿にするのだよ。

(1)　下線部（ア）の尿が作られる臓器を下の（あ）～（か）の中から１つ選び，記号で答えなさい。
（あ）心臓　（い）肝臓　（う）腎臓　（え）肺　（お）胃　（か）腸

(2)　下線部（イ）の「卵で産み落とされ，卵の中で育つこと」を何といいますか。漢字２字で答えなさい。

(3)　文中の（ウ）にあてはまる語句を下の（あ）～（え）の中から１つ選び，記号で答えなさい。
（あ）魚類　（い）両生類　（う）は虫類　（え）ほ乳類

(4)　文中の（エ），（オ）にあてはまる語句の組み合わせとして正しいものを次のページの（あ）～（か）の中から１つ選び，記号で答えなさい。

	（エ）	（オ）
（あ）	アルコール	心臓
（い）	アンモニア	心臓
（う）	アルコール	肝臓
（え）	アンモニア	肝臓
（お）	アルコール	腎臓
（か）	アンモニア	腎臓

⑸ 文中の（カ）にあてはまる物質名を答えなさい。

⑹ 下線部（キ）のデンプン，（ク）の脂肪が消化される過程で，できる物質を（あ）～（く）の中からデンプンと脂肪，それぞれについて**すべて選び**，記号で答えなさい。

（あ） クエン酸　（い） 脂肪酸　（う） 砂糖　（え） 果糖
（お） ブドウ糖　（か） 麦芽糖　（き） モノグリセリド　（く） ポリペプチド

⑺ 下線部（ケ）に関する下の表１－１は，血しょう中と尿中に含まれる様々な成分の濃度についてまとめたものです。次の①と②の問いに答えなさい。

成　分	血しょう中の濃度（%）	尿中の濃度（%）
タンパク質	7～9	0
ブドウ糖	0.10	0
尿　素	0.03	2.1
尿　酸	0.004	0.05

表１－１

① 上の表より，尿素は尿ができることにより，血しょう中と比べて何倍に濃縮されていますか。整数で答えなさい。ただし，割り切れない場合には小数第一位を四捨五入して整数で答えなさい。

② 様々な人の平均として尿は１日に約1.5Lできます。もし，血しょう中の尿素のすべてが尿に排出されるとすると，水分が吸収される前の原尿の状態では約何Lでしょうか。整数で答えなさい。ただし，割り切れない場合には小数第一位を四捨五入して整数で答えなさい。

2 地震について，以下の問いに答えなさい。

ある地震について，Ａ～Ｇの各地点で地震によるゆれを観測しました。地震によるゆれは，どの地点でもはじめに小さなゆれを観測し，遅れて大きなゆれを観測しました。このうち，Ａ～Ｄの各地点における，小さなゆれが始まった時刻と大きなゆれが始まった時刻，震源からの距離をそれぞれまとめたものが下の表２－１です。

地点	小さなゆれが始まった時刻	大きなゆれが始まった時刻	震源からの距離
A	12時36分03秒	12時36分21秒	108km
B	12時35分52秒	12時35分59秒	42km
C	12時35分56秒	12時36分07秒	66km
D	12時36分09秒	12時36分33秒	144km

表２－１

なお，小さなゆれを引き起こした地震の波をＰ波，大きなゆれを引き起こした地震の波をＳ波と言います。また，Ｐ波とＳ波の速さは一定であったことがわかっています。

(1) 今回の地震において，大きなゆれが最も大きかったのは，Ａ～Ｄのどの地点と考えられますか。最も適当なものを次の（あ）～（え）の中から１つ選び，記号で答えなさい。ただし，この地域の地ばんはどこも変わりがないものとします。

（あ） Ａ地点　（い） Ｂ地点　（う） Ｃ地点　（え） Ｄ地点

(2) 地震によるゆれの大きさは震度で表されます。震度の説明として最も適当なものを次の（あ）～（え）の中から１つ選び，記号で答えなさい。

（あ） 震度は０～７までの８階級に分かれている。
（い） 震度が１大きいと地震そのもののエネルギーは約32倍になる。
（う） 震度は観測地点に設置された震度計で計測される。
（え） 震度は観測地点に設置された地震計の針のふれ幅で決まる。

(3) この地震におけるＰ波の伝わる速さは毎秒何㎞になりますか。整数で答えなさい。ただし，割り切れない場合には小数第一位を四捨五入して答えなさい。

(4) この地震が震源で発生した時刻は何時何分何秒ですか。最も適当なものを次の（あ）～（え）の中から１つ選び，記号で答えなさい。

（あ） 12時35分38秒　（い） 12時35分42秒
（う） 12時35分45秒　（え） 12時35分48秒

(5) 小さなゆれが続いている間の時間を初期び動継続時間と言います。Ａ地点での初期び動継続時間は何秒になりますか。整数で答えなさい。ただし，割り切れない場合には小数第一位を四捨五入して答えなさい。

(6) この地震において，Ｅ地点で観測された初期び動継続時間は45秒でした。Ｅ地点までの震源からの距離は何㎞になりますか。整数で答えなさい。ただし，割り切れない場合には小数第一位を四捨五入して答えなさい。

日本では，大きな地震と思われる地震が観測されたときに，気象庁から緊急地震速報が発表されます。次の図２－１は，気象庁ホームページに掲載されている，緊急地震速報の流れを説明した図です。

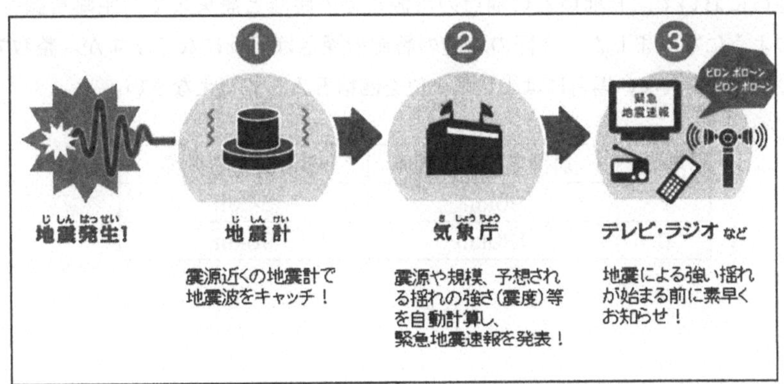

気象庁ホームページより引用

図２－１

⑺　気象庁が緊急地震速報を発表するねらいや目的として適当なものを次の（あ）～（え）の中から**すべて選び**，記号で答えなさい。

（あ）　強いゆれが来ることを，できる限り早くＰ波が到達する前に知らせ，自分の身を守ってもらう。

（い）　強いゆれが来ることを，できる限り早くＳ波が到達する前に知らせ，自分の身を守ってもらう。

（う）　強いゆれが来ることを，できる限り早くＰ波が到達する前に知らせ，列車のスピードを落としたり，工場の機械を止めてもらったりしてもらう。

（え）　強いゆれが来ることを，できる限り早くＳ波が到達する前に知らせ，列車のスピードを落としたり，工場の機械を止めてもらったりしてもらう。

⑻　緊急地震速報には，図２－１に示した流れにともなう限界や私たちが注意しなければいけないことがあります。緊急地震速報の限界や注意しなければいけないこととして**適当でないもの**を次の（あ）～（え）の中から１つ選び，記号で答えなさい。

（あ）　できる限り早く伝えることを優先しているので，速報には誤差が生じることがある。

（い）　震源に近い地震計で地震を観測してから計算するので，震源に近い地点では速報より強いゆれの方が先に来てしまう可能性がある。

（う）　できる限り正しく伝えることを優先しているので，正確性のない速報は流れないことがある。

（え）　震源に近い地震計で地震を観測してから計算するので，緊急地震速報の発表から強いゆれが来るまでの間の時間は数秒から数十秒しかない。

⑼　今回の地震でも緊急地震速報が発表されました。地震発生から緊急地震速報の発表までの流れは図２－１のとおりです。このとき，震源から，震源に近い地震計までの距離は12㎞でした。また，震源に近い地震計で地震波を最初に観測してから緊急地震速報が発表されるまでに４秒かかっています。

Ｄ地点では，緊急地震速報が発表されてから大きなゆれが始まるまでの間には何秒ありましたか。整数で答えなさい。ただし，割り切れない場合には小数第一位を四捨五入して答えなさい。

⑽　震源の真上の地表の点を震央と言います。震源と震央を結んだ線は地表面と垂直になります。

今回の地震において，Ｆ地点とＧ地点の震源までの距離と震央までの距離を調べたところ，表２－２のようになりました。今回の地震の震源の深さは何㎞になりますか。整数で答えなさい。ただし，割り切れない場合には小数第一位を四捨五入して答えなさい。

地点	震源までの距離	震央までの距離
F	90km	54km
G	120km	96km

表２－２

3　３種類の物質Ａ，Ｂ，Ｃの水溶液をつくり，【実験１】から【実験４】を行いました。
これについて以下の各問いに答えなさい。

【実験１】

様々な温度で100ｇの水に物質Ａ～Ｃを溶かして，何ｇまで溶けるかを調べると，以下の表３－１のようになりました。

水の温度 [℃]	20	40	60	80	100
物質Ａが溶ける最大の重さ [g]	36	36	37	38	39
物質Ｂが溶ける最大の重さ [g]	32	64	109	169	245
物質Ｃが溶ける最大の重さ [g]	6	12	25	71	119

表３－１　物質Ａ～Ｃが 100g の水に溶ける最大の重さ

【実験２】

①40℃のＢの飽和水溶液100ｇをつくり，②温度をあげて水の一部を蒸発させたのち，20℃まで冷やしたところ，物質Ｂが23ｇでてきました。

【実験３】

③ＡとＢからなる固体の粉末120ｇを80℃の水150ｇに溶かしたところ，粉末は完全に溶けました。その後，この溶液を20℃まで冷やしたところ，32ｇの純粋な物質Ｂが得られました。

【実験４】

④100℃の水150ｇにＣ 40ｇをすべて溶かした後，さらにＢ 40ｇをすべて溶かし，この溶液を固体がでてくるまでゆっくり冷やしました。

(1)　表３－１の結果から作成した，物質Ｃの100ｇの水に溶ける最大の重さと温度の関係を表したグラフとして最も適当なものを次の（あ）～（え）の中から１つ選び，記号で答えなさい。

（あ）各点をなめらかにつなぐ

（い）各点になるべく近くなるように直線を引く

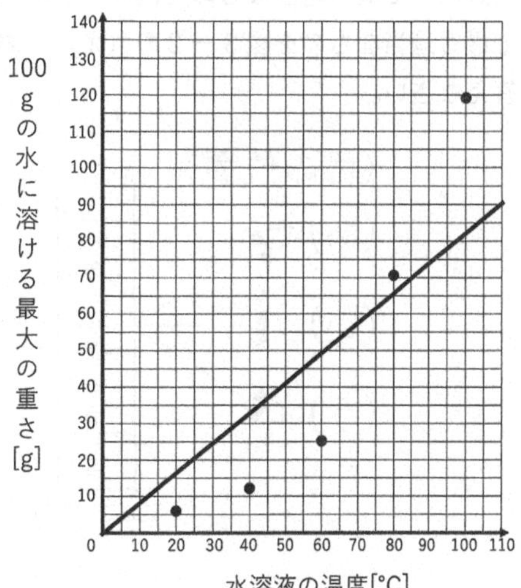

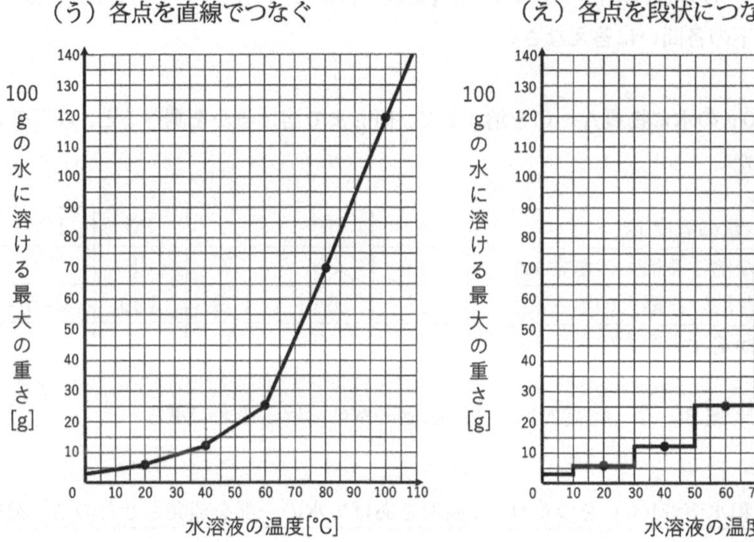

⑵　物質Aとして最も適当なものを次の（あ）～（う）の中から１つ選び，記号で答えなさい。

（あ）　砂糖　　（い）　食塩　　（う）　ミョウバン

⑶　水溶液A～Cのうち，50℃で150gの水に50gがすべてとけるものの組み合わせとして適当なものを次の（あ）～（か）の中から１つ選び，記号で答えなさい。

（あ）　A　　（い）　B　　（う）　C　　（え）　AとB　　（お）　AとC　　（か）　BとC

⑷　下線部①の溶液の濃度は何％ですか，整数で答えなさい。ただし，割り切れない場合は小数第一位を四捨五入して整数で答えなさい。

⑸　下線部②で蒸発した水は何gですか，整数で答えなさい。ただし，割り切れない場合は小数第一位を四捨五入して整数で答えなさい。

⑹　下線部③のときに水150g（150㎤）を図３－１の実験器具を使ってはかりました。この実験器具の名前を答えなさい。

⑺　下線部③で図３－１の実験器具を使って水150g（150㎤）をはかったときの目の位置として最も適当なものを図３－２の（あ）～（う）の中から，液面の高さとして最も適当なものを図３－２の（え），（お）からそれぞれ１つずつ選び，記号で答えなさい。

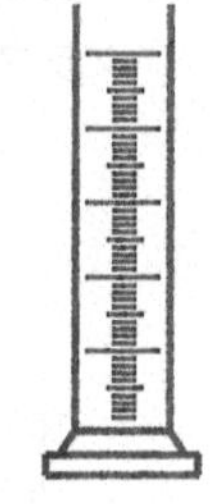

図３－１

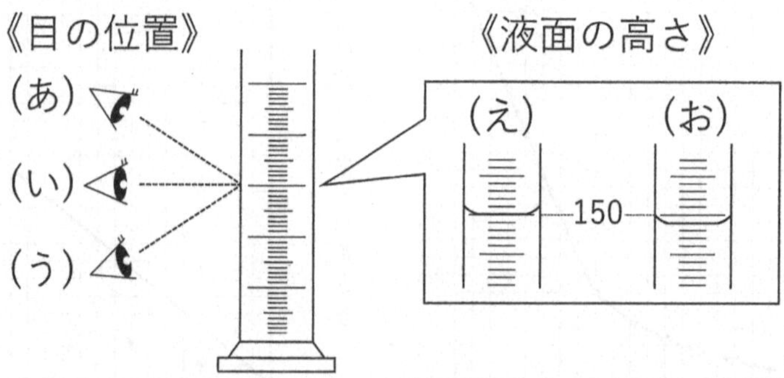

図３－２

⑻　下線部③について，実験３で用いた120ｇの粉末に含まれる**Ａの割合は何％ですか**。整数で答えなさい。ただし，割り切れない場合は小数第一位を四捨五入して整数で答えなさい。また，水は蒸発しないものとし，ＡとＢの「100ｇの水に溶ける最大の重さ」はたがいに影響を与えないものとします。

⑼　下線部④の実験結果として最も適切なものを下の（あ）～（え）の中から１つ選び，記号で答えなさい。ただし，ＢとＣの「100ｇの水に溶ける最大の重さ」はたがいに影響を与えないものとします。

（あ）　Ｂの固体が先にでてくる。
（い）　Ｃの固体が先にでてくる。
（う）　Ｂの固体とＣの固体が同時にでてくる。
（え）　氷が先にでてくる。

⑽　下線部④のとき固体がでてくる温度として最も適当なものを下の（あ）～（え）の中から１つ選び，記号で答えなさい。

（あ）　20℃～40℃　　（い）　40℃～60℃
（う）　60℃～80℃　　（え）　80℃～100℃

4　物体のつりあいについての様々な実験をしました。次のⅠ・Ⅱ・Ⅲの問いに答えなさい。
ただし，数値は整数で答え，割り切れない場合には小数第一位を四捨五入して答えなさい。

Ⅰ　図４－１，図４－２のように軽い棒を用意し，点Ｇを糸でつるす実験をしました。
ただし，問題中に出てくる棒はすべて軽いので棒の重さは考えないものとします。

⑴　図４－１のように棒の左端の点Ａに300ｇのおもりを，右端の点Ｂには重さの分からないおもりをとりつけたところ，棒は水平につりあいました。
点Ｂのおもりの重さは何ｇですか。

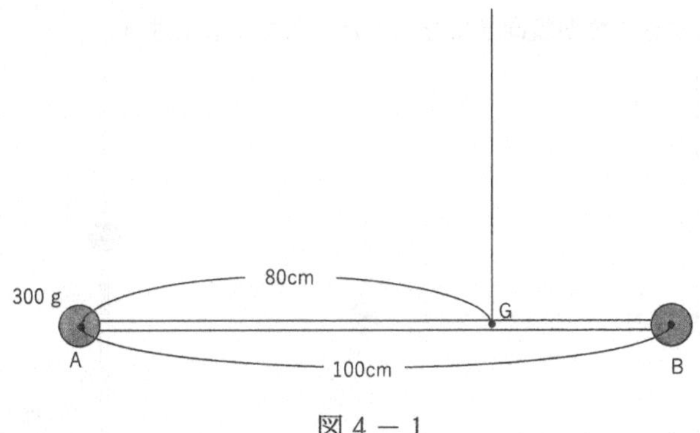

図４－１

⑵　図４－２（次のページ）のように棒の左端の点Ａに300ｇのおもりを，右端の点Ｂには200ｇのおもりをとりつけたところ，棒は水平につりあいました。
点Ａと点Ｇとの間の距離**Ｘ**は何㎝ですか。

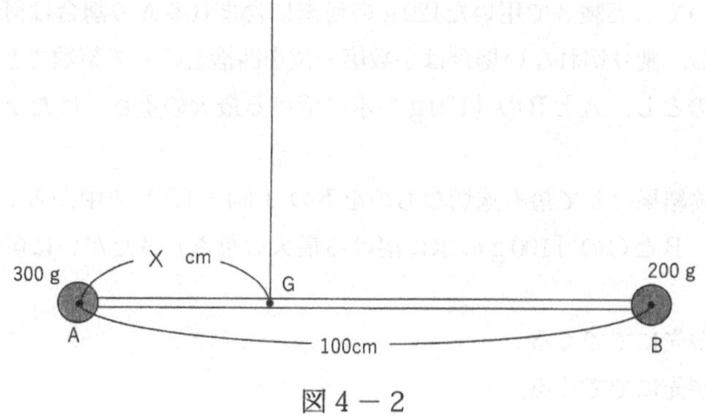

図４－２

図４－１，図４－２の点Gのように，糸でつるしたときに回転せずにつりあう点を「重心」と呼びます。複数のおもりがあるとき（図４－３）には，すべてのおもりが重心Gに集まっている（図４－４）と考えることができます。

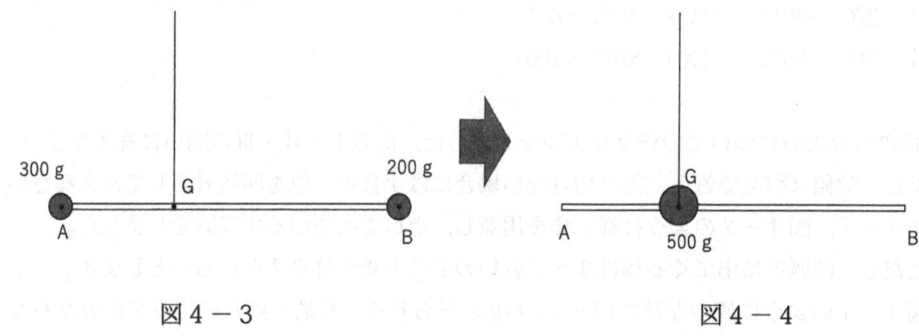

図４－３　　図４－４

このことをふまえて，重心以外の点を糸でつるすとどのようになるかを考えます。図４－５のように重心Gより左側の点Cを糸でつるすと，棒は時計回りに回転し始め，最後は図４－６のように点Cの真下に重心Gがきて棒が縦向きになったところで静止します。

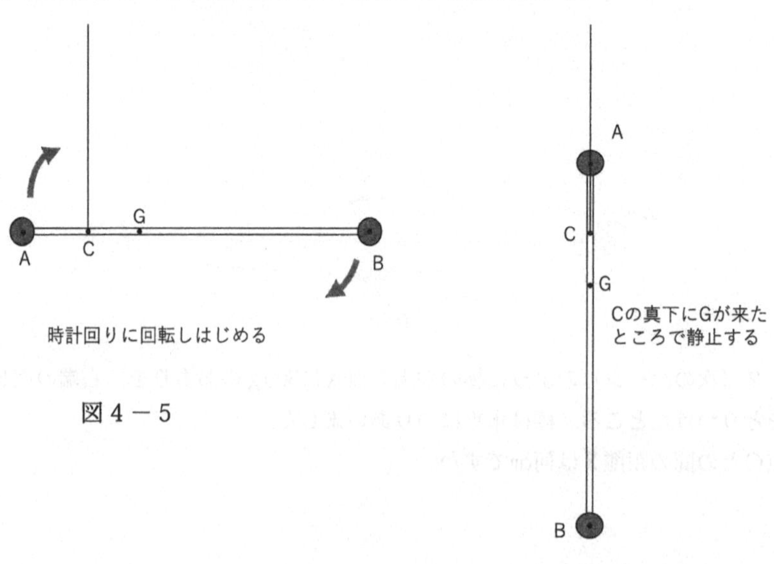

図４－５　　図４－６

このように重心以外の点を糸でつるすと，棒が回転して重心がつるした点の真下に来るところで静止します。以下の各問いに答えなさい。

⑶　図４－７の①から③で点Ｐをつるした直後に棒はどのような動きをしますか。棒の動き方として最も適当なものを次の（あ）～（う）の中からそれぞれ１つずつ選び，記号で答えなさい。

（あ）　棒は水平を保ちつり合う。

（い）　棒は時計回りに回転しはじめる。

（う）　棒は反時計回りに回転しはじめる。

①

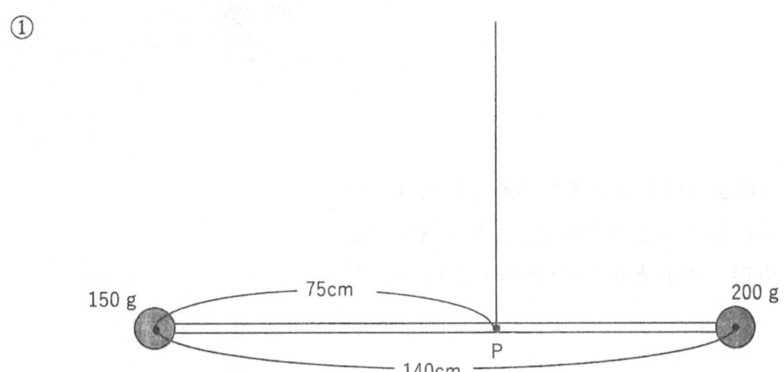

②

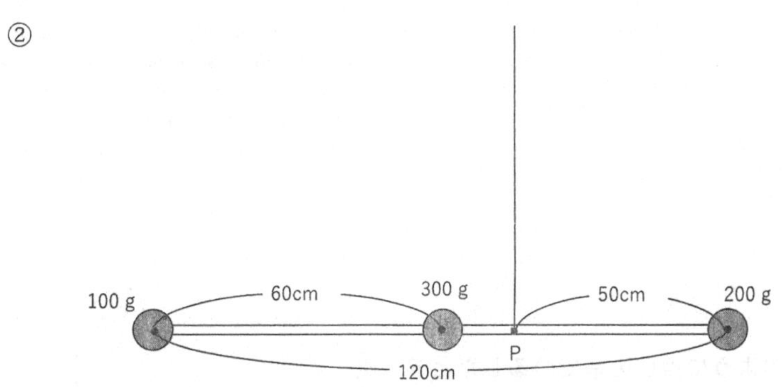

図４－７　①、②

③

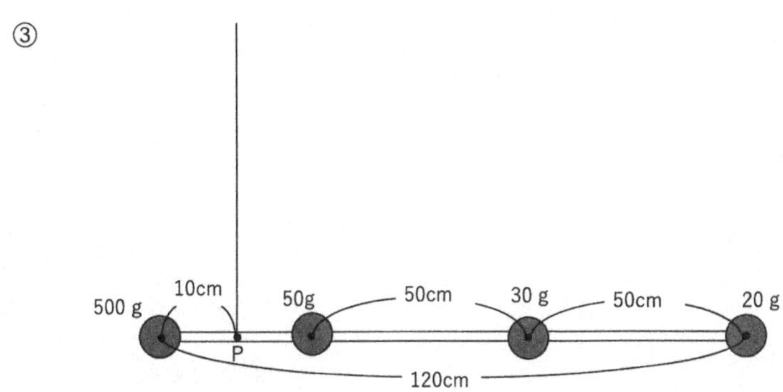

図４－７　③

Ⅱ　図４－８のように薄い直角三角形の板があります。三角形の頂点Ａ，Ｂ，Ｃのそれぞれに100ｇ，200ｇ，200ｇのおもりを取り付けます。ただし，板は薄いので板の重さは考えないものとします。

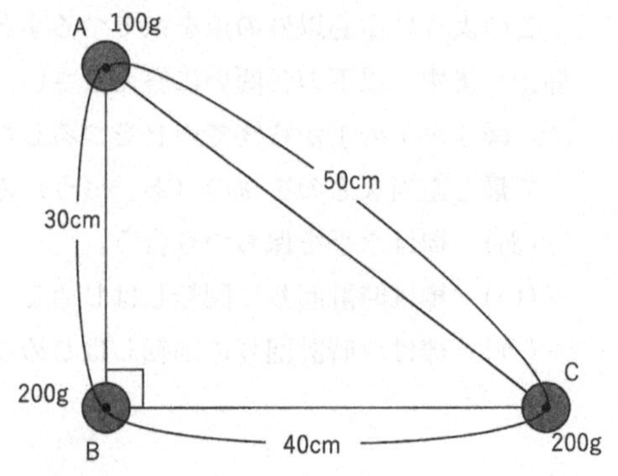

図４－８

⑷　図４－９のように点Ａを糸でつるしたとき，点Ａから真下におろした線と線BCとの交点をＱとします。点Ｑと点Ｂとの間の距離 x は何㎝ですか。

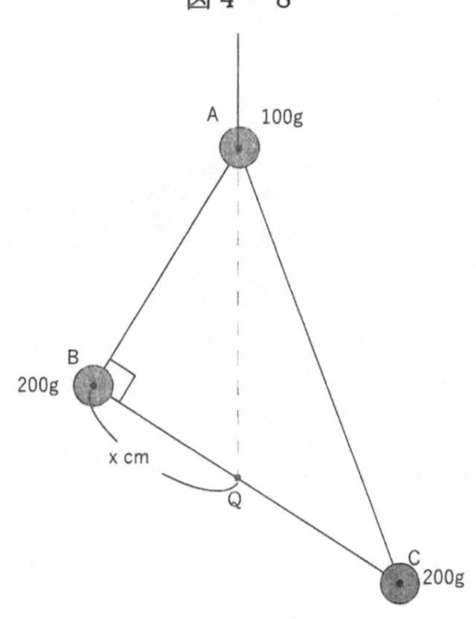

図４－９

⑸　図４－10のように点Ｃを糸でつるしたとき，点Ｃから真下におろした線と線ABとの交点をＲとします。点Ｒと点Ａとの間の距離 x は何㎝ですか。

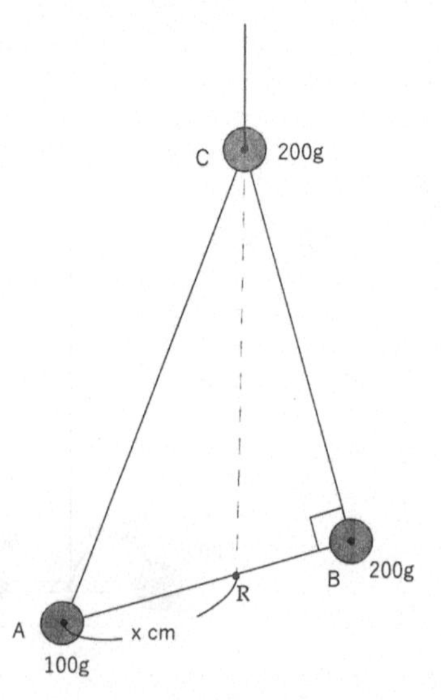

図４－10

(6)　図４－11において，頂点A，B，Cの３つのおもりの重心を求めることを考えます。点Aから辺BCに向かって１本，点Cから辺ABに向かって１本の計２本の線を引くことで重心の位置を求めます。

①　点Aから補助線を１本引く時，点Aと結ぶ場所として最も適当なものを図４－11の（か）～（し）の中から１つ選び，記号で答えなさい。

②　点Cから補助線を１本引く時，点Cと結ぶ場所として最も適当なものを図４－11の（あ）～（お）の中から１つ選び，記号で答えなさい。

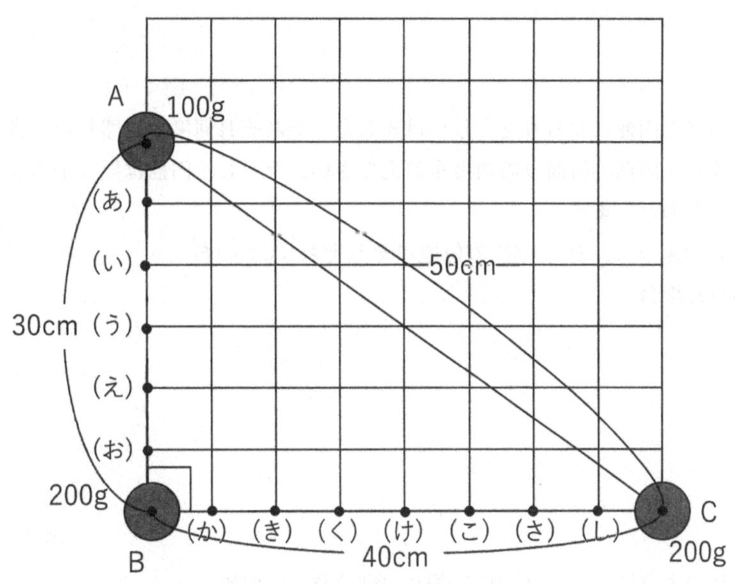

図４－11

Ⅲ　次に，図４－12のような薄い円盤（えんばん）を用意します。円盤の中心には穴が開（あ）いており，壁に取り付けて自由に回転できるようになっています。円盤の周りには中心からの角度を０°から359°まで１度ずつ目盛りをえがいて，０°が一番上に来るようにして，円盤が何度回転したのかがわかるようになっています（以下の図中では15°ずつ目盛りがかいてあります)。ただし，円盤は薄いので円盤の重さは考えないものとします。

図４－12

図４－13（次のページ）のように円盤の45°のところに100ｇのおもりをつけると，円盤は時計回りに回転し始め，図４－14（次のページ）のように45°の目盛りが一番真下に来たところで円盤は静止します。以下の各問いに答えなさい。

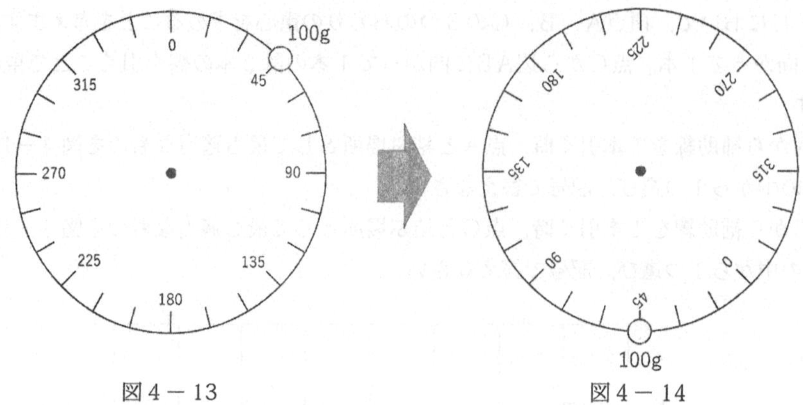

図４－13　　　　図４－14

(7)　壁にとりつけた円盤におもりをとりつけました。それぞれ何度の目盛りが一番下に来たところで静止しますか。円盤の目盛りの角度を答えなさい。ただし，円盤は振り子のように左右にゆれることはないものとします。

①　図４－15のように，０°，90°の位置にそれぞれ100ｇのおもりをつけた場合

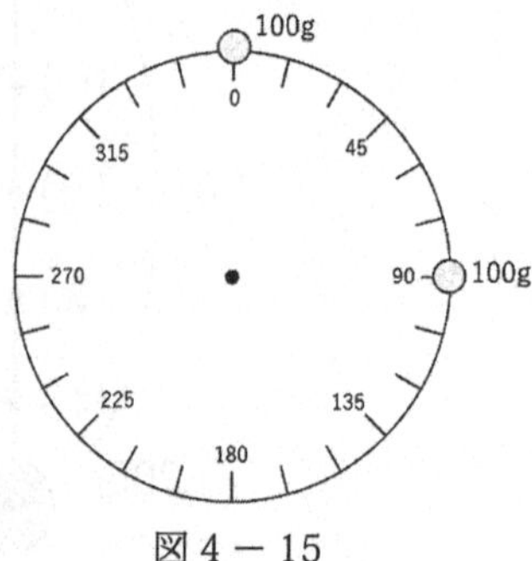

図４－15

②　図４－16のように，０°の位置に100ｇ，60°と90°の位置に200ｇ，180°の位置に100ｇのおもりをつけた場合

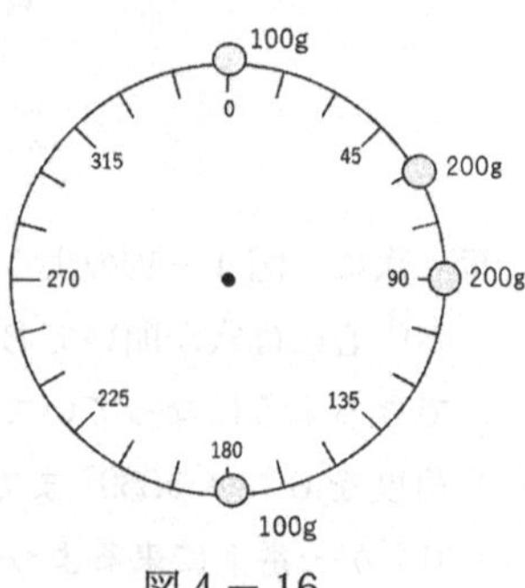

図４－16

③　図４－17のように，０°の位置に100ｇ，90°の位置に200ｇ，180°の位置に300ｇのおもりをつけた場合

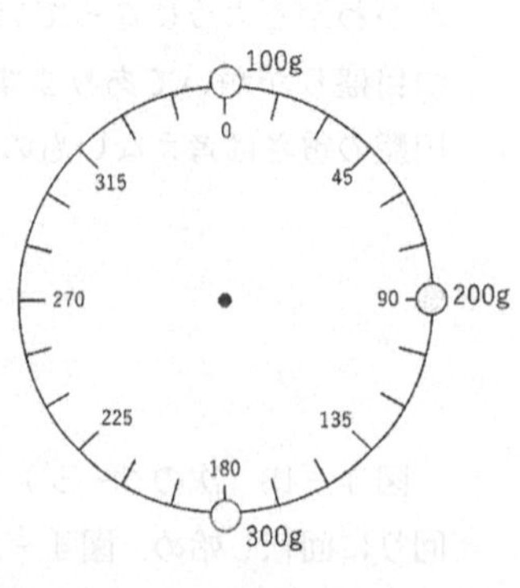

図４－17

【社　会】（40分）　＜満点：50点＞

1　次の文章Ａ～Ｄを読み，あとの設問に答えなさい。

Ａ．人類は長い歴史の中で，戦争を繰り返してきました。2023年に新たな墓が発掘された弥生時代の（　ⅰ　）遺跡（佐賀県）でも，首のない遺骨が発見されています。11世紀後半の後三年合戦では，（　あ　）の指示によって，敵方の女性や子どもまでも犠牲になりました。その後，奥州の支配者となった藤原清衡は，鎮魂のために①寺院を整備しました。

Ｂ．②南北朝の内乱は約60年間にわたって内戦が行われました。足利尊氏は北朝から征夷大将軍に任命されましたが，南朝は依然として存在していました。その後，（　い　）の時代にようやく，南北朝が合一しました。この時代に③明と正式な国交を結んで，朝貢貿易を行いました。

Ｃ．豊臣秀吉は織田信長を滅ぼした（　ⅱ　）を倒した後，勢力を拡大し1590年には④後北条氏を屈服させて，天下を統一しました。その後，明を征服するため，（　ⅲ　）を侵略しました。その後，大坂の陣や⑤島原・天草一揆を経て，徳川綱吉の時代にようやく社会全体が平和になっていきました。

Ｄ．近代の日本は欧米に対抗するため，富国強兵を実施し大陸へ侵略していきました。⑥いくつもの戦争を経験し，日本は欧米と肩を並べる列強となり，（　ⅲ　）などを植民地支配していました。⑦元号が昭和になると，経済不安や政党政治への失望から，軍部が政治に対する力をもち始め，1931年に⑧満州で関東軍が軍事行動を起こしました。そこから約15年間，⑨日本が1945年８月にポツダム宣言を受け入れて無条件降伏するまで，戦争が断続的に続きました。

日本の支配が終了した（　ⅲ　）半島は，東アジアにおける冷戦対立の最前線となり，（　ⅲ　）戦争が行われました。 2023年は停戦70周年にあたりますが，未だ正式な戦争終結にいたっていません。

戦争は多くの犠牲を伴うものであり，決して賞賛されるものではありません。⑩ユネスコ憲章の前文にある「人の心の中に平和のとりでを築かなければならない」という言葉を，我々は今こそ思い返す必要があるでしょう。

問１．文中の空欄（ⅰ）～（ⅲ）に入る語句を（ⅰ）は４字，（ⅱ）は漢字４字，（ⅲ）は漢字２字で答えなさい。

問２．空欄（あ），（い）に入る語句の組み合わせとして正しいものを，次のア～エの中から１つ選び，記号で答えなさい。

ア　（あ）　源頼朝　　（い）　足利義満
イ　（あ）　源頼朝　　（い）　足利義政
ウ　（あ）　源義家　　（い）　足利義満
エ　（あ）　源義家　　（い）　足利義政

問３．下線部①を指す語句として最も適切なものを次のア～エの中から１つ選び，記号で答えなさい。

ア　平等院　　イ　延暦寺　　ウ　中尊寺　　エ　輪王寺

問４．下線部②の時代を著した書物として正しいものを，次のア～エの中から１つ選び，記号で答えなさい。

ア　『太平記』　　イ　『平家物語』　　ウ　『徒然草』　　エ　『古事記伝』

問５．下線部③について，中国と日本（倭国）との関係性について，間違っているものを次のア～エの中から１つ選び，記号で答えなさい。

ア　卑弥呼は魏に朝貢し，魏の皇帝から親魏倭王という称号を授けられた。

イ　隋の煬帝は倭国からの国書を無礼としたが，返礼の使者を遣わした。

ウ　菅原道真の進言などもあり，遣唐使は派遣されなくなった。

エ　日宋貿易で利益を得た源頼朝は，厳島神社の社殿を造営した。

問６．下線部④について後北条氏の本拠地として正しいものを，次のア～オの中から１つ選び，記号で答えなさい。

ア　春日山　　イ　駿府　　ウ　安土

エ　山口　　オ　小田原

問７．下線部⑤に関連して，キリスト教に関する説明として正しいものを，次のア～エの中から１つ選び，記号で答えなさい。

ア　大友義鎮（宗麟）はキリスト教を保護し，天正遣欧使節を派遣した大名の一人である。

イ　徳川家康は1587年にバテレン追放令を出し，キリスト教を規制した。

ウ　ポルトガル船は島原・天草一揆より前に，幕府によって来航が禁止されていた。

エ　1868年に出された五榜の掲示によって，キリスト教の布教が公認された。

問８．下線部⑥について，1895年の三国干渉によって清に返還した地名を漢字４字で答えなさい。

問９．下線部⑦の説明として間違っているものを，次のア～エの中から１つ選び，記号で答えなさい。

ア　日本最初の元号は大化とされるが，元号の使用が定着したのは大宝以降とされている。

イ　南北朝時代など元号が同時期に複数存在していた時代もある。

ウ　明治時代に天皇一代につき，１つの元号と定められた。

エ　現在の「令和」という元号は，『日本書紀』が出典となっている。

問10．下線部⑧について，満州事変の直接の原因となった事件を次のア～エの中から１つ選び，記号で答えなさい。

ア　ノモンハン事件　　イ　柳条湖事件

ウ　盧溝橋事件　　エ　二・二六事件

問11．下線部⑨に関連して，ポツダム宣言を受け入れることを決めたときの内閣総理大臣を，次のア～エの中から１つ選び，記号で答えなさい。

ア　近衛文麿　　イ　鈴木貫太郎

ウ　尾崎行雄　　エ　大隈重信

問12．下線部⑩は世界遺産を登録する機関であるが，次のア～エの中で世界遺産に登録されたのが最も新しいものを１つ選び，記号で答えなさい。

ア　北海道・北東北の縄文遺跡

イ　富士山－信仰の対象と芸術の源泉－

ウ　小笠原諸島

エ　長崎と天草地方の潜伏キリシタン関連資産

２　次の文章は，2021年３月16日の読売新聞オンラインの記事を抜粋し一部改変したものです。この文章を読み，設問に答えなさい。

日本には，国際機関が認定する「世界かんがい施設遺産」が47もあります。全遺産の４割弱を占め，各国で最多です。今年も新たな申請に向け，選定作業が進んでいます。雨が多く，水が豊富に見えるのに，どうしてだろう。

灌漑（かんがい）は，人工的に水を引き，農作物が育つ環境を整えることです。河川や湖沼（こしょう）からの取水堰（ぜき）や用水路，①ため池などが，そのための施設にあたります。農業用の井戸も該当します。福岡県朝倉市の「山田堰・堀川用水・水車群」は，一連の施設が遺産に登録されています。一帯は江戸時代の初め，干ばつに見舞われ，多くの農民が飢えに苦しみました。まず，②筑後川から水を引き込んだ約８キロの用水路が整備され，高台へと水を送り込む三連水車，用水路に水が流れ込みやすいよう川の流れを変える堰の順に作られました。三つがそろうまでに130年近い歳月（さいげつ）をかけた大事業でした。

日本でかんがい施設が広がったのは，大陸から渡来した③稲作と関係しています。

日本最古の稲作集落の一つとされる縄文晩期～弥生前期の「板付遺跡」（福岡県）からは，用水路の跡が見つかっています。飛鳥時代に作られた国内最古の人工ため池「狭山池」（大阪府 約36ヘクタール）は，奈良時代の僧侶・行基も改修に携（たずさ）わったとされています。

戦国時代に入り，城を頂く石垣を築く技術が発展しました。それまで木造も多かった堰や水路は，堅固（けんご）な石造りへと代わっていきました。

④「見沼代（みぬまだい）用水」（埼玉県）は，財政立て直しのためコメの収量を増やすことを考え，新田開発を推し進めた江戸幕府の８代将軍・（　ｉ　）の命で作られたものです。利根川からの水が延長約80キロの水路を巡り，埼玉県東部を潤します。

明治政府の初代内務卿・（　ⅱ　）が号令をかけたのが「安積疏水（あさかそすい）」（福島県）です。延長は約130キロ。（　あ　）の水を近辺の原野へと引き，農地を生み出すだけでなく，封建制度の廃止で職を失った士族に仕事を与える「公共事業」としての意味合いもありました。

かんがい施設の整備は「治世」とも結びついていたのです。

日本の地形的な特徴も，かんがい施設を必要としました。農林水産省の担当者は「日本の国土は山がちで，河川の流れも急だ。⑤雨は梅雨や台風シーズンに集中し，水を蓄える施設が必要だった」と説明しています。国土交通省が発表した2020年６月時点のデータでは，日本の年平均降水量は世界平均の約1.4倍ですが，⑥実際に利用できる１人当たりの水の量は半分以下となります。

（出所：雨が多く水が豊富に見えるのに…かんがい大国ニッポン　読売新聞　2021-03-16　読売新聞オンライン）

問１．文章中の空欄（ｉ）・（ⅱ）にあてはまる人物の氏名を漢字で答えなさい。

問２．文章中の空欄（あ）にあてはまる湖としてもっとも適当なものを，次のア～エの中から１つ選び，記号で答えなさい。

ア　十和田湖　　イ　浜名湖

ウ　諏訪湖　　　エ　猪苗代湖

問３．文章中の下線部①に関する⑴・⑵・⑶の問いに答えなさい。

⑴　次のページの図は，都道府県別で，ため池の数を示したものです。図中のＸにあてはまる県名を答えなさい。

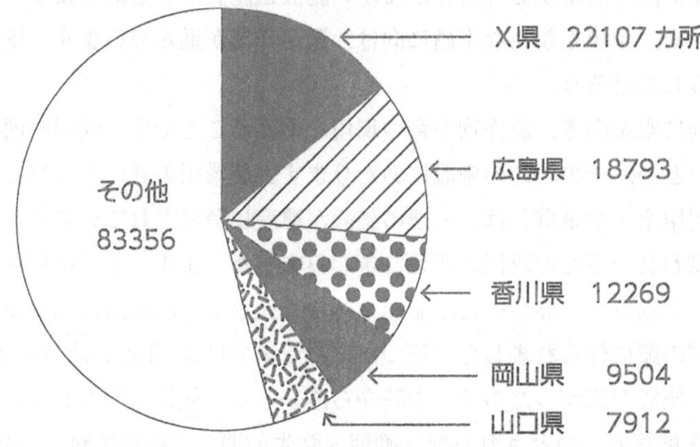

(2) (1)の図を見ると，全国のため池は，瀬戸内海に面する県に集中していることがわかります。次のア～ウは，中国地方と四国地方の代表的な都市における月降水量と月平均気温を雨温図で示したものです。瀬戸内海に面した都市の雨温図としてもっとも適当なものを，次のア～ウの中から１つ選びなさい。

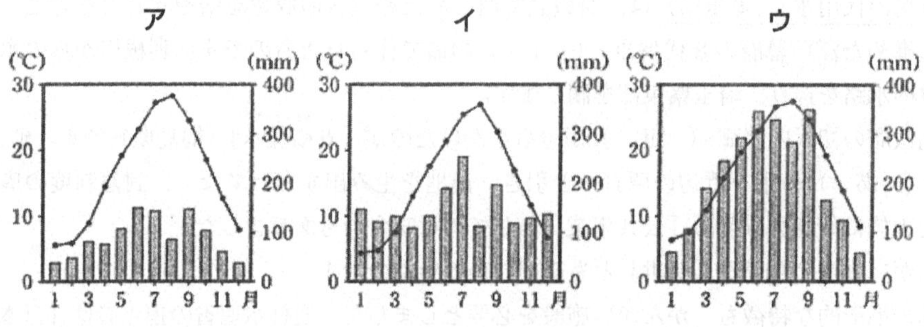

折線は月平均気温（目盛は左軸）、棒は月降水量（目盛は右軸）を示す。
気象庁の資料（1981 ～ 2010 年の平均値）により作成。

(3) 瀬戸内海に面した都市の雨温図の特徴を簡潔に述べなさい。また，なぜそのような特徴になるかその理由を書きなさい。

問４．文章中の下線部②に関して，筑後川の運搬・堆積作用によって筑紫平野が形成されました。筑紫平野のうち，筑後川の西側（佐賀県側）を佐賀平野と呼びます。佐賀平野は，水不足に悩まされながらも，全国屈指の稲作地帯となっています。その理由として，佐賀平野の稲作地帯には，次のページの写真１のような水路が縦横に走っており，少ない水を効率的に利用する工夫がみられます。

このような水路を何というか，カタカナで答えなさい。

写真１

出所：農林水産省ホームページ

問５．文章中の下線部③に関して，現在の日本の米の生産や消費に関する記述として適当ではないものを，次のア～エの中から１つ選び，記号で答えなさい。

ア　日本の米の自給率は，ほぼ100％だが，外国から米の輸入も行われている。

イ　日本の米の輸出量は，減少している。

ウ　日本の米の生産量を抑える減反政策は，廃止されている。

エ　日本の農作物の作付け延べ面積の最大は，稲（水稲）である。

問６．文章中の下線部④に関する次のページの地形図をみて，(1)・(2)に答えなさい。

(1)　埼玉県さいたま市には，「見沼田んぼ」という緑地空間が広がっており，地形図は見沼田んぼ周辺を示したものです。地形図を見ると，見沼田んぼの周辺では，農地が虫食い状態に宅地開発されている様子が読み取れます。このように，市街地が無秩序に郊外へ広がっていく現象を表す用語としてもっとも適当なものを，次のア～エの中から１つ選び，記号で答えなさい。

ア　ストロー現象

イ　ヒートアイランド現象

ウ　ドーナツ化現象

エ　スプロール現象

(2)　見沼田んぼでは，本来その地域にすむさまざまな野生生物が生息することができる空間の整備がすすめられています。このような空間を何というか，カタカナで答えなさい。

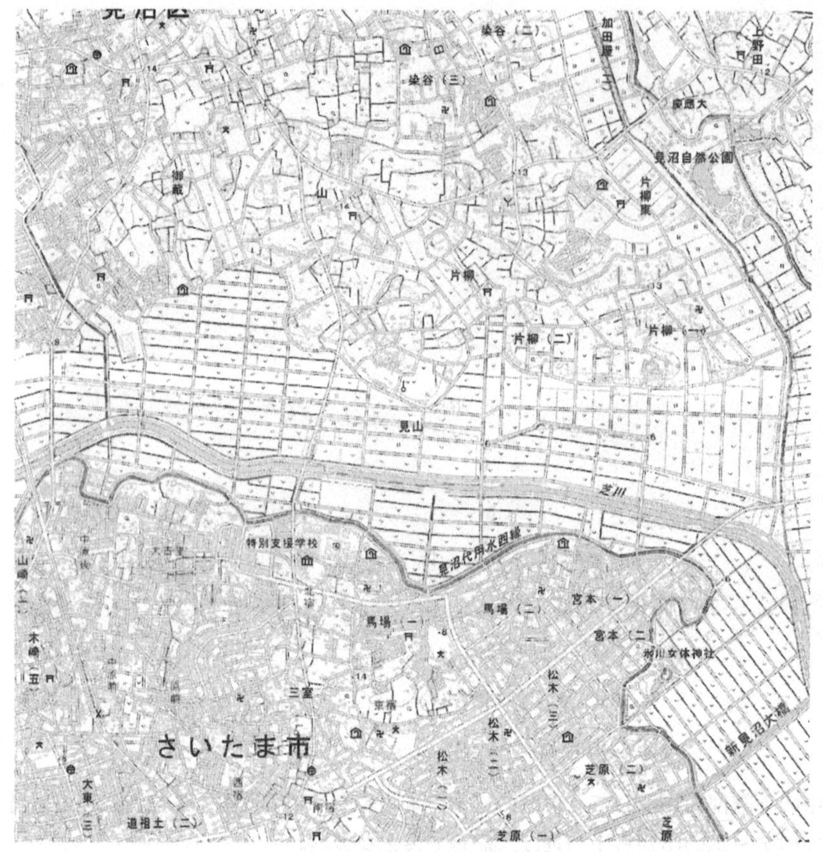

出所：地理院地図より作成

問７．文章中の下線部⑤に関する以下の設問に答えなさい。

⑴　2023年７月の世界の平均気温は，観測史上で最高を記録し，日本でも災害級の暑さが続きました。それをうけて，国連のグテーレス事務総長は，「地球温暖化の時代は終わり，地球（　Ｙ　）の時代が来た」との言葉を発表し，最大限の注意を呼びかけました。空欄（Ｙ）にあてはまる言葉をひらがなで答えなさい。

⑵　2023年も各地で深刻な水害が発生しました。７月には，熊本県と九州地方の一部で次々と発生する発達した雨雲（積乱雲）が列をなし，数時間にわたってほぼ同じ場所を通過または停滞することにより，非常に激しい雨が降り続きました。このような雨域を何というか，漢字５字で答えなさい。

問８．文章中の下線部⑥に関して，水資源として理論上，人間が最大利用可能な量を水資源賦存(ふぞん)量といいます。日本の場合の水資源賦存量は，降水量から蒸発散によって失われる水量を引いたものに面積をかけた値となります。日本全体の平均的な年降水量は，東京の年降水量とほぼ同じであることがわかっているとします。日本全体の平均的な年蒸発散量を500㎜としたとき，その水資源賦存量（単位：億m^3/年）としてもっとも適当なものを，次のア～エの中から１つ選び，記号で答えなさい。

ア　500　　イ　1000　　ウ　2000　　エ　4000

3 次の設問に答えなさい。

問１．憲法が保障する人権について説明したア～エの文の中から，間違っているものを１つ選び，記号で答えなさい。

ア　憲法が保障している思想・良心の自由は，人間の心の中まで権力によって支配されることがないことを保障するものだとされています。

イ　表現の自由は，無制限に保障されるわけではありません。他の人の権利を侵害するような場合には，公共の福祉の考え方から制限されることがあります。

ウ　憲法は，人種や信条（考えていること），性別，社会的な身分などの具体的な例をあげて差別を行ってはならないと規定しています。この規定は法の下の平等と呼ばれています。

エ　選挙権や被選挙権の平等について，男女平等の観点から国会議員の一定割合を女性とする仕組みの導入が提案されています。この制度はアダムズ方式と呼ばれるものです。

問２．国会について説明したア～エの文の中から，間違っているものを１つ選び，記号で答えなさい。

ア　国会は毎年１月に召集されますが，これは常会（通常国会）と呼ばれます。主な議案は予算で，会期は150日間と決まっていますが，必要に応じて延長することもできます。

イ　法律の制定にあたり，衆議院が可決した法律案について参議院が否決した時は，衆議院が出席議員の３分の２以上の賛成で再度可決すれば，法律が成立します。

ウ　衆議院と参議院はそれぞれ，国政に関して調査を行い，証人の出頭や書類の提出などを要求できます。これを国政調査権と呼び，この権限は，裁判所の判決などについても及びます。

エ　予算案は衆議院で先に審議することが憲法で定められていますが，他の議案についてはどちらの院で先に審議するかは，憲法には定められていません。

問３．内閣について説明したア～エの文の中から，間違っているものを１つ選び，記号で答えなさい。

ア　内閣は，行政権を持つことが憲法に定められています。内閣を構成するのは首長である内閣総理大臣とその他の国務大臣です。

イ　内閣総理大臣は，国会によって指名され天皇によって任命されます。内閣総理大臣は，国務大臣を任命することができます。

ウ　三権分立の一つの形として，内閣は最高裁判所の長たる裁判官を指名する権限を持ちます。なお，任命を行うのは天皇です。

エ　内閣は衆議院を解散する権限を持ちますが，その根拠となっているのは憲法の第７条の規定と第69条の規定の二種類です。2023年の末の時点で，第69条の規定による解散の方が第７条による解散よりも多くなっています。

問４．裁判所（司法）について説明したア～エの文の中から，間違っているものを１つ選び，記号で答えなさい。

ア　司法権は，最高裁判所と法律によって設置された下級裁判所に属していると憲法で規定しています。これは，司法権の独立を保障する規定とされています。

イ　慎重な裁判を行い国民の人権を守ることなどを目的として，最大３回まで裁判を受けることができます。この仕組みを三審制と呼びます。

ウ　裁判官は，公正な裁判を行うことができるよう，憲法で身分が保障されています。しかし，社会的に問題のある行為を行った場合には，弾劾裁判によって罷免されることもあります。

エ　刑法に基づき，有罪か無罪か，有罪ならばどれ位の刑罰が適切かを判断するのが刑事裁判です。刑事裁判では地方裁判所と高等裁判所で裁判員制度が導入されています。

問5．地方自治について説明したア～エの文の中から，間違っているものを1つ選び，記号で答えなさい。

ア　憲法が規定する「地方自治の本旨」とは，住民が自らの意志で自治を行う団体自治と地方公共団体が独立して活動する住民自治の2つの意味であるとされています。

イ　人々が自分の住む地域のことに関わることで，民主主義を身近な存在として感じ，学ぶことができることから，「地方自治は民主主義の学校」であると言われます。

ウ　地方公共団体では，住民が直接請求権を持ちます。そのうちの1つとして，都道府県知事や市町村長のリコールがあり，一定割合の有権者の署名を集めて選挙管理委員会に請求します。

エ　各地に見られるポイ捨て禁止条例などのように，地方公共団体は，法律の範囲内で独自に条例を定めることができます。

問6．次のア～エの文の中から，間違っているものを1つ選び，記号で答えなさい。

ア　株式会社とは，多くの出資者から資金を集めることができる会社（企業）の形態です。ここでの出資者のことを株主と呼びます。

イ　買い手（需要）と売り手（供給）が自由な意思を持ち行動することで，商品の価格と流通量が決まるとされています。しかし実際には，売り手（供給）が一方的に設定した価格で取引されていることが多く見られます。

ウ　現在，国の経済規模をあらわす指標としてGDPが使われています。GDPは日本語では国内総生産で，国内で生み出された価値の合計をあらわすものです。そのため，日本企業の海外での生産額などは含みません。

エ　異なる業種の企業が株式の所有などによって1つのグループとなる形態をコンツェルンといい，戦前の財閥が典型的な例です。戦後になって制定された独占禁止法によって，現在は全面的に禁止されています。

問7．働き方改革関連法によって，「自動車運転の業務」に関して年間の時間外労働時間の上限が960時間に制限されることが決まっています。この結果，物流（商品の運送など）の面で大きな障害が発生してモノが運べなくなったり，モノが作れなくなったりする問題が起きると予想されています。この問題のことをなんといいますか，解答欄にあてはまるように答えなさい。

オ　現代の技術をもってしても建てられない建築物であるのに、その建築物を写した写真が存在していること。

問九　――線部⑤「要は写真の時代が終わりつつあるのではなく、美女コンテストの時代が終わりつつあり、美の時代が終わりつつあるということなのである」とはどういうことを表していますか。その説明として最も適当なものを次の中から選び、記号で答えなさい。

ア　写真だけでは物事を評価することはできないので、実際に見たり触れたりできるものだけを評価の対象とするようになってきているということ。

イ　時代の変化につれて人間が感じる美しさも変化してきているので、より現代的な基準へと合わせるようになってきているということ。

ウ　美という基準によって人間に優劣を付けることは個人の尊厳にかかわる問題なので、世界各国で中止が相次いでいるということ。

エ　美しさというものは物事の一面でありどのようにでも捏造できるものなので、総合的な基準で物事を評価するようになってきているということ。

オ　これまで美しいとされてきたものにも必ず欠点はあるので、それらを現代の基準で再評価する気運が高まりつつあるということ。

問十　本文の趣旨と合致するものとして最も適当なものを次の中から選び、記号で答えなさい。

ア　現実の建物は、様々な制約により設計図通りに建築することが難しい。しかし、コンピューターの技術が進歩したため、建築家は自らの作品を写真などの視覚的な媒体を通して、設計図通りに表現できるようになった。

イ　建築物は、同一条件の下で比較することができないため、写真によってその美醜を評価されてきた。しかし、写真に写る美しさとはきわめて不確かなものであるため、評価者の実体験の中での評価が行われるようになりつつある。

ウ　建築家の評価は、設計した建物以外に、その建物を捉えた写真を美しく見せる技術も重視されてきた。しかし、視覚的な美しさは平等な基準ではないため、建物の本質を表している設計図を重視しなければならない。

エ　建築家は、美しさという価値基準を何よりも優先して設計を行ってきた。しかし、その価値基準の下で設計された建物は実生活には支障が生じることも多いため、より生活に根ざした建物を設計するようになった。

オ　これまで写真は、被写体の真実の姿を捉えることができると人々は考えてきた。しかし、写真は静止した対象にしかその効果を発揮できないため、被写体をより多面的に捉えられるムービーを用いることが多くなってきた。

問十一　＝＝線部「他でもない、コンピューターが教えてくれたのである」とありますが、これはどういうことですか。八十字以内で説明しなさい。但し、「かえって」という言葉を必ず用いなさい。

問五　――線部①「背景のタッチアップ」とありますが、本文で述べられている「背景のタッチアップ」とは**言えない**画像処理を施しているのはどれですか。最も適当なものを次の中から選び、記号で答えなさい。

加工前

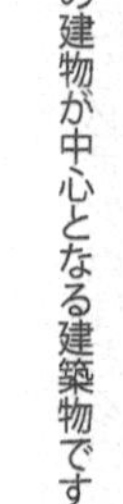

この建物が中心となる建築物です

ア

イ

ウ

エ

オ

問六　――線部②「写真自体がきわめて曖昧で、いい加減なメディアであった」とありますが、このように言うのはなぜですか。その理由として最も適当なものを次の中から選び、記号で答えなさい。

ア　写真は、誰が撮影しても被写体をある程度美しく写せるものだから。

イ　写真は、被写体の真実を写したものであるかどうか見極めにくいから。

ウ　写真は、被写体の本当の姿を絶対に切り取ることができないから。

エ　写真は、撮影者の意図に関係なく被写体に説明を与えてしまうから。

オ　写真は、被写体をいくらでも複製する手段となるから。

問七　――線部③「真実という基準の支配によって、たがをはめること」とは、どういうことを表していますか。その説明として最も適当なものを次の中から選び、記号で答えなさい。

ア　真実を伝えるために写真の加工は許容すること。

イ　写真に写されたものはすべて真実であると見なすこと。

ウ　写真の中には真実などないという前提をくつがえすこと。

エ　写されたものが真実であると保証された写真だけを用いること。

オ　被写体の真実の姿を伝えるために一切の加工を許さないこと。

問八　――線部④「この矛盾」とは、どういうことを表していますか。その説明として最も適当なものを次の中から選び、記号で答えなさい。

ア　美醜の基準など存在しないはずなのに、それがあたかも存在しているものと見なして建築物に順位付けを行うこと。

イ　人が何を美しいと感じるかはそれぞれ異なるのに、一人だけの基準によって建築物に優劣を付けていること。

ウ　建築物を評価するためには実物を見なければいけないのに、実物そのものを見ないで評価していること。

エ　建築物の優劣は総合的な尺度で計らなければならないのに、外見上の美しさだけで決めていること。

されるのは、情報量を増やし、媒体を複数化しようという動きである。写真だけならば、捏造がいくらでも可能である。しかしムービーを併用すれば、捏造はかなり困難になるであろうという推測である。

しかし、この方向には、明らかに限界が存在する。いくら媒体を複数化したとしても、美という基準と、ヴィジュアル・メディアの間の断絶を完璧に埋めつくすことは不可能である。この問題を解決する唯一の方策は美という基準を見直すこと。美に替わる、新しい基準を発見することしかない。

その徴候はすでに、様々な形で出現しつつある。結果としての美ではなく、ものを作るプロセス自体を評価し楽しむという傾向は、そのひとつである。建築雑誌や美術雑誌が、そのプロセスを読ませること、追体験させることに、ページをさきはじめたのである。建築家やアーティストもまた、結果としての美を競うのではなく、そこにいたるプロセス自体を競いはじめた。そのプロセスは様々である。使い手の意見を聞きながら、使い手が施工にも参加して建築を作る「参加型建築」のプロセスをうりにする建築家が登場した。あるいは、今まで誰も使ったことがない珍しい素材を、試行錯誤を重ねながら、なんとか使いこなしたというプロセスがテーマとなる建築が登場するようになった。どちらの場合もできあがりを写真で見ただけでは、その良さ、その特徴のすべてを理解することは難しい。プロセスのドキュメンテーションを一緒に読んではじめて、その価値がわかるという仕組みである。えっ、そんな風にして作ってあったんですかと［ａ］を打つのである。

⑤要は写真の時代が終わりつつあるのではなく、美女コンテストの時代が終わりつつあり、美の時代が終わりつつあるということなのである。視覚的な美というものは、いかようにでも捏造できる。舞台に並べて、誰が誰より美しいと論じることは意味がない。大切なことは、舞台からひきずりおろして実際につきあってみること。同じひとつの時間、ひとつのプロセスを共有することなのである。そういう体験の重みだけが、人間にとって意味を持つということを、他でもない、コンピューターが教えてくれたのである。

（隈研吾『負ける建築』）

問一　［Ⅰ］～［Ⅲ］にあてはまる語として最も適当なものを次の中からそれぞれ選び、記号で答えなさい。

ア　しかし　　イ　なぜなら
ウ　ゆえに　　エ　ところで
オ　あるいは　カ　たとえば

問二　［Ａ］・［Ｂ］にあてはまる語として最も適当なものを次の中からそれぞれ選び、記号で答えなさい。

ア　日常的　イ　印象的　ウ　視覚的
エ　象徴的　オ　論理的

問三　［ａ］にあてはまる身体の一部を表す語をひらがなで書きなさい。

問四　［Ｘ］にあてはまる文として最も適当なものを次の中から選び、記号で答えなさい。

ア　虚偽という価値基準ではなく、現実という価値基準
イ　美醜という価値基準ではなく、真実という価値基準
ウ　現実という価値基準ではなく、虚偽という価値基準
エ　真実という価値基準ではなく、美醜という価値基準
オ　純粋という価値基準ではなく、装飾という価値基準
カ　装飾という価値基準ではなく、純粋という価値基準

に熱心であった。

二〇世紀最高の建築家と呼ばれるル・コルビュジエが、画像処理の達人であったことは、よく知られている。彼はしばしば、写真の上にエアブラシなどの技法を用いて手を加え、平然として作品集に掲載した。彼の作品の背景の建物や山は消去され、すっきりとした青空のバックが捏造された。シャープな影によるメリハリがお好みで、明るい壁面と暗い壁面の境界に定規で線を引き、影の部分を暗く塗りつぶすのも得意技であった。最高の建築家が平気でこんなことをする。しかもそのことが、彼の建築家としての評価を下げることは一切ない。それが建築という世界だったのである。

それは単に、ジャーナリズムの姿勢の問題ではない。ジャンル全体の姿勢、価値基準の問題なのである。建築とは、美、正確には［　B　］な美という価値基準によって支配されたフィールドであった。建築物が美しいか、醜いかという判断が、すべてに優先された。そのこと自体が問題なのではない。そのようなフィールドが、二〇世紀にはもっぱら写真というメディアに依存せざるを得なかった。そこにこそ問題があったのである。なぜなら、②写真自体がきわめて曖昧で、いい加減なメディアであったからである。このメディアは、何物をも自由に捏造することが可能なメディアであった。捏造と真実との境界が、極端に曖昧なメディアであった。捏造と真実との境界を攪拌する特殊な能力を持つメディアであった。コンピューターによる画像処理技術の進歩は、この曖昧さに拍車をかけたにすぎない。そんな危険なメディアが、建築という危険なフィールドと結託したわけだから、こんな危なっかしいことはない。

この写真というメディアの捏造活動に歯止めをかけるには、二つの方法しかない。ひとつは真実という基準の支配するジャンルの媒体として用いること。すなわち報道写真として、③真実という基準の支配によって、たがをはめること。もうひとつの方法は、写真芸術という、自立した世界を用意してやることである。そこでは、被写体の美（捏造の起点）が問われるわけではなく、捏造の結果だけが問われる。そのような場がひとたび用意されてしまえば、捏造という概念自体が意味を喪失することになるのである。

しかし、この二つの方法が適用できないフィールドにおいて、写真を媒体として用いることは、きわめて危険、かつ無意味な選択であった。たとえていえば、それは写真を用いて美人コンテストを行うようなものである。一次選考に写真を利用することはあっても、最終選考に写真を用いる美人コンテストというものはない。写真はいかようにも美女を捏造することができるからである。写真を用いて仮に選んだ美女達を、最終的には同一の舞台の上に立たせて、肉眼で眺める。美を基準とする領域においては、そのような方法のみが、有効性を持つはずなのである。

ところが残念ながら建築を移動させることはできない。様々な建築物を美女のようにして、同一の舞台の上に立たせて見比べることはできない。ゆえに、しかたなく建築は写真に撮られ、写真の形式で評価され、比較されることになったのである。写真だけを用いて、「美女コンテスト」を行わざるを得なかったのである。そこに二〇世紀の根本的な矛盾が存在した。そしてコンピューターによる画像処理技術は、④この矛盾を加速し、露呈させる役割を担ったというわけなのである。

では今後、この美女コンテストはどこに向かうのだろうか。まず予想

ね。」

Ｄさん「集団に追い抜かれた時、ジローさんは絶望の底にいたと思うんだ。自分のせいで負けてしまうって。だからペースを必死にあげたんだよ。でも追いつかない。だから自分を駅伝に誘った桝井さんを恨みながら走っていたんだ。恨みがジローさんに力を与えたのかも。」

Ｅさん「最後にジローさんが力を発揮できたのは声援のおかげだね。一番大きな声を出していたお母さんもそうだけど、やっぱりあかねさんの声援が大きな力になったんじゃないかな。告白を断られたとはいえ、かっこいい姿を見せれば、もう一度チャンスがあるかもって思うからね。」

五　次の文章を読んで、あとの問いに答えなさい。

建築の世界で、妙な現象が進行しつつある。雑誌が信用を失いつつあるのである。正確に言えば、雑誌にのっている写真が信用を失いつつある。誰も、その写真を信じようとはしない。そして実は、この現象、建築に限った話ではない。

最大の理由は、コンピューターによる画像処理技術の進歩である。一度撮った写真をどんな風にでも加工することができるようになった。　Ｉ　、紹介される建築作品の手前に立っている電柱が邪魔だなと思ったならば、消してしまうことができる。後ろに立っているビルが醜くてめざわりだと思ったならば、消去して、かわりに青い空を背景にペーストすることができる。抜けるような青空だけを背景にすっくと作品が建っている純粋な風景が欲しければ、それがなんなくできてしまうのである。

この程度なら、すなわち①背景のタッチアップだけならば、まだ罪は軽いかもしれない。おそろしいのは、建築作品自体の画像処理である。建築主の要望で選択した屋根の色が気にくわないので、茶色の屋根を、クールなシルバーに画像変換し、印刷してしまうなんてことも可能である。　Ⅱ　、建築基準法の高さ制限のせいで、作品がズングリムックリしてしまったので、縦横の比率を少し変えて、建築を細長く、スレンダーに変形して、雑誌に紹介するなどということも可能になった。

その手の画像処理が、現実の建築雑誌でどこまで行われているかは、僕もわからない。　Ⅲ　、問題は、現実にどこまで行われているかではなくて、行われていても不思議ではないし、しかたがないと、誰もが感じていることなのである。ではなぜそんな風に、みんな諦め気味なのだろうか。なぜ誰も、これを問題視しないのだろうか。

理由は単純である。建築雑誌が　Ｘ　で、編集されているからである。真実か虚偽かという価値基準に支配されているメディア（たとえば報道）では、このような画像処理は決して許されない。編集者の首が飛んだり、社長が謝罪するほどの話である。ところが、建築雑誌で一番問題とされていたのは、真実ではなく、美であった。美のためなら真実は犠牲にしてもいいという風土があった。それゆえ、コンピューターの画像処理が今のようなレベルに達する以前から、似たようなことはいくらでも行われていた。フィルターを使って、色を変えてしまったり、極端な望遠レンズや広角レンズを使って、画像を歪（ゆが）ませてしまうことは、　Ａ　に行われていたのである。しかも、これは二流の建築家がやるゴマカシではなくて、一流の建築家ほど、これらの画像処理

責められることはないということ。

オ　上の大会に出場できなかったとしても、自分にとっては駅伝の選手に選ばれたという名誉だけが残るということ。

問八　――線部⑥「腕を大きく振った」という表現は本文中でどのようなことを表現していますか。その説明として最も適当なものを次の中から選び、記号で答えなさい。

ア　とにかく残りの一キロ弱を全力疾走するために、これまでの抑えた走り方をやめて持てる力を出し切ろうとする必死さを表している。

イ　様々なことに思い悩むのではなく周囲を明るくする自分のよさに気付き、普段通りおどけてふるまえるようになったことを表している。

ウ　集団に抜かれてしまったことで不安な気持ちに押しつぶされそうになったが、自分らしくあることの大切さに気付いた心情の変化を表している。

エ　駅伝の走者として走ることを通して自分に過度な自信が持てるようになり、これまでにない力がみなぎってきたことを表している。

オ　襷をつなぎ最後まで走りきるためにペースを守っていたが、たとえ襷がつながらなくても自分自身のために全力で走る決意をもったことを表している。

問九　――線部⑦「俺の身体も心もすっとほぐれていった」とありますが、この描写はどのようなことを表していると考えられますか。その説明として最も適当なものを次の中から選び、記号で答えなさい。

ア　これまで頑張ってきた駅伝が終わり、目先の目標がなくなってしまったジローの喪失感。

イ　最後の頑張りによって、最終結果が悪くても責められることがなくなったジローの解放感。

ウ　どんなに疲れていても、周囲からの声援が力となることを体験したジローの高揚感。

エ　集団に抜かれ精神的に追い詰められても、一度も諦めずに走り抜いたジローの充実感。

オ　緊張や重圧を乗り越え、襷を無事につなぐという役目を果たしたジローの安堵感。

問十　次の会話文は、この文章を読んだ中学一年生が話し合っている場面です。本文と合致する意見を述べている生徒一人を選び、記号で答えなさい。

Aさん　「大田さんから襷を受け取った時のジローさんは、怖かったと思うんだ。予想以上に良い順位で大田さんから襷を受け取ったんだよ。ジローさんはもっと気楽な順位で本当は襷を受け取りたかったんじゃないかな。」

Bさん　「もともと足の速いランナーが集まる区間に、足の遅いジローさんが配置されているんだよ。どんなに抜かれても、気にしていなかったんじゃないのかな。多分、最初から諦めていたと思うよ。」

Cさん　「走り始めた頃は足の速い生徒のことは気にせず、自分のペースを守ることだけに意識を働かせていたんじゃないかな。心に余裕があったから周囲の風景を見たり感じたりできたんだよ。結果的に試走よりも早いペースで走れていたし

問四　――線部②「俺は思いっきり田んぼの香ばしい匂いを吸い込んだ」とありますが、このときのジローの状況を説明したものとして、最も適当なものを次の中から選び、記号で答えなさい。

ア　普段あまり見ることのない故郷の景色を改めて眺めることで、自身の郷土愛に気付かされている。

イ　自分が生まれ育った土地の匂いを体に取り込むことで、周囲から応援をうけた気になっている。

ウ　稲刈り前の独特な匂いから秋の気配を感じ取り、自然豊かな故郷の情景に改めて感じ入っている。

エ　自分が慣れ親しんだ風景を見渡し大きく息をすることで、落ち着いてペースを守ろうとしている。

オ　周囲の様子や鼻孔をくすぐる匂いにふと気を取られてしまい、走りに集中できなくなっている。

問五　――線部③「焦りと不安」の説明として最も適当なものを次の中から選び、記号で答えなさい。

ア　中継所が近づいてきたので、先頭に追い付くための手段をいよいよ投じるべきではないかということ。

イ　このまま当初の予定通りペースを守り続けていては、良い結果を迎えられないのではないかということ。

ウ　ピッチを上げこれまでのペースを崩してしまったために、襷がつながらないのではないかということ。

エ　自分がこのまま順位を落としてしまうと、みんなから批判されるのではないかということ。

オ　前の走者にさらに差をつけられたら、皆の頑張りをふいにしてしまうのではないかということ。

問六　――線部④「やっぱりジローはジローだから」にはどのような期待が込められていると考えられますか。その説明として最も適当なものを次の中から選び、記号で答えなさい。

ア　ゴールした後に倒れるくらい、全力を出し尽くして走ってほしい。

イ　精一杯応援して、必死に走っている皆を笑顔で迎え入れてほしい。

ウ　たとえ遅くても、見ている人に感動を与えるような走りをしてほしい。

エ　みんなで駅伝を走り切る上で、ムードメーカーの役割を果たしてほしい。

オ　仲の良い友人が多いので、沿道で応援してくれる人を集めてほしい。

問七　――線部⑤「俺は何一つ損なんかしていない」とありますが、どういうことを表していますか。その説明として最も適当なものを次の中から選び、記号で答えなさい。

ア　なんとなく引き受けた駅伝なのに、思いがけず自己の成長の機会となったことを実感しているということ。

イ　大田や桝井ほどには駅伝に対する思い入れがない自分だから、もし悪い結果でもあまり気にしないということ。

ウ　たとえ上の大会に出場できなくても、自分が全力を出したのなら責任は誘った人にあるということ。

エ　自分の走りができず仲間に迷惑をかけてしまったけれど、自分が

ちゃんは俺を応援してくれるのだ。

「ちょっと、真二郎、あんた真剣に走りなさいよ！」

もちろん、一番でかい声を出しているのは母親だけど。

渡部が言ったとおり、⑤俺は何一つ損なんかしていない。いつもの調子で引き受けたからこそ、今ここにいられるのだ。俺は身体（からだ）に神経を向けて、自分の残っている力を確認した。いける。ここから残り1キロ弱。ペースを上げても走りきれる。元気がいい走り。上原に褒められたように、思い切りのいい走りをしよう。俺は前を走る集団を見すえて、⑥腕を大きく振った。

息を切らしながら走っているうちに、中継所が近づき渡部の姿が見えた。唯一俺が苦手とするやつで、唯一俺を心配してくれるやつ。今はどうだろう。走れもしないくせに引き受けてと、やきもきしながら見ているだろうか。いや、そんなことはない。俺が俺らしくやりさえすれば、渡部は認めてくれるはずだ。

「ジロー。いいぞ、そのままそのまま。ここまで」

渡部は手を振りながら、叫んでいる。早くあの手に襷を渡さなくては。俺は集団の中に突っこむのも気にせず、一心不乱に渡部をめがけて走った。

「頼む」

「了解」

渡部は手早く襷を受け取って、すぐさま駆け出した。これでもう大丈夫だ。渡部に襷をつないだとたん、⑦俺の身体も心もすっとほぐれていった。

（瀬尾まいこ『あと少し、もう少し』）

問一　A・B を埋めるのに最も適当な語を次の中からそれぞれ選び、記号で答えなさい。

ア　ほいほい　　イ　どしどし　　ウ　きらきら

エ　わざわざ　　オ　じりじり

問二　I～V に次の会話文をあてはめたとき、どのような順番になりますか。I と IV を埋めるのに最も適当なものを次の中からそれぞれ選び、記号で答えなさい。

ア　じゃあ、何だ？

イ　そっか。あいつら短距離だもんな。じゃあ、三宅や安岡？　あの辺はなんだって？

ウ　渡部の次が俺？

エ　すぐに俺に頼むなんて、そんなに断られるのが嫌だったのか？

オ　どうして俺なの？　たいして走るの速くないのに

問三　――線部①「はやる気持ち」とは、どのような気持ちを表していますか。その説明として最も適当なものを次の中から選び、記号で答えなさい。

ア　良い順位で襷をつなぎ自分も速く走れることを仲間に認めさせたいという気持ち。

イ　周りに惑わされず自分のペースを守りながら慎重に走ろうという気持ち。

ウ　上の大会に進むために自分を抜いたやつらに追いつかなければならないという気持ち。

エ　本番の大会なのだから記録会や試走よりも良い記録を出そうという気持ち。

オ　記録会で自分より速かった三人を見返してやろうという気持ち。

「なんだってって？」

俺と同じ練習をしたはずなのに、桝井は涼しい顔のまま首をかしげた。冷却装置でもついているのかと思うほど、桝井は真夏でもさらりとしている。

「どうやって駅伝を断ったのかと思ってさ。三宅って気が弱そうなのに、いざという時には断るんだな」

少し勇気を出して拒否すれば、後々しんどい思いをしなくてすむのだ。断るのは一瞬、引き受けたら一生だな。暑さに参ったせいか、俺はほんの少し後悔しそうになっていた。

「三宅にも安岡にも駅伝の話すらしてないよ。大田に声かけて渡部に声かけて、それでジロー。他には頼んでないけど」

「　Ⅱ　」

渡部と俺の間に、足の速いやつなんて何人もいる。みんなに断られて、いく当てがなくなって回ってきたと思っていた俺は驚いた。

「　Ⅲ　」

「ジローならやってくれるだろうと思ったし」

「だって、誰にも断られてないんだろう？」

「そうだって言ってるじゃん」

「俺が三番目？」

ストレートで俺のところに依頼が来るなんて、不思議だ。俺が何度も訊くのに、桝井は笑い出した。

「そうだってば」

「　Ⅳ　」

「まあ、ジローなら簡単に引き受けてくれるだろうって期待したのは確かだけど、だからってジローに頼んだわけじゃないよ」

「　Ⅴ　」

他に俺に駅伝を頼む理由などあるだろうか。俺は桝井の顔を見つめた。

「うーん、ジロー楽しいし、明るいし。ほら、ジローがいるとみんな盛り上がるだろ」

「そんなの走ることに何も関係ないじゃん」

「そうだな。でも、うまく言えないけど、④やっぱりジローはジローだから」

いつも的確に答える桝井が困っている。でも、桝井の言いたいことはわかった。

高校に大学にその先の世界。進んで行けばいくほど、俺は俺の力に合った場所におさまってしまうだろう。力もないのに機会が与えられるのも、目に見える力以外のものに託してもらえるのも、今だけだ。速さじゃなくて強さでもない。今、俺は俺だから走ってる。

「ジロー、がんばれ！」

「あと１キロだよ！」

「ジロー、ファイト。ここからここから」

広い道に出ると、沿道には応援をする人が溢（あふ）れていた。俺にもいろんな声が届く。クラスメートの声、バスケ部の後輩の声、仲のいいやつらのおばちゃんやおじちゃんの声まで聞こえてくる。

「ジロー、しっかり！　前、抜けるよ」

あかねちゃんが叫ぶのも聞こえた。俺の告白を断ったって、あかね

大田から受け取った襷は重かった。この一瞬に俺たち以上のものをかけているのだ。いい加減なことばかりやってきた大田にとって、この駅伝の持つ意味は大きい。駅伝にかかわっていた時間は、大田にとって唯一中学生でいられた時間だったにちがいない。いや、まだこの時間は続く。上の大会に進んで、あと少し大田にこういう思いをさせてやりたい。

そう意気ごんではみだけど、駆け出して５００メートルも行かないうちに、俺は後ろにいた三人に抜かれた。記録会でも俺よりずっと速かったやつらだ。こいつらと同じように走っては、最後までもたない。俺は軽く腕を揺らして、①はやる気持ちを抑えた。

３区はなだらかなコースだから、勝負をかけてくる学校も多い。だけど、ペースを崩すな。桝井がスタート前に言ったことを思い出して、俺は一歩一歩足を進めた。俺を抜いたやつらはずいぶん前に進んでいるけど、これでいいのだ。まだ五位なのだから落ち着いていこう。今の俺は自分のペースがわかっている。ど素人だったころの俺とは違うんだ。焦って台無しにするな。大事に走らなくてはいけない。これは記録会でも試走でもなく、本番なのだ。

俺が走る道の横には田んぼが広がっている。来週に稲刈りをする家が多いのだろう。刈られるのを待っている稲穂が［A］と日の光を受けている。いい風景だ。田舎から早く出ていきたいと言っているやつらも多いけど、俺はこの地域を気に入っていた。すぐ間近に川があり山があり田んぼがあって、それぞれ季節ごとに違う香りがする。②俺は思いっきり田んぼの香ばしい匂いを吸い込んだ。

１キロ地点を俺は試走より一割ほど速いペースで通過した。いいペースで走っているはずだ。しかし、１キロ通過直後のゆるいカーブで後ろにいた集団にとらえられた。そして、カーブを曲がり切り体勢を立て直そうとしたところで、あっけなくその集団に抜き去られてしまった。

いくらなんでも抜かれすぎだ。俺を抜いた集団は六人。二位でもらった襷は、もう十一位まで落ちている。ペースを守ったって、こんなに後ろに追いやられたんではどうしようもない。俺は何とか取り戻そうと、ピッチを上げた。だけど、前を行くみんなも同じようにスピードを上げている。これ以上離されたら、やばい。何とかしなくては。けれど、いくら加速しても追いつかない。どこの学校だって必死なのだ。いろんなことを乗り越えているのは、俺たちだけじゃない。前との距離は、俺の走力でどうにかできる範囲を超えている。俺は③焦りと不安で心臓が速くなるのを止められなかった。

こんなの謝ったってすまないよな。みんなが懸命に練習していた姿を思うと、泣きたくなった。設楽や大田が繋いできたものを俺が崩してしまう。二人とも試走以上のいい走りをしたのに、俺がそれを無駄にしてしまう。そう思うと、逃げたくなった。だから、［B］引き受けるんじゃなかったんだ。

「岡下とか城田にはさ、なんて言って断られたんだ？」

夏休みの終わり、暑さと練習の厳しさでバテそうになった俺は桝井に訊いてみた。みんながどんなふうにうまいこと断るのか知りたかったのだ。

「岡下にも城田にも頼んでないよ」

「［Ⅰ］」

【国　語】（五〇分）〈満点：一〇〇点〉

一　次の１～５の傍線部の漢字の読みをひらがなで答えなさい。

1　峡谷に出かける。
2　困苦に耐えて大成する。
3　全幅の信頼を置く。
4　直ちに持ち場につく。
5　皆目わからない。

二　次の１～５の傍線部のカタカナを漢字で答えなさい。

1　試験合格というロウホウが舞い込んだ。
2　コウシュウの面前で批判される。
3　ショサの美しい人。
4　勇気をフルって立ち向かう。
5　イシツブツを届ける。

三　松尾芭蕉の紀行文である『おくのほそ道』は、元禄二年三月から九月にかけて、江戸から奥州・北陸をめぐり美濃の大垣に至るまでの約百五十日の旅を記録しています。次のA～Eの俳句は『おくのほそ道』に収められています。これらの俳句を、詠まれた順番に並べ替えなさい。また、詠まれた場所（地域）を、図の中から選びそれぞれ記号で答えなさい。

A　荒海や佐渡によこたう天の河
B　蛤（はまぐり）のふたみにわかれ行（ゆ）く秋ぞ
C　行く春や鳥啼（な）き魚の目は泪（なみだ）
D　あらとうと青葉若葉の日の光
E　五月雨の降り残してや光堂

四　次の文章を読んで、あとの問いに答えなさい。

ジローは自他ともに認めるお調子者であり、その明るさから人に頼み事をされやすく、それを断ることもなかった。中学三年生の夏休み、部活動最後の大会を終えたジローは、学校代表として駅伝大会に出るように頼まれ、その翌日から練習に参加し始めた。大会本番、ジローは３区を走ることになった。

大切なことはメモしておこうネ！

2024年度

攻玉社中学校入試問題（特別選抜）

【算数①】（50分）　＜満点：50点＞

【注意】 1．円周率が必要なときには，3.14として計算しなさい。
2．分数で答えるときには，仮分数でも帯分数でもかまいません。
ただし，約分して最も簡単な分数で答えなさい。
3．比で答えるときには，最も簡単な整数の比で答えなさい。
4．問題にかかれている図やグラフは，正確とはかぎりません。
5．指定がない場合は，０未満の数（マイナスの数）を使わずに考えなさい。

◆ [(1)] ～ [(10)] にあてはまる答えを書きなさい。

○ $\frac{161}{2024}$ を小数で表すとき，小数第1863位の数字は [(1)] です。

○ 生徒が1433名在籍(ざいせき)している学校の中から生徒会役員を４人選びます。
生徒全員がだれか１人に１票を投票して，票の多かった４人が役員に選ばれます。役員に必ず選ばれるためには，最低でも [(2)] 票を集める必要があります。

○ 暑さ指数（WBGT）という数値があります。これは，黒くぬった容器内の温度（黒球温度(こっきゅうおんど)），湿らせたガーゼを巻いた温度計の温度（湿球温度(しっきゅうおんど)），通常の温度計の温度（乾球温度(かんきゅうおんど)）を用いて，以下のように求めます。
ただし，WBGTや温度の単位はすべて「℃」です。

(WBGT)＝0.2×(黒球温度)＋0.7×(湿球温度)＋0.1×(乾球温度)

あるとき，ある地点での湿球温度が26.0℃，乾球温度が38.0℃でした。
このときのWBGTが32.5℃であった場合の黒球温度を求め，小数第１位を四捨五入して整数にすると [(3)] ℃です。

○ まこと君が八百屋さんで次のものをそれぞれ１個以上買ったところ，代金は3900円でした。

なし　１個130円
トマト　１個150円
みかん　１個65円
もも　１個195円

このとき，まこと君はトマトを [(4)] 個買いました。

○ ２％の食塩水Ａと24％の食塩水Ｂと水Ｃがあります。
食塩水Ｂの重さは食塩水Ａの重さの10倍です。
これらをすべて１つの容器に入れてよくかき混ぜると，10％の食塩水ができます。
水Ｃの重さは食塩水Ａの重さの [(5)] 倍です。

○　右の図のA，B，C，D，Eの部分を色分けします。隣(とな)り合った部分にはちがう色を用いてぬり分けるとき，赤，青，黄，緑，黒の5色のうちのちょうど4色を使ったぬり分け方は ⑹ 通りあります。

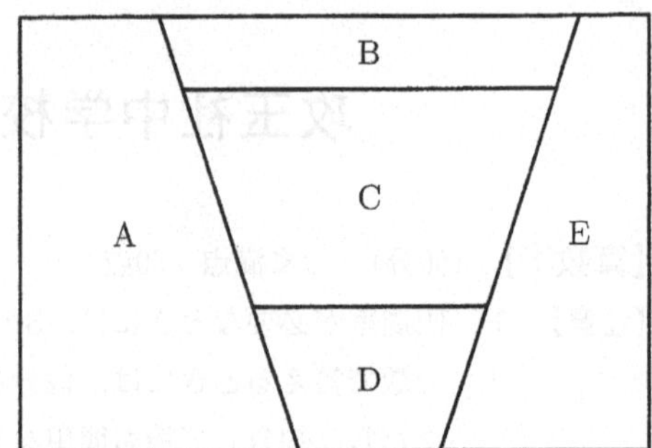

○　右の図のように，円形の池のまわりに，2024本の杭(くい)が等間隔(とうかんかく)に打ってあります。

まこと君は，池の周りにある杭のうちの1本の上に，前方45°の範囲の写真をとることができるカメラを置いて，池の中央に向けて写真をとりました。

このとき， ⑺ 本の杭が写真に写っています。

ただし，一部分でも写っている杭は1本と数えます。また，カメラを置いた杭は写らないものとします。

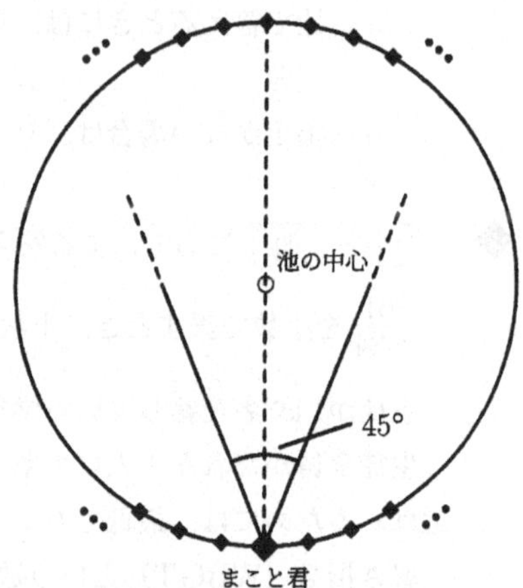

○　右の図のように長方形の辺の上の4つの点を結んで四角形を作るとき，斜線部(しゃせん)分の面積は ⑻ cm²です。

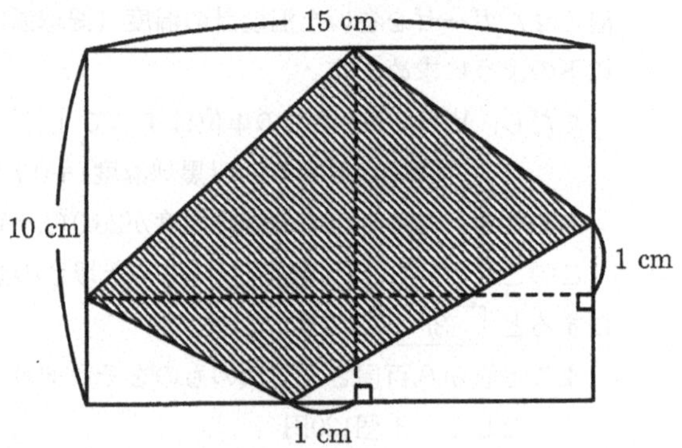

○　1辺の長さが12cmの立方体を1つの平面で切って2つの立体を作りました。

そのうちの一方である立体Aは，下の展開図を組み立てたときの立体と同じ形をしています。立体Aの体積は ⑼ cm³です。

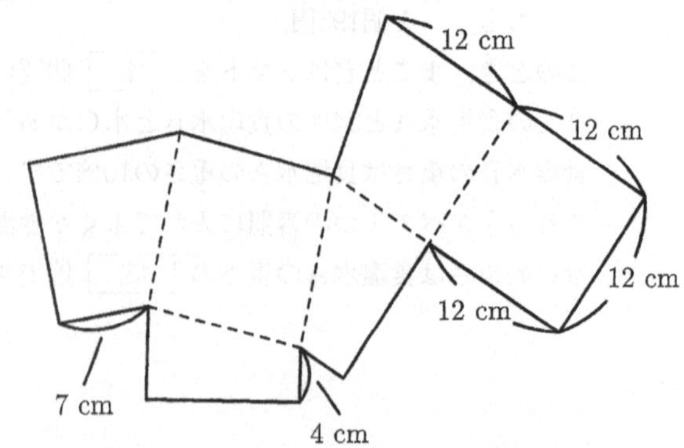

○ 次のA，B，C，D，E，F，Gの図形は，面積が１㎠の４つの正方形を，辺どうしがぴったり重なるようにつなげてできる図形です。

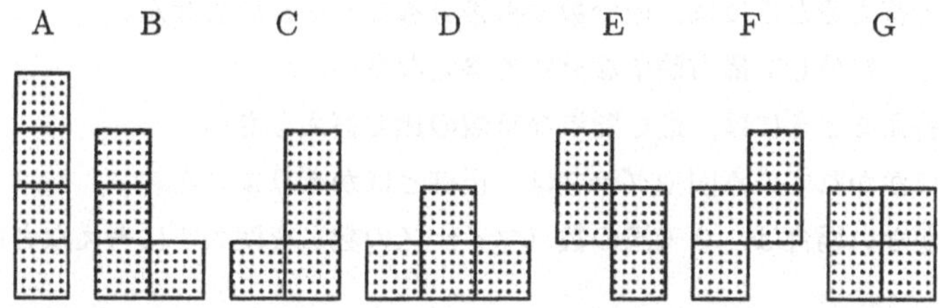

この７種類の図形のうち１種類だけ２個使い，残りの６種類は１個ずつ使って，縦４㎝，横８㎝の32マスの長方形を埋(う)めていきます。

ただし，A～Gの図形は回転させてもよいですが，裏(うら)返してはいけません。32マスの長方形をすべて埋めるためには，A～Gの図形のうち ⑽ を２個使う必要があります。

下の白と黒でぬり分けられた図を参考に考えなさい。

【算数②】（60分）　＜満点：100点＞

【注意】 1．円周率が必要なときには，3.14として計算しなさい。
2．分数で答えるときには，仮分数でも帯分数でもかまいません。
ただし，約分して最も簡単な分数で答えなさい。
3．比で答えるときには，最も簡単な整数の比で答えなさい。
4．問題にかかれている図やグラフは，正確とはかぎりません。
5．指定がない場合は，0未満の数（マイナスの数）を使わずに考えなさい。

1 次の問いに答えなさい。

(4)（イ）は解答らんに考え方と答えを，それ以外の問題は解答らんに答えだけを書くこと。

(1) 図1と図2の1列に並ぶ数について，同じ位置の数を足し合わせることによって，どの位置にある数の和も9になります。

このことを参考にして，1＋2＋3＋4＋…＋100 を計算しなさい。

図1

1	2	3	4	5	6	7	8

図2

8	7	6	5	4	3	2	1

(2) 図3と図4の正方形の形に並ぶ数について，同じ位置の数を足し合わせることによって，どの位置にある数の和も10になります。

このことを参考にして，図5の正方形の形に並ぶすべての数の和を求めなさい。

図3

1	2	3	4	5
2	3	4	5	6
3	4	5	6	7
4	5	6	7	8
5	6	7	8	9

図4

9	8	7	6	5
8	7	6	5	4
7	6	5	4	3
6	5	4	3	2
5	4	3	2	1

図5

1	2	3	4	5	6	7	8	9	10
2	3	4	5	6	7	8	9	10	11
3	4	5	6	7	8	9	10	11	12
4	5	6	7	8	9	10	11	12	13
5	6	7	8	9	10	11	12	13	14
6	7	8	9	10	11	12	13	14	15
7	8	9	10	11	12	13	14	15	16
8	9	10	11	12	13	14	15	16	17
9	10	11	12	13	14	15	16	17	18
10	11	12	13	14	15	16	17	18	19

(3) 図6と図7と図8の三角形の形に並ぶ数について，同じ位置の数を足し合わせることによって，どの位置にある数の和も11になります。

このことを参考にして，次のページの図9の三角形の形に並ぶすべての数の和を求めなさい。

図6

```
    1
   2 2
  3 3 3
 4 4 4 4
5 5 5 5 5
```

図7

```
    5
   5 4
  5 4 3
 5 4 3 2
5 4 3 2 1
```

図8

```
    5
   4 5
  3 4 5
 2 3 4 5
1 2 3 4 5
```

図 9

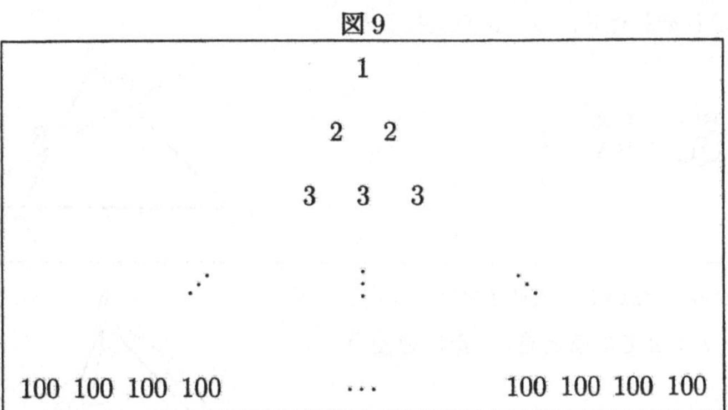

1

2　2

3　3　3

⋰　⋮　⋱

100 100 100 100　…　100 100 100 100

⑷ 以下のものを求めなさい。

（ア）図10の三角形の形に並ぶすべての数の和

図 10

100

99　99

98　98　98

⋰　⋮　⋱

1　1　1　1　…　1　1　1　1

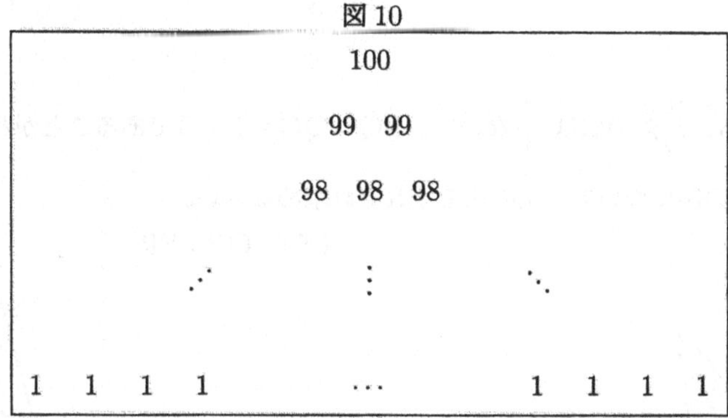

（イ）図11の正方形の形に並ぶすべての数の和

図 11

1	2	3		100
2	2	3	…	100
3	3	3		100
	⋮		⋱	⋮
100	100	100	…	100

2 次の問いに答えなさい。

⑵（ア）は解答らんに考え方と答えを，それ以外の問題は解答らんに答えだけを書くこと。

三角形と直線について，次のことが成り立ちます。

（☆）

三角形ABCの辺AB，BC，CAまたはその延長が，三角形の頂点を通らない１つの

直線と，それぞれ点P，Q，Rで交わるとき，

$$\frac{AP}{PB}\times\frac{BQ}{QC}\times\frac{CR}{RA}=1$$

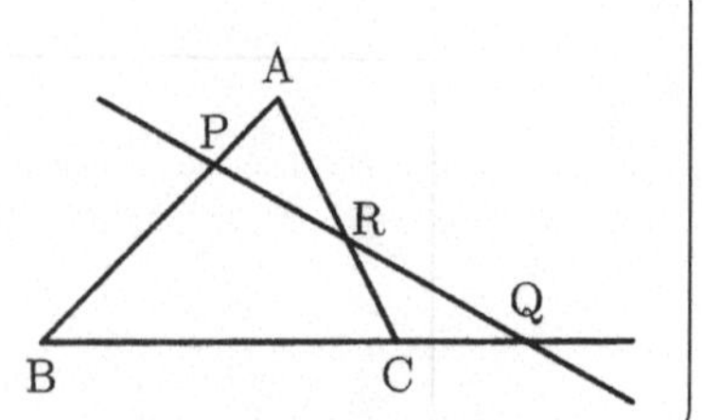

例えば，右の図について，AP：PB＝3：2，AR：RC＝7：2であるとき，（☆）を使うと

$$\frac{3}{2}\times\frac{BQ}{QC}\times\frac{2}{7}=1$$

$$\frac{BQ}{QC}\times\frac{3}{7}=1$$

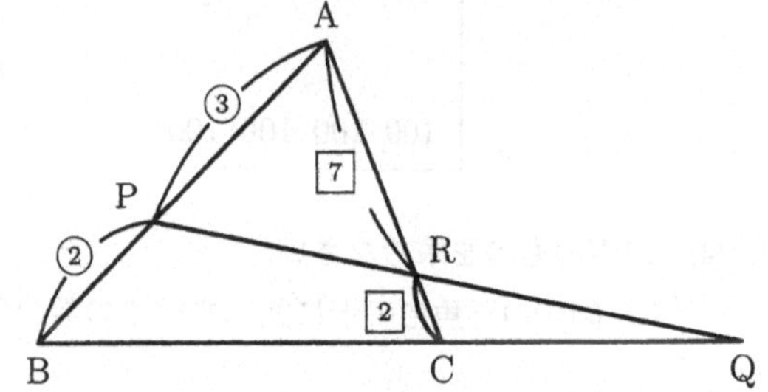

このことから，$\frac{BQ}{QC}$の値は $\frac{7}{3}$ なので，BQ：QC＝7：3であることがわかります。

(1) （ア），（イ）の図について，次の比をそれぞれ求めなさい。

（ア） AR：RC

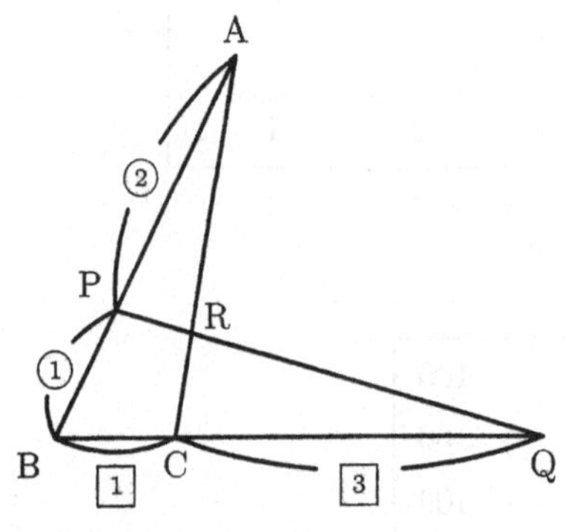

（イ） QP：PR

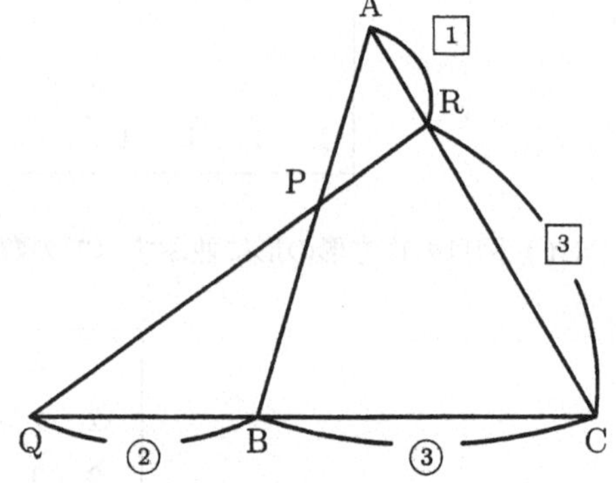

(2) 底面が長方形であり，AB＝AC＝AD＝AE＝10㎝である四角すいABCDEがあります。

点Xを辺AD上にAX：XD＝2：3となるようにとり，点Aから底面BCDEにまっすぐ下ろした線と底面BCDEが交わる点をHとします。

このとき，BXとAHが交わり，その点をYとします。

（ア） 比AY：YH を求めなさい。

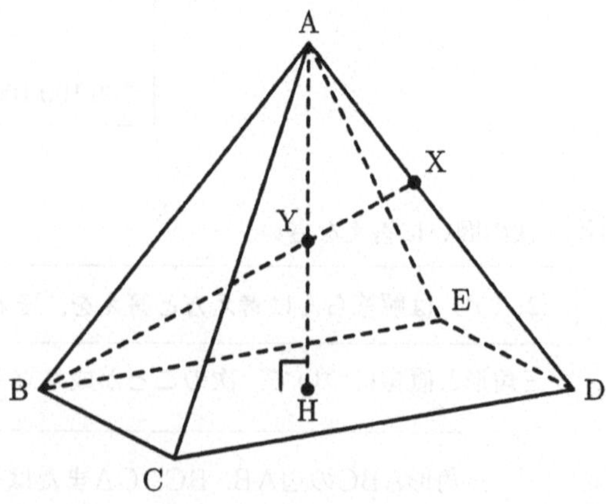

さらに，点Pが辺AC上を動く点，点Qが辺AE上を動く点であるとします。

ただし，4点B，P，X，Qを結んでできる図形が四角形となり，PQとBXが交わるように，2点P，Qだけが動きます。

（イ） CPの長さが最も長くなるとき，AQの長さを求めなさい。

（ウ） CPの長さが最も長くなるとき，比AP：PC を求めなさい。

（エ） AP：PC＝3：4となるとき，比AQ：QE を求めなさい。

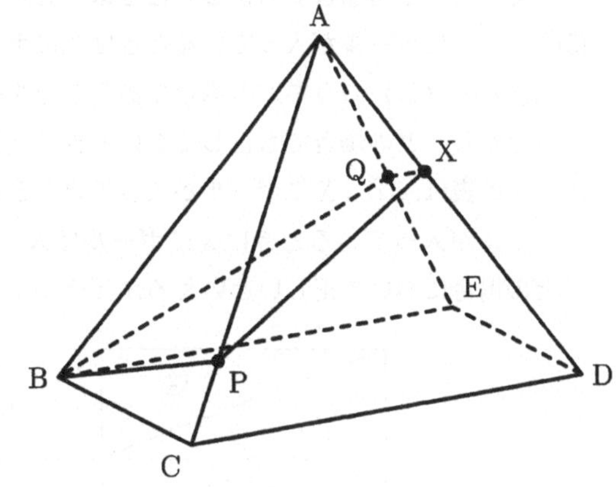

3 次の問いに答えなさい。

この大問の問題文にある「　」内の文は，**正しいか正しくないかのどちらか一方が必ず決まります。**また，**その文が正しくないといえない場合には，それは正しい文とします。**

XとYの2つの箱と，その中に入れるボールがあります。

このとき，次の4つの状況を考えます。

〈A〉 Xにボールが入っていて，Yにボールが入っている場合

〈B〉 Xにボールが入っていて，Yにボールが入っていない場合

〈C〉 Xにボールが入っていなくて，Yにボールが入っている場合

〈D〉 Xにボールが入っていなくて，Yにボールが入っていない場合

(1) 「XとYの両方にボールが入っている」ことが**正しい**といえるのは，〈A〉～〈D〉のうちどの場合であるかをすべて答えなさい。

ただし，どの場合でも正しいといえないときは〈E〉と答えなさい。

(2) 「XとYのいずれか一方，あるいは両方にボールが入っている」ことが**正しい**といえるのは，〈A〉～〈D〉のうちどの場合であるかをすべて答えなさい。

ただし，どの場合でも正しくないときは〈E〉と答えなさい。

(3) 「XとYのいずれか一方，あるいは両方にボールが入っている」ことが**正しくない**といえるのは，〈A〉～〈D〉のうちどの場合であるかをすべて答えなさい。

ただし，どの場合でも正しいときは〈E〉と答えなさい。

例えば，①「Xにボールが入っているときはYにもボールが入っている」ことが**正しくない**といえるのは，Xにボールが入っているのにYにボールが入っていない場合，すなわち〈B〉の場合です。

また，①が**正しい**といえるのは，**その文が正しくないといえない場合には，それは正しい文とする**ので，〈B〉以外の〈A〉，〈C〉，〈D〉の3つの場合です。

(4) ②「Yにボールが入っているときはXにボールは入っていない」ことが**正しくない**といえるのは，〈A〉～〈D〉のうちどの場合であるかをすべて答えなさい。

ただし，どの場合でも正しいときは〈E〉と答えなさい。

(5) ②「Yにボールが入っているときはXにボールは入っていない」ことが**正しい**といえるのは，〈A〉～〈D〉のうちどの場合であるかをすべて答えなさい。

ただし，どの場合でも正しくないときは〈E〉と答えなさい。

(6) 下の表は，①「Xにボールが入っているときはYにもボールが入っている」ことと，②「Yにボールが入っているときはXにボールは入っていない」ことについて，〈A〉～〈D〉のうち，どの場合において正しいといえるかどうかをまとめるためのものです。

①＼②	正しい	正しくない
正しい		
正しくない		

例えば，〈A〉の場合に①の文は正しく，②の文は正しくないので，表の４つの枠のうち，右上の枠に〈A〉と入れます。

①＼②	正しい	正しくない
正しい		〈A〉
正しくない		

〈B〉，〈C〉，〈D〉についても同じように考え，この表に〈B〉，〈C〉，〈D〉を入れます。

ただし，それぞれの枠について，〈A〉～〈D〉のうち，２つ以上が入ることも，何も入らないこともあります。

この書き方にしたがって，この表に〈B〉，〈C〉，〈D〉を入れて完成させなさい。何も入らない場合は×を入れなさい。

(7) (6)の表をもとにして，①と②の文が正しいか正しくないかの組み合わせとして，あり得るものを次の（ア）～（エ）のうちからすべて選びなさい。

（ア）①も②も正しい

（イ）①は正しいが，②は正しくない

（ウ）①は正しくないが，②は正しい

（エ）①も②も正しくない

2024年度

解　答　と　解　説

《2024年度の配点は解答欄に掲載してあります。》

＜算数解答＞

1　(1)　$\frac{12}{7}\left[1\frac{5}{7}\right]$　(2)　$6.75\left[\frac{27}{4},\ 6\frac{3}{4}\right]$　(3)　①　0　②　4　③　10

2　(1)　$8.4\left[8\frac{2}{5},\ \frac{42}{5}\right]$km　(2)　16チーム　(3)　25通り　(4)　9人　(5)　$\frac{30}{37}$

3　(1)　85　(2)　11　(3)　141　(4)　266　(5)　4617

4　(1)　$15.25\left[15\frac{1}{4},\ \frac{61}{4}\right]\mathrm{cm}^2$　(2)　6cm　(3)　3cm　(4)　$\frac{27}{16}\left[1\frac{11}{16},\ 1.6875\right]\mathrm{cm}^2$
(5)　25：15：24

○推定配点○

各5点×20　計100点

＜算数解説＞

1　(四則計算，演算記号，規則性)

(1)　$\left(3.14-0.9-1\frac{1}{7}\right)\times\frac{25}{16}=\frac{56}{25}\times\frac{25}{16}-\frac{8}{7}\times\frac{25}{16}=\frac{7}{2}-\frac{25}{14}=\frac{12}{7}$

(2)　□＝(28－1)÷4＝6.75

重要　(3)　①$\left[\frac{1}{2024},\ 7\right]$…1÷2024＝0.0004940～より，0

②$\left[\frac{1}{7},\ 2024\right]$…1÷7＝0.142857～，2024÷6＝337余り2より，4

③$\left[\frac{1}{13},\ X\right]+\left[\frac{1}{41},\ X\right]=18$…1÷13＝0.0769230769～，1÷41＝0.0243902439～より，X＝10

重要　2　(速さの三公式と比，割合と比，単位の換算，場合の数，数の性質，消去算，平面図形，立体図形)

(1)　時速4.2kmで歩く時間と時速4.8kmで歩く時間の比…48：42＝8：7
時速4.2kmで歩いた時間…15÷(8－7)×8＝120(分)
したがって，求める道のりは4.2×2＝8.4(km)

(2)　□×(□－1)＝120×2＝240＝16×15
したがって，求めるチーム数は16

(3)　1円，5円，10円硬貨で40円を支払う場合で計算する…以下の25通りがある
1×40＋5×0，1×35＋5×1，～，1×0＋5×8…9通り
1×30＋10×1，1×20＋10×2，～，1×0＋10×4…4通り
5×2＋10×3，～，5×6＋10×1…3通り
1×5＋5×1＋10×3，～，1×5＋5×5＋10×1…3通り
1×10＋5×2＋10×2，1×10＋5×4＋10×1…2通り
1×15＋5×1＋10×2，1×15＋5×3＋10×1…2通り
1×20＋5×2＋10×1…1通り

1×25＋5×1＋10×1…1通り

したがって，全部で9＋4＋(3＋2＋1)×2＝25(通り)

(4)　全員の人数…(20＋23＋15)÷2＝29(人)

ももをもらった人数…20人

したがって，りんごとなしをもらった人数は29－20＝9(人)

(5)　ア直方体の体積…右図より，4×6×5＝120(cm^3)

イ直方体の表面積…4×6×2＋(4＋6)×2×5＝48＋100＝148(cm^2)

したがって，ア÷イは120÷148＝$\frac{30}{37}$

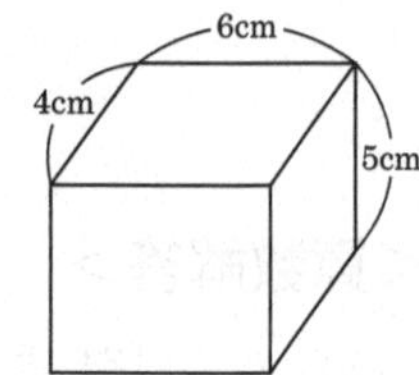

3　(数の性質，規則性，表)

	1列	2列	3列	4列	5列	…
1行	1	2	4	7	11	
2行	3	5	8	12	17	
3行	6	9	13	18	24	
4行	10	14	19	25	32	
5行	15	20	26	33	41	
⋮						

重要　(1)　(6，6)…41＋20＝61

したがって，(7，7)は61＋24＝85

(2)　(1)より，85＋28＋32＋36＋40＝221

したがって，X＝11

やや難　(3)　(10，1)…55

(11，1)…55＋11＝66

(1，12)…67

(4，9)…70

(12，1)…66＋12＝78

したがって，右表より，A＋Eは58＋83＝141

	7	8	9	10	11	12	13
1					56	67	79
2				57	68	80	
3			58	69	81		
4		59	70	82			
5	60	71	83				

	A	
B	C	D
	E	

(4)　A＝C－アのとき

…A＋EはC－ア＋C＋ア＋1＝C×2＋1

A＋B＋C＋D＋E

…C＋(C×2＋1)×2＝C×5＋2＝1332

したがって，Cは(1332－2)÷5＝266

(5)　(42，1)…(1＋42)×42÷2＝903

(1，43)…904

(20，24)…右表より，904＋19＝923

したがって，(4)より，求める和は923×5＋2＝4617

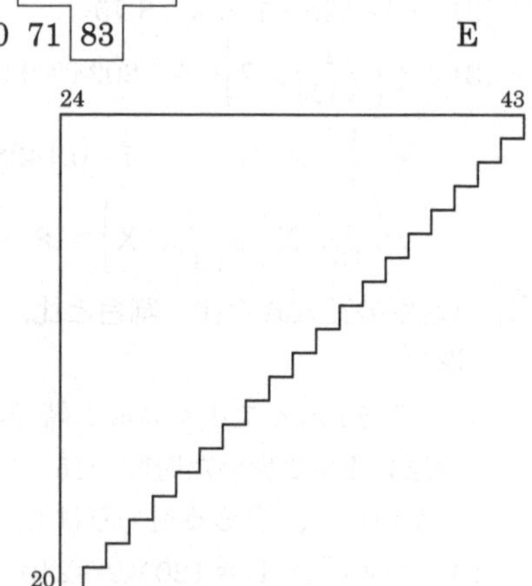

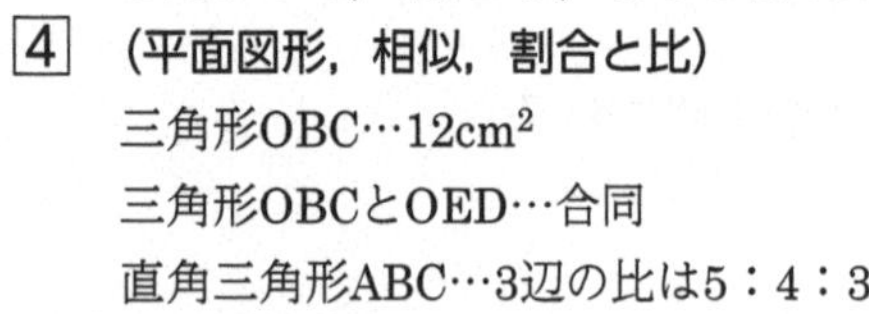

4　(平面図形，相似，割合と比)

三角形OBC…12cm^2

三角形OBCとOED…合同

直角三角形ABC…3辺の比は5：4：3

重要　(1)　斜線部分

…5×5×3.14÷2－6×8÷2＝39.25－24＝15.25(cm^2)

(2)　6cm

やや難　(3)　次ページの図より二等辺三角形FGC,

HOB，HEG，FDO…相似

HB…5÷8×5＝$\frac{25}{8}$(cm)

GH…5－$\frac{25}{8}$＝$\frac{15}{8}$(cm)

したがって，CGは8－$\left(\frac{25}{8}+\frac{15}{8}\right)$＝3(cm)

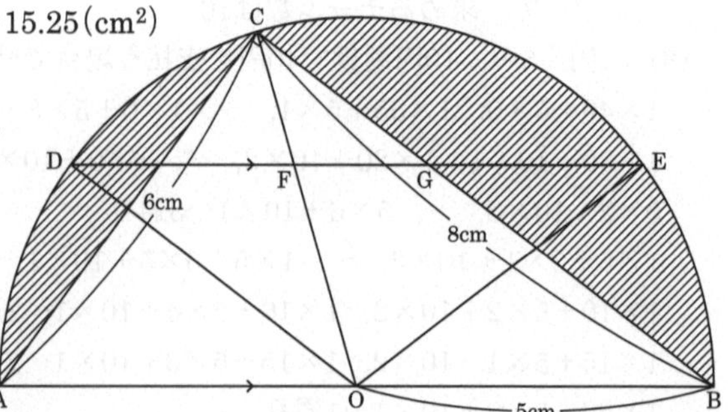

(4)　(3)より，$12\times\frac{3}{8}\times\frac{3}{8}=\frac{27}{16}$(cm²)

(5)　二等辺三角形HOBとFDO…合同

DF…$\frac{25}{8}$cm

FG…$3\div8\times5=\frac{15}{8}$(cm)

GE…3cm

したがって，DF：FG：GE＝$\frac{25}{8}$：$\frac{15}{8}$：3＝25：15：24

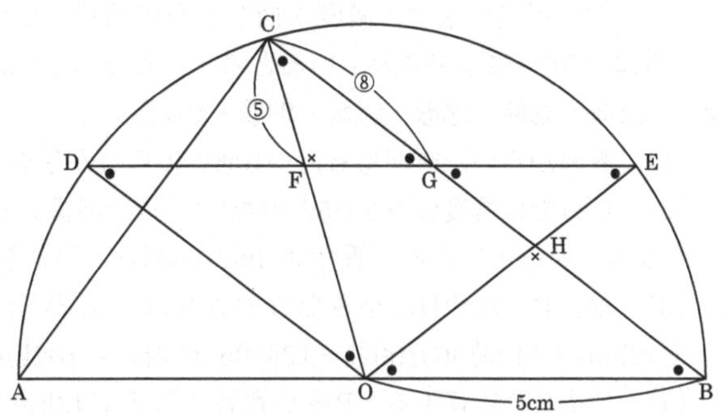

★ワンポイントアドバイス★

2(3)「硬貨の組み合わせ」の問題は問題自体は難しくはないが，あわてるとミスしやすく，(5)「体積÷表面積」は，「直方体」という条件がポイントである。3(3)「Cが70のとき」，4(3)「CG」は難問ではないが難しい。

＜理科解答＞

1　(1)　う　(2)　卵生　(3)　え　(4)　え　(5)　アミノ酸
(6)　キ　お，か　ク　い，き　(7)　①　70倍　②　105L

2　(1)　い　(2)　う　(3)　毎秒6km　(4)　う　(5)　18秒　(6)　270km
(7)　い，え　(8)　う　(9)　42秒　(10)　72km

3　(1)　あ　(2)　い　(3)　え　(4)　39%　(5)　11g　(6)　メスシリンダー
(7)　(目の位置)　い　(液面の高さ)　え　(8)　33%　(9)　い　(10)　う

4　(1)　1200g　(2)　40cm　(3)　①　い　②　あ　③　う　(4)　20cm
(5)　20cm　(6)　①　け　②　え　(7)　①　45度　②　75度　③　135度

○推定配点○

1　(7)　各2点×2　他　各1点×7((6)各完答)
2　(9)・(10)　各2点×2　他　各1点×8((7)完答)
3　(5)・(8)　各2点×2　他　各1点×8((7)完答)
4　(7)　各2点×3　他　各1点×9　計50点

＜理科解説＞

1　(生物－動物)

基本　(1)　血液をろ過して尿を作り出すのは腎臓である。

(2)　卵で産み落とされ，卵の中で成長しふ化することを卵生という。

(3)　ヒトはほ乳類である。

(4)　有害なアンモニアを無害な尿素にしているのは肝臓である。

(5)　タンパク質はアミノ酸がたくさんつながってできている。

(6)　デンプンは麦芽糖から最終的にブドウ糖に，脂肪は脂肪酸とモノグリセリドに消化される。

（7） ① 尿素の尿中の濃度÷血しょうの濃度＝2.1％÷0.03％＝70で70倍である。 ② ①より尿素は70倍に濃縮されていると考えられるので1.5L×70＝105Lとなる。

2 （天体・気象・地形－流水・地層・岩石）

基本 （1） 震源からの距離が最も近いB地点のゆれが最も大きかったと考えられる。

（2） （あ）では震度は0~7で5と6は強と弱の2階級あるので10階級である。 （い）は震度ではなくマグニチュードである。震度は1996年4月から計測震度計ではかっている。

（3） 地点Bと地点Dに小さなゆれが始まった時刻と震源からの距離から計算すると（144km－42km）÷（12時36分09秒－12時35分52秒）＝102km÷17秒＝毎秒6kmである。

（4） 地点Bで計算するとP波が到着するまで42km÷毎秒6km＝7秒かかるので12時35分52秒－7秒＝12時35分45秒となる。

基本 （5） 12時36分21秒－12時36分21秒03秒＝18秒である。

（6） 初期微動継続時間と震源からの距離は比例する。右の表より初期微動継続時間×6＝震源からの距離になっているので，45×6＝270kmである。

	初期微動継続時間	震源からの距離
A	18秒	108km
B	7秒	42km
C	11秒	66km
D	24秒	144km

（7） 緊急地震速報の目的は強いゆれを起こすS波の到着前に知らせて被害を少なくすることである。

（8） 非常に短時間で地震の位置や規模を判断し速く知らせることを目的としているので，速報後にゆれが起きなかったことは速報の1％程度ある。

重要 （9） 震源に近い地震計にP波が到着するのは12km÷毎秒6km＝2秒後で，その4秒後に発表されるので発表時刻は地震発生時刻12時35分45秒＋2秒＋4秒＝12時35分51秒である。D地点に大きなゆれが伝わる12時36分33秒－12時35分51秒＝42秒後である。

（10） G地点で考える。直角三角形の斜辺に当たる震源からの距離は120kmで震央からの距離96kmとの比は120km：96km＝5：4となり，5：4：3の直角三角形であることがわかるので120km：$x$km＝5：3より震源の深さは72kmである。

3 （物質と変化－ものの溶け方）

（1） 100gの水に溶ける物質の最大の重さを表すグラフは溶解度曲線といい，曲線になるので各点を滑らかに結ぶ。

基本 （2） 物質Aは温度による溶解度の変化が少ないので食塩である。

（3） 水の量が表3－1の$\frac{150g}{100g}$=1.5倍なので溶ける最大の量も1.5倍になる。Aは40℃で54g，Bは40℃で96gと50g以上溶け，Cは60℃で37.5gしか溶けないので，溶けるのはAとBである。

（4） 濃度は$\frac{64g}{100g+64g}\times100$＝39.04…≒39%である。

（5） 20℃で溶けているBは39g－23g＝16gである。40℃のBの飽和水溶液100gに含まれる水は100g×$\frac{100g}{100g+64g}$＝60.9…＝61gである。表3－1で20℃のときに100gの水に32gとけるので，水の量は100g：32g＝xg：16gを解くとx＝50gになっているので，61g－50g＝11gの水を蒸発させたことがわかる。

基本 （6） この実験器具の名称はメスシリンダーである。

基本 （7） 目の位置は水面と同じ高さにして，真横から液面の低いところを読み取る。

（8） 物質Bは20℃の水150gに32g×$\frac{150g}{100g}$＝48gとけるので，48g＋32g＝80gが粉末120gに含まれていたことがわかる。120gの粉末に含まれるAの割合は$\frac{120g-80g}{120g}\times100$＝33.3…≒33%である。

(9)　物質Cは60℃の水150gに$25g \times \frac{150g}{100g} = 37.5g$しか溶けないが，物質Bは60℃の水100gに109g溶けるのでCの固体が先に出てくる。

(10)　(9)より60℃のときは物質Cの固体が出てきて，80℃のときは水100gに71g溶けるので固体は出てこないので，60℃から80℃の間に固体が出てくる。

4　(力のはたらき－てこ)

基本

(1)　左右の回転のモーメント＝おもりの重さ×支点からの距離が等しいことから，300g×80cm＝□g×(100cm－80cm)より□＝1200gとなる。

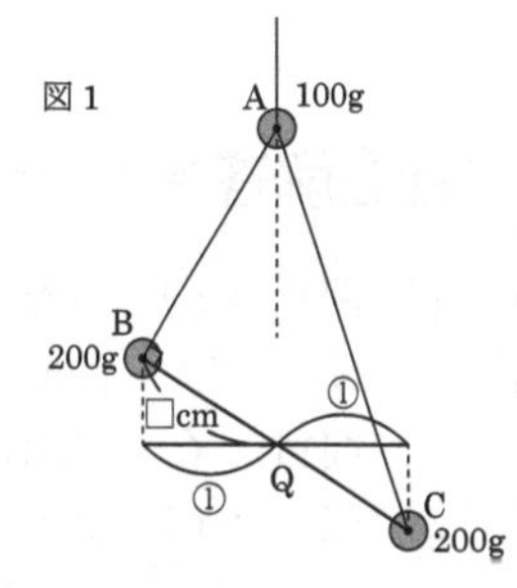

(2)　おもりの重さと支点からの距離は反比例する。$\frac{1}{300g} : \frac{1}{200g} = 2 : 3$より$□ = 100cm \times \frac{2}{2+3} = 40cm$である。

(3)　①左のモーメントは150g×75cm＝11250となり，右のモーメントは200g×(140cm－75cm)＝13000である。左のモーメント<右のモーメントだから時計回りに回転し始める。　②左のモーメントは100g×(120cm－50cm)＋300g×(120cm－60cm－50cm)＝10000となり，右のモーメントは200g×50cm＝10000である。左のモーメント＝右のモーメントとなりつりあうので棒は水平を保つ。　③左のモーメントは500g×10cm＝5000となり，右のモーメントは50g×(120cm－10cm－50cm－50cm)＋30g×(120cm－10cm－50cm)＋20g×(120cm－10cm)＝4500である。左のモーメント>右のモーメントより反時計回りに回転し始める。

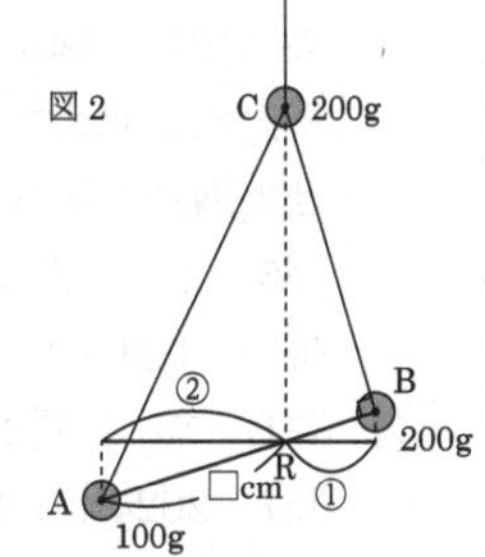

(4)　Aのおもりの重さは考える必要がなく，支点からの距離は水平方向の距離で考えるが右の図1で点Bと点Cに等しい200gのおもりをつるすので水平方向の距離の比は1：1となる。BQ：CQ＝1：1となるので，$□ = 40cm \times \frac{1}{1+1} = 20cm$となる。

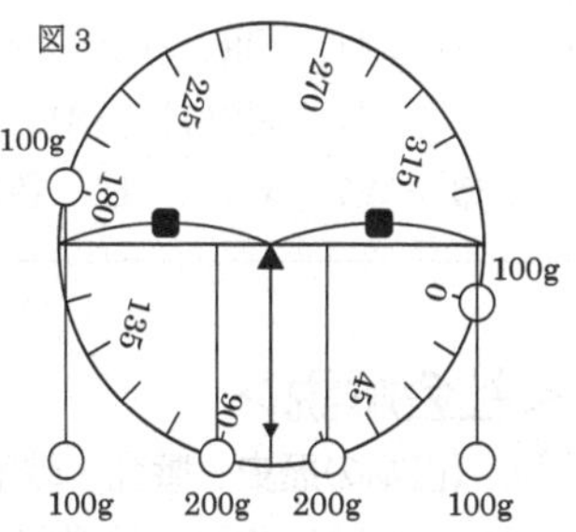

(5)　Cのおもりの重さは考える必要がなく，$AR : BR = \frac{1}{100g} : \frac{1}{200g} = 2 : 1$より右の図2のように水平方向の支点からの距離の比も2：1になるので，$□ = 30cm \times \frac{2}{1+2} = 20cm$となる。

(6)　①　(4)よりBCの中点を通るので，(け)と結ぶ。
②　(5)よりABを2：1に分ける(え)と結ぶ。

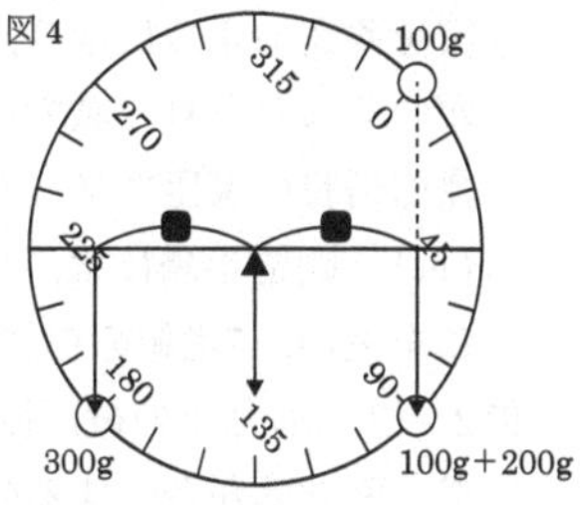

(7)　①　2つの100gの真ん中が真下になるので45度の目盛りが一番下になる。　②　右の図3のように2つの100gは180°はなれているので真下がどの位置になってもつりあうので，真下の位置は2つの200gの真ん中の75度となる。　③　右の図4のように真下の位置が135度のとき100gのおもりと200gのおもりが一直線上になり真下に合計300gかかるので，左右の回転のモーメントが等しくなりつりあう。

★ワンポイントアドバイス★

大問4問のうち，①は生物，②は地学，③は化学，④は物理の出題である。特に④は物理の計算問題で，問題文中に問題を解くためのヒントが順序だてて出されているので，じっくり表や資料を読み返しながら解いていこう。

＜社会解答＞

① 問1 （i） 吉野ヶ里 （ii） 明智光秀 （iii） 朝鮮 問2 ウ 問3 ウ
問4 ア 問5 エ 問6 オ 問7 ア 問8 遼東半島 問9 エ 問10 イ
問11 イ 問12 ア

② 問1 （i） 徳川吉宗 （ii） 大久保利通 問2 エ 問3 (1) 兵庫 (2) ア
(3) （特徴） 比較的温暖で，年間を通じて降水量が少ない。 （理由） 瀬戸内地方はその北側に中国山地，南側に四国山地があり，それぞれの山地を夏の南東季節風や冬の北西季節風が越えて瀬戸内に吹き込む前に夏は山地の太平洋側，冬は日本海側に雨や雪を降らせて瀬戸内地方に吹き込む際には乾いた風になっているから。 問4 クリーク
問5 イ 問6 (1) エ (2) ビオトープ 問7 (1) ふっとう (2) 線状降水帯 問8 エ

③ 問1 エ 問2 ウ 問3 エ 問4 エ 問5 ア 問6 エ
問7 2024年問題

○推定配点○

① 問1，問8 各2点×4 他 各1点×10
② 問1，問3(1)，(3)，問4，問6(2)，問7 各2点×9 他 各1点×5
③ 問7 3点 他 各1点×6 計50点

＜社会解説＞

① **(日本の歴史－戦乱・戦争の歴史に関する問題)**

問1 （i） 吉野ヶ里遺跡は佐賀県にある弥生時代の環濠集落のあと。農耕が始まったことにより富を蓄えるようになり，それをめぐる争いも起こるようになって，その争いに備えた堀ややぐらがつくられたり，戦で命を落としたとみられる人の骨などが出土している。 （ii） 明智光秀は織田信長の家臣であったが，本能寺の変で織田信長を倒した後，山崎の戦で豊臣秀吉に敗れた。 （iii） 朝鮮半島には，日本は古い時代に進出し南端部に拠点を設けたりもしたが，6世紀にはそこを失い，7世紀の白村江の戦い以後，朝鮮半島への出兵は秀吉の時代までない。

問2 ウ 前九年の役，後三年の役で活躍し東国に拠点を持つようになった源氏が源義家。室町時代，南北朝が合一するのは足利義満の時代の1392年。

基本 問3 ウ 平泉に残る浄土信仰の寺が中尊寺。輪王寺は栃木県の日光にあるのが有名だが，宮城県仙台にもある。

問4 ア 『太平記』は北条氏が倒され，後醍醐天皇の建武の新政，さらにはその後の南北朝の争乱とその後に至る流れを題材にした軍記物。

重要 問5 エ 日宋貿易を行ったのは源頼朝ではなく平清盛。そのために現在の神戸のそばの大輪田泊

の港を改修した。

問6　オ　後北条氏は，鎌倉幕府の執権をやった北条氏とは関係なく，もともとは伊勢氏という武将の家。小田原を拠点とし，最盛期には関東のかなり広い地域を勢力下においたが，1590年に豊臣秀吉に屈服する。

重要　問7　アが正しい。イの内容は徳川家康ではなく豊臣秀吉。ウの内容はポルトガルではなくスペイン。エの内容は，五榜の掲示でキリスト教は当初は禁止されるが，外国の反発を受け黙認状態になる。

基本　問8　遼東半島リャオトン半島は，朝鮮半島の西側にある湾にあり，リャオトン半島と西側から伸びるシャントン半島により海がしきられ，両方の半島の北側が渤海，南側が黄海となる。リャオトン半島とその周辺は日清戦争，日露戦争の主戦場となる。

問9　エ「令和」の出典は，『日本書紀』ではなく『万葉集』。

重要　問10　イ　1931年の柳条湖事件は柳条湖のそばの鉄道を日本の関東軍が爆破した事件で，それを日本は中国軍のせいとして，日本の軍隊が満州に展開し満州を占領した。ノモンハン事件は1939年5月に満州の西北端のモンゴルとの国境地帯で，日本軍とモンゴル軍，ソ連軍が衝突し，日本軍が壊滅的な打撃を受けた国境紛争。

問11　イ　ポツダム宣言を受け入れた鈴木貫太郎内閣はその直後に総辞職し，皇族の東久邇宮稔彦が首相となり内閣をつくるが，これもGHQと対立し幣原喜重郎内閣が代る。1945年は小磯国昭→鈴木貫太郎→東久邇宮稔彦→幣原喜重郎と内閣が次々と交代した。

基本　問12　ウ　2011年→イ　2013年→エ　2018年→ア　2021年の順。

2　**(地理－「かんがい施設」に関連する地理の問題)**

問1　(ⅰ)　徳川吉宗は幕府の財政収入を増やすために，様々な改革を行うが，その中で各地で新田開発を行わせた。現在の埼玉のあたりでは大きな河川がある場所が限られ，井戸に頼る遊水地があったが，そこも新田開発で干拓されるので，新たに利根川から水を引く用水路としてつくられたのが見沼代用水。　(ⅱ)　江戸時代までは奥州街道の一宿場町でしかなかった郡山のあたりを現在の東北地方でも第二の都市に変えたきっかけを作ったのが大久保利通で，もともとは寒村であった地域に用水をつくり，不平士族を集めて開拓村をつくるという話を後押しした。大久保利通は条約改正の予備交渉の外遊の後，殖産興業に熱を入れていて，この地の開発に関しても本腰を入れて後押しをした。

問2　エ　安積疏水は奥羽山脈を貫く用水路で，山脈の西にある猪苗代湖の水を東側の郡山盆地へ引いている。

やや難　基本　問3　(1)　瀬戸内海に面した県が並んでいるので，その中でも大きな平地があり，農業がさかんなのが兵庫県。　(2)　ア　瀬戸内地方は温暖で降水量が少ないのが特徴。イは1月，12月の時期の降水量が年間でもやや多いので日本海側，ウは年間を通じ温暖で降水量も他よりもかなり多いので四国の太平洋側とわかる。　(3)　瀬戸内地方は，比較的温暖で年間を通じて降水量が少ないのが特徴。それは瀬戸内地方の南北に中国山地，四国山地がそれぞれ東西にのびているためで，この山地を夏冬のそれぞれの季節風が越えてくる際に，夏の南東季節風は四国の太平洋側に多くの雨を降らせ，冬の北西季節風は日本海側に雨や雪を降らせる。その結果，山を越えて瀬戸内に吹き込む風は含んでいる水蒸気量が少ないので雨が少なくなる。

問4　佐賀平野は平地に対して，水を蓄え供給できる山が少ないため慢性的な水不足になる。そこでつくられるようになったのがクリークで，水田を囲むように縦横に掘られたクリークが水を貯える働きをもち，ここから水が供給されるだけでなく，水田から出る水もクリークが受け止め，その水が再利用できるようにしている。

重要 問5 イ 米に限らず，日本の農水産物は海外では安心安全であったり，高品質のものとしてブランド化し，高所得者に人気はあり，輸出が増えている。

問6 (1) エ スプロール現象は都市が無秩序無計画に，郊外へ拡大していくもの。ドーナツ化現象とも似ているが，ドーナツ化現象は都市の中心が過密になり地価なども高騰して郊外へと少しずつ拡大していくが，スプロール現象は都市の中心の発達段階でも外へ広がっている。

(2) ビオトープは一般に水辺とその周辺の環境を自然の状態に似せて動植物の生育環境を疑似的に作り出すもの。

重要 問7 (1) 2023年7月1日～23日の世界の平均気温が16.95度になり，過去最高であった2019年7月の16.65度を上回り観測史上最高になったということで7月27日に国連のグテーレス事務総長が記者会見で「地球温暖化の時代は終わり，地球沸騰の時代the era of global boillingが来た」と述べた。 (2) 線状降水帯は積乱雲が帯状に連なり，同じ場所に停滞もしくは通過しながら作り出される雨域で，積乱雲は単発では大雨を降らせても長時間続くことはないが，線状降水帯になると大雨が長時間になるので，その雨域は洪水はもちろん，土砂崩れなどの災害が非常に起こりやすくなる。

やや難 問8 エ 東京の年間降水量がだいたい1500mmから1600mmほど。ここから年蒸発散量の500mmをのぞくと1000mmから1100mmとなる。この数字に日本の国土面積の37.8万平方キロメートルをかけて水資源賦存量(億m^3／年)を計算する。降水量をmに換算し，面積も平方メートルに換算すると3800～4180億m^3／年となる。

3 (政治―人権，三権，憲法，地方自治，経済に関する問題)

やや難 問1 エ 国会議員の一定割合を女性にする方式はアダムズ方式でなくクオータ制というもの。クオータは割り当てを意味する。アダムズ方式は人口によって選挙区の区割りを調整していくやり方。

基本 問2 ウ 国政調査権は衆参それぞれの院が独立して国政に関する調査を行うことができる権限で，三権の立法，行政のそれぞれに対してもおよぶものだが，司法権に関しては，司法権の独立がおびやかされる可能性があるということで及ばない。

重要 問3 エ 衆議院解散の根拠となる憲法の条文は7条の天皇の国事行為に関するものと，69条の内閣不信任決議がなされた場合に内閣が衆議院を解散させることができるというもので，現状では内閣不信任決議が成立することはまずなく，7条の天皇の国事行為の衆議院の解散を内閣が天皇に助言を与えるという形で行われるのがほとんど。内閣不信任が成立しないのは，衆議院の多数派の政党が与党になっているので，与党が与党の内閣の不信任に賛成しない限りまずありえない。

問4 エ 現在，裁判員裁判が行われるのは殺人，傷害，放火，強盗などの重大事件の刑事裁判の第一審のみで，地方裁判所で行われる裁判だけであるる。

問5 ア 住民自治と団体自治の説明が逆。

問6 エ 少数の企業が市場を独占する企業集中の形態の中で，巨大な資本の傘下に様々な企業が集まるコンツェルンや同業種の企業が合併し，市場の占有率を高めるトラストはあまり問題とされないが，同業種の企業が協定を結んで競争をやめるカルテルや談合などは独占禁止法で取り締まられる。

重要 問7 2024年問題は，2024年4月より，問題文にある自動車運転の業務の時間外労働時間の上限が制限されることで，トラックやバスなどの運転手が従来通りには仕事ができなくなり，運送業やバス会社などが人繰りが苦しくなり物流が停滞したり，バスの本数削減や路線廃止などの問題が心配されている。

★ワンポイントアドバイス★

どの分野でもそうだが，特に，政治分野は用語の定義はもちろん，手順や細かい数字についても正確に理解し覚えておくことが必要。用語類に関しては参考書や事典などを駆使して正確な知識を身につけるようにしよう。

＜国語解答＞

一　1　きょうこく　2　こんく　3　ぜんぷく　4　ただ(ちに)　5　かいもく

二　1　朗報　2　公衆　3　所作　4　奮(って)　5　遺失物

三　一番目　C・ウ　➡　二番目　D・イ　➡　三番目　E・ア　➡　四番目　A・カ　➡　五番目　B・オ

四　問一　A　ウ　B　ア　問二　Ⅰ　イ　Ⅳ　エ　問三　ウ　問四　エ
問五　オ　問六　エ　問七　ア　問八　ウ　問九　オ　問十　C(さん)

五　問一　Ⅰ　カ　Ⅱ　オ　Ⅲ　ア　問二　A　ア　B　ウ　問三　ひざ
問四　エ　問五　オ　問六　イ　問七　オ　問八　ウ　問九　エ　問十　イ
問十一　(例)　画像処理技術の進歩によって視覚的な美を価値の基準とする比較が無意味なものとなり，かえって同一条件で共有する体験の重要性を，科学技術が気づかせてくれたということ。(80字)

○推定配点○

一～三　各2点×15(三各完答)
四　問一・問二　各2点×4　他　各3点×8
五　問一～問三　各2点×6　問十一　5点　他　各3点×7　計100点

＜国語解説＞

一　(漢字の読み)

1は深く切り立った細長い谷。2は困難や苦しみ。3は「ありったけの，最大の」という意味。4の他の訓読みは「なお(す，る)」。5は下に打消しをともなって「全く，全然」という意味。

二　(漢字の書き取り)

1はうれしい知らせのこと。2の「公衆の面前」は大勢の人々がいる場所のこと。3は身のこなしやふるまい。4の音読みは「フン」。熟語は「発奮」など。5は忘れたり落としたりした物。

三　(文学作品と作者)

一番目は出発地点の江戸の深川であるウで，旅に出発する芭蕉を見送る人々との別れを詠んだC➡二番目は徳川家康がまつられている日光東照宮のあるイで，初夏の日光の山の木々の美しさとともに徳川政権を賞賛したD➡三番目は中尊寺金色堂のある岩手県平泉のアで，今なお輝きを放つ光堂の美しさに感動したE➡四番目は佐渡島が見える新潟県の出雲崎のカで，天の川を背景に佐渡の島が夜の日本海に浮かんでいる情景を詠んだA➡五番目はこの旅の最後の地である岐阜県大垣市のオで，新たな旅を続ける芭蕉を見送る大垣の人々との別れを詠んだB，という順番になる。

四　(小説－心情・情景・段落構成・細部の読み取り，空欄補充)

基本　問一　Aには光りかがやく様子を表すウ，Bには軽い気持で応ずるさまを表すアがそれぞれ適当。

問二　Ⅰ～Ⅴのある場面を整理すると，岡下にも城田にも頼んでいないと話す桝井→Ⅰ＝三宅や安岡は「『なんだって？』」とジローが聞くイ→ジローの質問を聞き返す桝井→三宅や安岡には話すらせず，大田，渡部の後，ジローに声をかけたと話す桝井→Ⅱ＝桝井の言葉を確認するウ→Ⅲ＝渡部の後に自分に声をかけたと知って驚き，理由を訊くオ→自分への依頼を何度も訊くジローに桝井は笑い出す→Ⅳ＝自分に頼む理由を訊くエ→ジローに依頼した理由を桝井が話し始める→Ⅴ＝さらに桝井に突っ込んで理由を訊くア，という展開になる。

問三　――線部①前で，「上の大会に進んで，あと少し大田にこういう思いをさせてやりたい」と「意気ごんではみたけど，……後ろにいた三人に抜かれた」というジローの心情が描かれているのでウが適当。①前のジローの心情をふまえていない他の選択肢は不適当。

問四　――線部②前までで，三人に抜かれたが「ペースを崩すな」と桝井に言われたことを思い出して「一歩一歩足を進め」ながら，「気に入ってい」る地域で②のようにしているジローの様子が描かれているのでエが適当。②前の描写をふまえ，ジローにとって慣れ親しんでいる風景であり，ペースを崩さないようにしていることを説明していない他の選択肢は不適当。

問五　――線部③前後で，「これ以上離されたら，やばい」「設楽や大田……二人とも……いい走りをしたのに，俺がそれを無駄にしてしまう」というジローの心情が描かれているのでオが適当。③前後のジローの心情をふまえていない他の選択肢は不適当。

問六　――線部④前で，ジローに依頼した理由を「『……ジロー楽しいし，明るいし。ほら，ジローがいるとみんな盛り上がるだろ』」と桝井は話しているのでエが適当。桝井のこのセリフをふまえていないア・ウは不適当。ジローも走ることをふまえていないイ・オも不適当。

重要　問七　「残り1キロ弱」になって「いつもの調子で引き受けたからこそ，今ここにいられるのだ」という思いになっていることから，いつもの調子で軽く引き受けた駅伝だったのに，3区を走ることで自分自身のことをあらためて見つめ直せた機会になり，――線部⑤のように感じているのでアが適当。イの「大田や桝井」に対する思い，「上の大会に出場でき」ないことを説明しているウ・オ，エの「自分が責められることはない」はいずれも不適当。

問八　「1キロ地点」では「あっけなく集団に抜き去られてしま」い，「焦りと不安」で「泣きたくなった」が，「高校に大学に……」で始まる段落で，「俺は俺だから走ってる」という心情とともに――線部⑥前でも「思い切りのいい走りをしよう」とジローは思っているのでウが適当。これらの描写をふまえ，不安な気持ちから自分らしい走りをしようと心情が変化したことを説明していない他の選択肢は不適当。

重要　問九　――線部⑦前で，「一心不乱に渡部をめがけて走」り，「渡部は手早く襷を受けとって，すぐさま駆け出した。これでもう大丈夫だ」というジローの心情が描かれているのでオが適当。無事に襷をつないだ安堵感を説明していない他の選択肢は不適当。

やや難　問十　Cさんの意見は「3区はなだらかな……」から続く3段落で描かれている。Aさんの「怖かった」「気楽な順位で本当は襷を受け取りたかった」，Bさんの「最初から諦めていた」は描かれていないので合致しない。Dさんの「桝井さんを恨みながら」は「いつも的確に……」から続く2段落内容と合致しない。「沿道には応援する人が溢れていた」場面で，あかねちゃんはその中の一人として描かれているだけなので，Eさんの「かっこいい姿を……あるかも」は合致しない。

五　(論説文－要旨・大意・細部の読み取り，指示語，接続語，空欄補充，慣用句，記述力)

問一　Ⅰは直前の内容の具体例が続いているのでカ，Ⅱは前後で同様のことを列挙しているのでオ，Ⅲは直前の内容とは対立する内容が続いているのでアがそれぞれあてはまる。

問二　Aには毎日のようにくり返されるさまを表すア，Bは目を通じてとらえるさまを表すウがそれぞれあてはまる。イは強く心に刻まれるさま。エはことばに表わしにくい事象などを具体的な物などによってわかりやすく表現するさま。オは理屈に合っているさま。

問三　「ひざを打つ」は，納得や感心したときの動作を表す。

問四　X後で「建築雑誌で一番問題とされていたのは，真実ではなく，美であった」ことを述べているのでエが適当。この内容をふまえていない他の選択肢は不適当。

基本　問五　――線部①は直前で述べているように，後ろに立っているビルを消去して青い空を背景にすることなので，建築物自体の画像処理をしているオは①とは言えない。

問六　――線部②の説明として直後で，「このメディアは，何物をも自由に捏造することが可能なメディアで……捏造と真実との境界が，極端に曖昧なメディアであった」ことを述べているのでイが適当。②直後の内容をふまえていない他の選択肢は不適当。

問七　――線部③は「コンピューターによる画像処理技術」などによって「曖昧さに拍車をかけ」ている「写真というメディアの捏造活動に歯止めをかける」ための方法なのでオが適当。③前の内容をふまえ，写真への加工を許さないということを説明していない他の選択肢は不適当。

重要　問八　――線部④は，「美を基準とする領域においては」「肉眼で眺める」という「方法のみが，有効性を持つはず」だが，「建築を移動させることはできない」ので「写真の形式で評価され，比較させることになった」ことに対するものなのでウが適当。これらの内容をふまえていない他の選択肢は不適当。

問九　――線部⑤の説明として「では今後，……」から続く3段落で，「写真だけならば，捏造がいくらでも可能である」ので，「この問題を解決する唯一の方策は美という基準を見直す」しかなく，「ものを作るプロセス自体を評価し楽しむという傾向は，そのひとつである」ことを述べているのでエが適当。これらの内容をふまえていない他の選択肢は不適当。

重要　問十　イは「ところが残念ながら……」で始まる段落と最後の段落内容をふまえている。「設計図」に関しては述べていないので，ア・ウは合致しない。エの「その価値基準の……」以降も述べていないので合致しない。写真は捏造可能であるが，ムービーでの捏造は困難であることを述べているので，オの説明も合致しない。

やや難　問十一　══線部は，「同じひとつの時間，ひとつのプロセスを共有する……体験の重みだけが，人間にとって意味を持つこと」を「コンピューターが教えてくれた」ということで，この「コンピューター」について「ところが残念ながら……」で始まる段落で，「コンピューターによる画像処理技術」が「写真の形式で評価され，比較される」ことの「矛盾を加速し，露呈させる役割を担った」と述べていることをふまえ，「コンピューターが教えてくれた」ことを設問の指示に従って具体的に説明する。

★ワンポイントアドバイス★

小説では，登場人物同士の関係もていねいに読み取っていこう。

●2024年度　特別選抜　問題　解答●

《配点は解答欄に掲載してあります。》

＜算数①解答＞

(1)　4　　(2)　287(票)　　(3)　53(℃)　　(4)　13(個)　　(5)　13.2(倍)

(6)　240(通り)　　(7)　507(本)　　(8)　74.5(cm^2)　　(9)　1152(cm^3)　　(10)　D

○推定配点○

各5点×10　　計50点

＜算数②解答＞

1　(1)　5050　　(2)　1000　　(3)　338350

(4)　(ア)　171700

(イ)　＜考え方＞　(3)よりAとBはともに338350

(1)よりCは5050

よってA＋B－C＝338350×2－5050

＝671650　　(答え)　671650

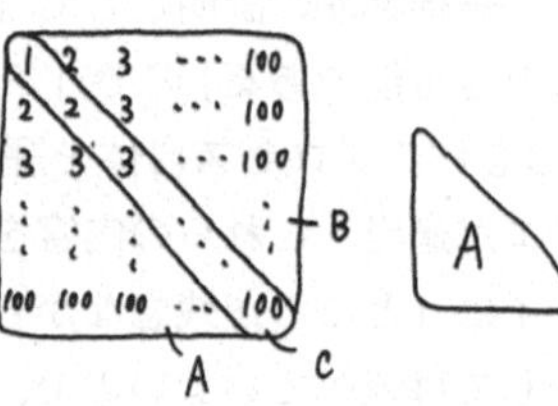

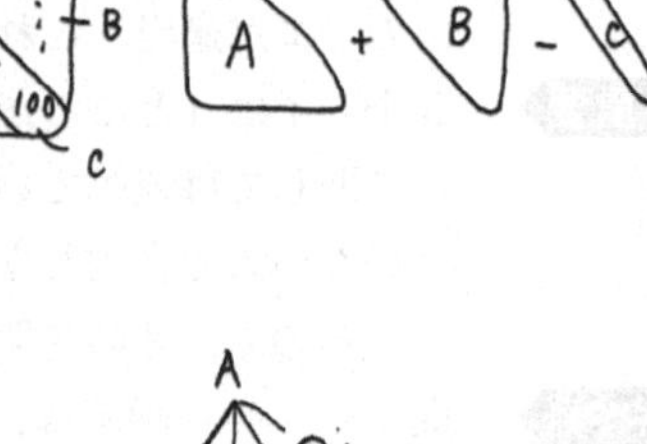

2　(1)　(ア)　AR：RC＝8：3　　(イ)　QP：PR＝8：3

(2)　(ア)　＜考え方＞　断面ABDを考える。

△ABDはAB＝ADの二等辺三角形だから，点HはBDの中点である。

したがって，BH：HD＝1：1

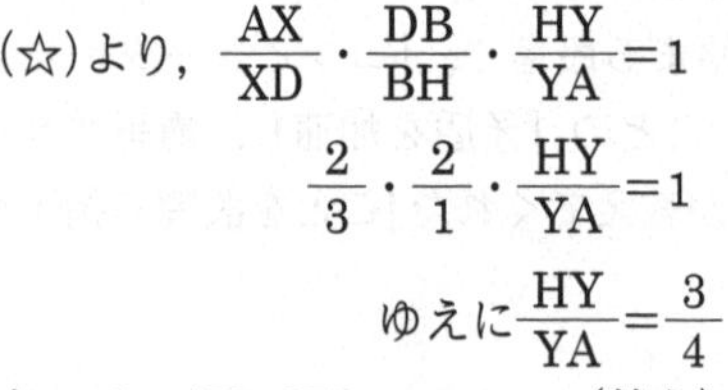

(☆)より，$\frac{AX}{XD}\cdot\frac{DB}{BH}\cdot\frac{HY}{YA}=1$

$\frac{2}{3}\cdot\frac{2}{1}\cdot\frac{HY}{YA}=1$

ゆえに$\frac{HY}{YA}=\frac{3}{4}$

よって，AY：YH＝4：3　　(答え)　4：3

(イ)　10(cm)　　(ウ)　AP：PC＝2：3　　(エ)　AQ：QE＝6：1

3　(1)　A　　(2)　A，B，C　　(3)　D　　(4)　A

(5)　B，C，D　　(6)

① ＼ ②	正しい	正しくない
正しい	C，D	A
正しくない	B	×

(7)　ア，イ，ウ

○推定配点○

1　(4)(イ)　9点　　他　各5点×4

2　(2)(ア)　9点　　他　各5点×5

3　(6)　7点(完答)　　他　各5点×6　　計100点

2023年度

★★★★★★★★★★★★★★★★★★★★★★★

入　試　問　題

2023年度

攻玉社中学校入試問題（第１回）

【算　数】（50分）　＜満点：100点＞

【注意】 1．必要なときには，円周率を3.14として計算しなさい。
　　　　2．比で答えるときは，最も簡単な整数比で答えなさい。
　　　　3．図やグラフは正確とはかぎりません。

1 次の □ にあてはまる数を求めなさい。

(1) $\left\{1\frac{1}{4}+\left(\frac{13}{15}\div 1.3-\frac{3}{8}\right)\times 5\frac{4}{7}\right\}\times 8=$ □

(2) $\{(1.125+$ □ $)\div 1.25-0.6\}\times 1.5=0.85$

(3) 2つの数A，Bについて，「A☆B」という記号は
A☆B＝A×B＋A＋Bという計算を表すものとします。

例
2☆1＝2×1＋2＋1＝5

このとき，
① 17☆ ア ＝251です。
② （101☆ イ ）－（ イ ☆100）＝99です。
ただし，２つの イ には同じ数が入ります。
③ $\left(\frac{1}{2}☆\frac{1}{3}\right)+\left(\frac{1}{4}☆\frac{1}{5}\right)+\left(\frac{1}{8}☆\frac{1}{9}\right)+\left(\frac{1}{16}☆\frac{1}{17}\right)+\left(\frac{1}{32}☆\frac{1}{33}\right)=$ ウ です。

2 次の □ にあてはまる数を求めなさい。

(1) AとBが試合をして，先に４勝した方を優勝とします。どちらかが４勝するまで試合をくり返し，優勝が決まった後は試合を行いません。４勝２敗でAが優勝するとき，勝ち負けのしかたは □ 通りです。ただし，引き分けはないものとします。

(2) 現在，たろう君とお母さんとお父さんの年齢（れい）の合計は84才です。７年後，お母さんとお父さんの年齢の合計はたろう君の年齢の６倍になります。現在のたろう君の年齢は □ 才です。

(3) 長さ130mの列車Aは秒速27mで，長さ250mの列車Bは秒速35mで走ります。列車A，Bが同時に同じ橋を渡（わた）り始め，同時に渡り終わるとき，橋の長さは □ mです。

(4) 1辺の長さが2cmの正方形ABCDを，図（次のページ）のように直線の上をすべらないように転がします。点Aがふたたび直線上にくるまで正方形を転がしたとき，点Aが通ったあとにできる線と直線で囲まれた部分の面積は □ cm^2です。

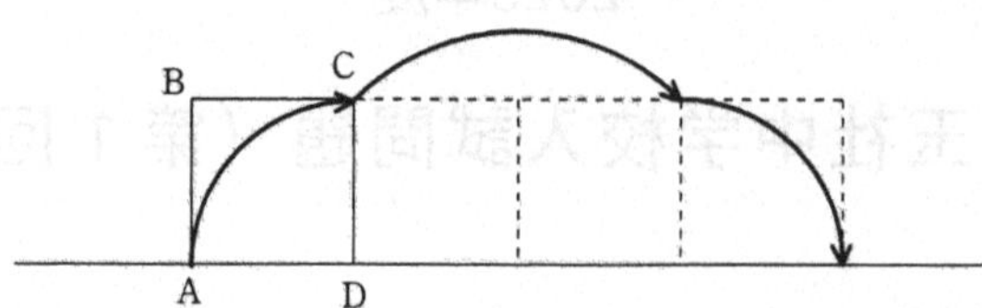

⑸　[0]，[2]，[4]，[6]，[8]の５枚のカードがあります。このカードを並べて３桁(けた)の数を作るとき，作ることができるすべての数の平均は［　　］です。

[3]　図のように，しきりで２つの部分Ａ，Ｂに分けられた直方体の容器があります。しきりは直方体の各面に平行または垂直な面を組み合わせたものです。両方とも空(から)の状態から，それぞれに毎分1.2Ｌの水を入れていきます。Ａがいっぱいになってからちょうど１分後に，Ｂがいっぱいになりました。次の問いに答えなさい。ただし，容器としきりの厚さは考えないものとし，しきりをこえて水が移動することはないものとします。

⑴　Ｂの水の深さが10㎝のとき，Ａの水の深さは何㎝ですか。

⑵　Ａの容積は何Ｌですか。

⑶　Ａの水の深さが10㎝のとき，Ｂの水の深さは何㎝ですか。

⑷　水を入れ始めてからＡとＢの水の深さが初めて同じになるのは，何分何秒後ですか。

次に，ＡとＢを両方とも空の状態にして，辺ＸＹを床につけたまま手前に45度傾(かたむ)け，それぞれに毎分1.2Ｌの水を入れていきます。

⑸　ＡとＢのどちらが何秒早くこぼれ始めますか。

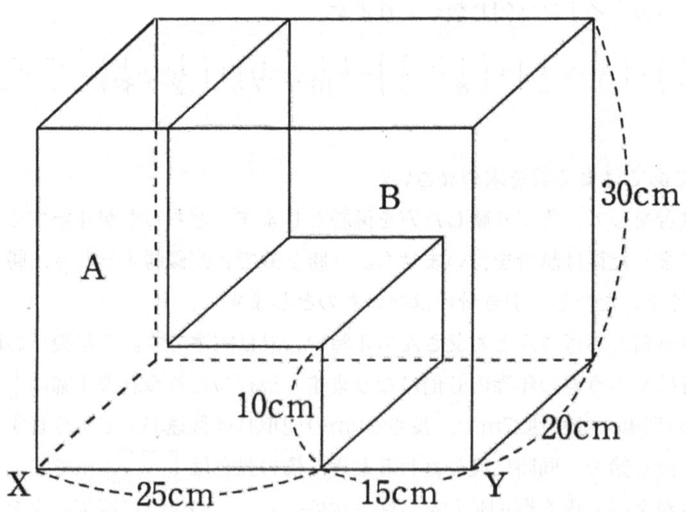

[4]　次のページの図１，図２，図３は，辺の長さが12㎝，16㎝，20㎝の直角三角形ABCと正方形を組み合わせた図形です。正方形はそれぞれ図のように直角三角形にくっついています。また，図３について，Ｍは辺ACの真ん中の点で，KCの長さは10㎝です。
次のページの問いに答えなさい。

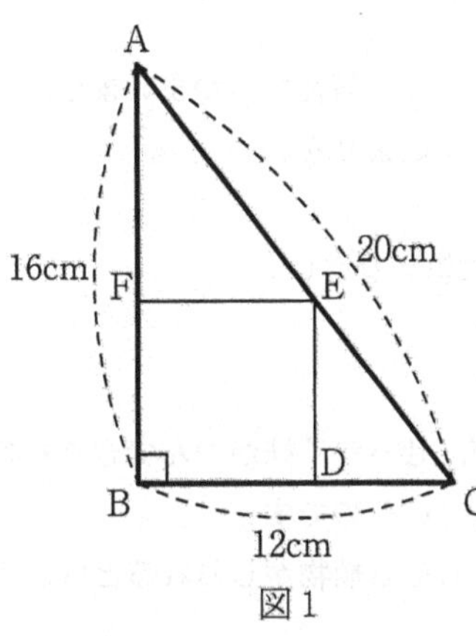

図１

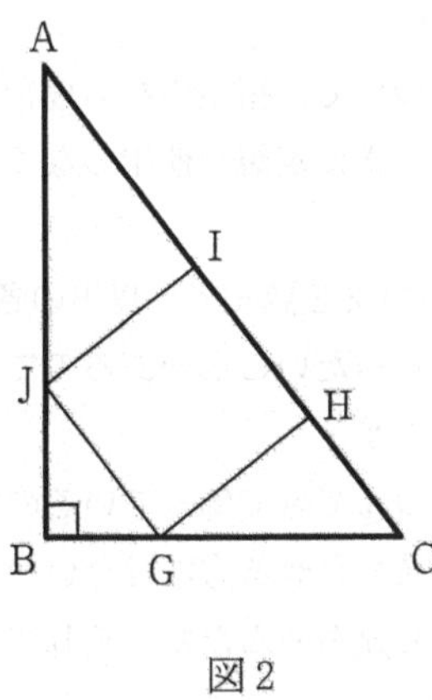

図２

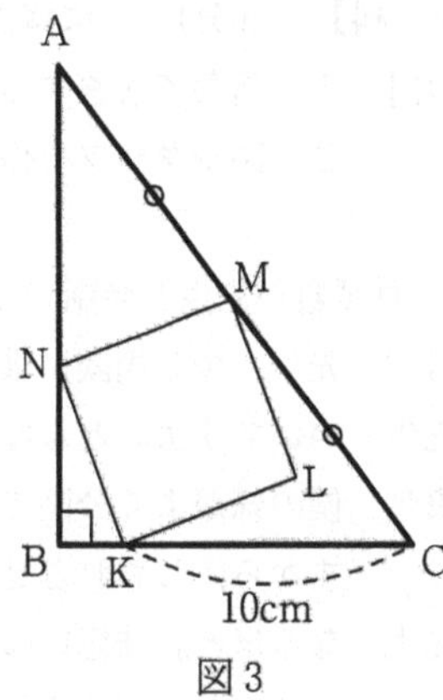

図３

⑴　図１について，AEとECの長さの比を求めなさい。

⑵　図１について，正方形BDEFの１辺の長さを求めなさい。

⑶　図２について，AIとIHとHCの長さの比を求めなさい。

⑷　図２について，正方形GHIJの１辺の長さを求めなさい。

⑸　図３について，正方形KLMNの面積を求めなさい。

【理　科】（40分）　＜満点：50点＞

【注意】　１．言葉で解答する場合について，指定のない場合はひらがなで答えてもかまいません。
　　　　　２．図やグラフを作成するときに定規を使用しなくてもかまいません。

1　真琴君が先生と会話している下の文を読んで，以下の各問いに答えなさい。

真琴　先生，少し相談に乗ってもらいたいことがあるのですけど。

先生　いいですよ。どんなことですか？

真琴　僕の妹がよく公園で植物をつんできて飾っているのですが，せっかく妹がつんできたものですから，しおれさせずに長持ちさせる方法はないかと考えているのです。

先生　なるほど。妹思いの優しいお兄ちゃんだね。それでは，そもそも植物がしおれるとはどういうことなのだろうね。

真琴　植物がしおれるのは，植物のからだの中の水分が減ってしまっているから起こるのですよね。つんできた植物は水を入れた容器にさしてあるのに何でしおれてしまうのでしょう？

先生　考えられる原因は２つあるね。１つは，植物のからだから水が失われること。
もう１つは，植物が水を吸いあげられないということだろうね。

真琴　植物のからだから水が失われるのは，（ア）によることですよね。（ア）では，(イ)植物のからだから水が水蒸気として放出されているのですよね。

先生　そうだね。（ア）が葉のどのようなところで行われているのかを，葉の表面の表皮をはぎ取って顕微鏡で観察してみよう。

真琴　(ウ)低倍率で観察すると左の写真のように見えました（図１－１）。写真の○をつけた部分が（ア）が行われている（エ）ですね。また，その部分を高倍率で観察すると右の写真のように見えました（図１－２）。（エ）は，くちびるのような形をした構造に囲まれた，すき間の部分ですね。

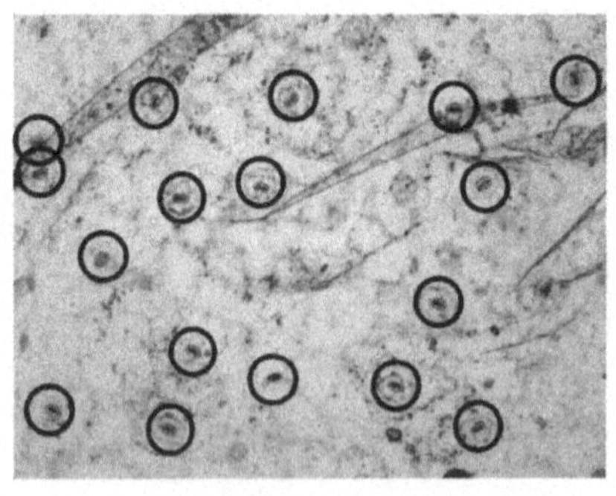

図１－１

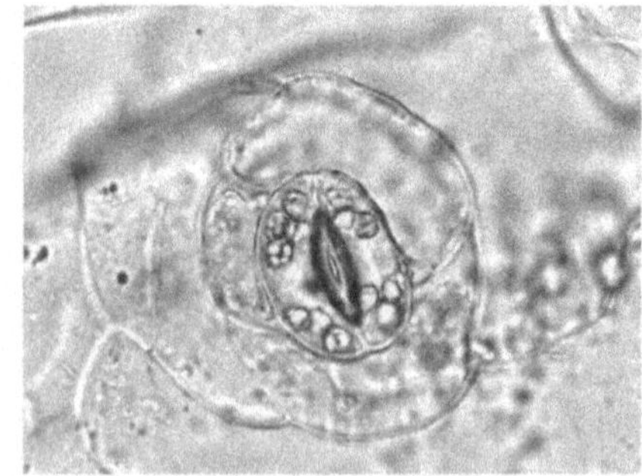

図１－２

先生　そうだね。このくちびるのような形の構造は，孔辺細胞（こうへんさいぼう）というのだよ。細胞は水分を多く満たしているので，植物の体に水分が多いときには孔辺細胞にも水分が（オ），孔辺細胞は（カ）状態となっていて（エ）が（キ）のだよ。

真琴　じゃあ，しおれなくするためにはワセリンをぬって，このすき間をふさいでしまえばいいですね。

先生　いや，実は（ア）のはたらきが，植物が水を吸収して体中にいきわたらせるのにも大きな役割を果たしているから，必ずしも良いとは言えないね。

真琴　どういうことですか？

先生　植物のからだの中では，根から吸収した水は茎を通って葉や花などすみずみまでいきわたるよね。でも，この水の流れは重力に逆らっているだろう。

真琴　そうですね。水が下から上にさかのぼっています。

先生　だから植物のからだの中で水を運ぶためには，いくつかの力が必要になる。（ア）が行われることによって，水が吸いあげられる力もその１つだ。だから（ア）が行われることも必要なのだよ。

真琴　そうなのですね。それで根から葉や花まで（ク）の中を水が昇っていくのですね。

先生（ク）は細い管なので，水は（ク）の壁をつたって移動する(ケ)毛細管現象も起きていると考えられているよ。他には，根が水を押し上げる力や，水が互いにひきつけあう力も関係していると言われているよ。水が互いにひきつけあう力がはたらいて（ク）の中で水がつながっていることにより，根から茎，葉へと移動していくわけなのだよ。だから，葉から（ア）によって水を吸いあげるにはこの力が欠かせないのだね。また，水は（ク）の中で根までつながっているから，最終的には根からの水の吸収を進めることにもなるよ。

真琴　では，この水のつながりが途切れてしまうと，植物は水をうまく吸いあげられないということですね。

先生　そういうことだね。どうですか，植物をしおれさせずに長持ちさせる方法は見えてきたかな？

真琴　はい。（コ）という方法でためしてみます。

⑴　文中の（ア）にあてはまる語句を答えなさい。

⑵　下線部（イ）について，水が水蒸気になるときに必要な熱のことを何といいますか。

⑶　下線部（イ）について，水が水蒸気になることによって，周りから熱が奪われ温度が下がりますが，ヒトの場合は何をかくことによって体温が下がりますか。

⑷　下線部（ウ）について，図１－１の顕微鏡で見ている範囲は，葉の裏側のたて0.25㎜，横0.3㎜の大きさです。葉の裏側全体の面積を30㎠とすると，葉の裏側全体にある（エ）の個数に最も近いと考えられる数字を下の（あ）～（お）から１つ選び，記号で答えなさい。

（あ）70,000,000　　（い）7,000,000　　（う）700,000　　（え）70,000

（お）7,000

⑸　文中の（エ）にあてはまる語句を答えなさい。

⑹　文中の（オ），（カ），（キ）にあてはまる語句の組み合わせとして最も適当なものを下の（あ）～（え）から１つ選び，記号で答えなさい。

	（オ）	（カ）	（キ）
（あ）	少なく	ふくらんだ	開く
（い）	少なく	ちぢんだ	閉じる
（う）	多く	ふくらんだ	開く
（え）	多く	ちぢんだ	閉じる

⑺　文中の（ク）にあてはまる語句を答えなさい。

⑻　下線部（ケ）の毛細管現象が関係する例としてあげた下の①～③が正しい場合に○，誤っている場合には×としたときの正しい組み合わせを，下の（あ）～（か）から１つ選び，記号で答えなさい。

①　ティッシュを水にひたすと水面よりも高い位置までのぼってくる。

②　毛細血管の中を血液が流れていく。

③　ろうそくのしんの部分に火がつく。

	①	②	③
（あ）	○	○	×
（い）	○	×	○
（う）	×	○	○
（え）	○	×	×
（お）	×	○	×
（か）	×	×	○

⑼　文中の（コ）にあてはまる植物をしおれさせずに長持ちさせる方法として最も適当なものを下の（あ）～（お）から１つ選び，記号で答えなさい。

（あ）茎の途中に切れ目を入れる

（い）日があたらない場所で植物を保管する

（う）葉をすべて取り除く

（え）じょうろで上からたくさん水をかける

（お）茎を水にひたして水中で切る

2　真琴君は３つの水溶液【水溶液Ａ】～【水溶液Ｃ】について様々な実験を行い，それぞれの性質を調べました。

⑴　【水溶液Ａ】～【水溶液Ｃ】の中に二酸化マンガンを入れたところ，【水溶液Ｃ】から気体Ｘが発生しました。気体Ｘを集めて，火のついた線香を近づけたところ，勢いよく燃え上がりました。この気体Ｘの名前を答えなさい。

⑵　⑴で加えた二酸化マンガンの説明として正しいものを，次の（あ）～（お）から**すべて選び**，記号で答えなさい。

（あ）二酸化マンガンは，反応の勢いを激しくして，気体を発生させやすくするために加える。

（い）二酸化マンガンは，反応の勢いをおだやかにして，安全に実験を行うために加える。

（う）反応前と反応後で，二酸化マンガンのおもさは減少する。

（え）反応前と反応後で，二酸化マンガンのおもさは変わらない。

（お）二酸化マンガンの一部が気体に変化するため，気体の生成量が増加する。

⑶　【水溶液Ａ】にＢＴＢ溶液を入れると，水溶液は黄色く変色しました。また，【水溶液Ａ】からは，かすかに鼻をつくようなにおいを感じました。【水溶液Ａ】として最も適当なものを次の（あ）～（お）から１つ選び，記号で答えなさい。

（あ）塩酸　（い）食塩水　（う）石灰水　（え）アンモニア水　（お）炭酸水

実験をした次の日，真琴君は温泉に家族で出かけました。すると温泉の近くの博物館で，【水溶液A】のようにＢＴＢ溶液を黄色く変化させる性質をもつ温泉水がそのまま川にながれると，生物が生息できなくなるなどの環境問題が引き起こされることを学びました。その問題を解決するために，温泉水に「ある処理」をすることで，生物が生息できる水にしていることも学びました。

⑷　「ある処理」ではある物質Ｙを使用しています。物質Ｙとして最も適当なものを次の（あ）～（お）から１つ選び，記号で答えなさい。

（あ）食塩　（い）ミョウバン　（う）銅　（え）石灰石　（お）硝酸カリウム

家に帰った真琴君は，一定量の物質Ｙに【水溶液A】を加える実験をしました。そうしたところ，気体Ｚが発生しました。発生した気体Ｚを水上置換法で集め，使用した【水溶液A】の量と発生した気体Ｚの量の関係を調べると，表２－１のような結果になりました。

加えた【水溶液A】の総量 [mL]	5	10	15	20	25	30	35	40
発生した気体Ｚの総量 [mL]	10	20	30	40	48	48	48	48

表２－１　加えた【水溶液A】と発生した気体Ｚの量の関係

⑸　【水溶液A】に物質Ｙを加えたときに発生する気体Ｚの名前を答えなさい。

⑹　気体Ｚを【水溶液A】～【水溶液C】に通したところ，【水溶液B】だけが白く濁（にご）りました。【水溶液B】として最も適当なものを次の（あ）～（お）から１つ選び，記号で答えなさい。

（あ）塩酸　（い）食塩水　（う）アルコール水　（え）石灰水　（お）アンモニア水

⑺　物質Ｙがすべて溶けきったのは【水溶液A】を何mL加えたときですか。ただし，割り切れない場合は小数第一位を四捨五入して整数で答えなさい。

⑻　物質Ｙの量は変えずに【水溶液A】の濃度を２倍にして，加えた【水溶液A】の総量が60mLになるまで同じように実験をしました。このとき，加えた【水溶液A】の総量と発生した気体Ｚの総量のグラフを書きなさい。

⑼　物質Ｙの量を半分に，【水溶液A】の濃度を半分にして，加えた【水溶液A】の総量が60mLになるまで同じように実験をしました。このとき，加えた【水溶液A】の総量と発生した気体Ｚの総量のグラフを書きなさい。

3　あとのⅠ・Ⅱの問いに答えなさい。

Ⅰ　真琴君は，先生と一緒に川や川のまわりの石の様子や川のまわりの地形の様子を観察しに野外調査に出かけました。図３－１は野外調査を行った地域の地形図と実際に観察を行った地点を表しています。そのときの会話文を読んで，以下の各問いに答えなさい。

真琴　先生。このA地点は川の上流になりますね。

先生　水流の量は少ないが川の流れは急だし，両側の山の斜面も急だね。

真琴　この地形はこの川の水が時間をかけて作ったものですか。

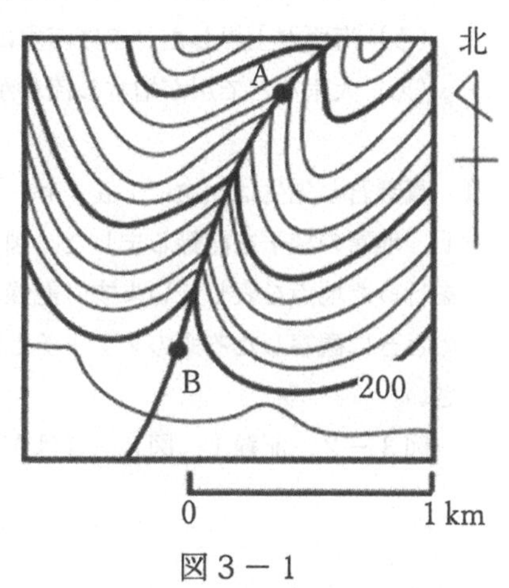

図３－１

先生　そうだね。川の上流は水の侵食作用が強くてどんどん川底をけずっていくからこのような地形になるんだね。では今度はもっと川を下った場所を調査してみよう。

真琴君と先生はＢ地点に移動してきました。

先生　真琴君，このＢ地点の川の様子とさっきのＡ地点と比べて何か気づいたことはあるかな。

真琴　Ａ地点の時と比べて地面の傾斜がとても緩やかです。それから，Ａ地点にあった石よりは小さめですが，比較的大きめの小石がたくさん積もっています。

先生　この石はどうやってここに積もったんだろうね。

真琴　川の上流から川の水が運んできたのではないのですか。

先生　たしかにそうなんだけど，Ａ地点で川の様子を見た時，これくらいの大きさの石は川底をゴロゴロと転がっていたり，川の水に流されたりしていたかな。

真琴　えっと，川の流れはここＢ地点よりも急でしたが，これくらいの大きさの石は川底に沈んだままでした。①じゃあどうやってここまで流れてきたんだろう。

⑴　川の流れが形成したＡ地点とＢ地点の地形の名前の組み合わせとして，最も適当なものを次の（あ）～（え）から１つ選び，記号で答えなさい。

	Ａ地点の地形	Ｂ地点の地形
（あ）	Ｖ字谷	三日月湖
（い）	Ｕ字谷	三日月湖
（う）	Ｖ字谷	扇状地
（え）	Ｕ字谷	扇状地

⑵　Ｂ地点で見られるような，水が運んだ石や砂などを川底などに積もらせる働きを何作用といいますか。働きの名前を書きなさい。

⑶　下線部①について，Ｂ地点に積もっている小石はどのように運ばれて来ましたか。最も適当なものを次の（あ）～（え）から１つ選び，記号で答えなさい。

（あ）がけくずれが起きたときにくずれた岩や小石がそのまま転がってきた。
（い）なだれが起きたときに大量の雪によって運ばれた。
（う）海面が上昇したときに海水によって運ばれた。
（え）大雨などで川が増水し流れが激しくなったときに運ばれた。

Ⅱ　真琴君と先生は，次に，ａ，ｂ，ｃの３地点でろ頭（地層がむき出しになっている場所）を観察し，地層の様子を記録しました。図３－２は野外調査を行った地域の様子を表した図と実際に観察を行った地点を表しています。記録１は各地点の標高や位置関係の記録です。また，図３－３はそのときに観察したろ頭のスケッチと記録です。そのときの会話文を読んで，以下の各問いに答えなさい。

（図３－２，記録１，図３－３は次のページにあります。）

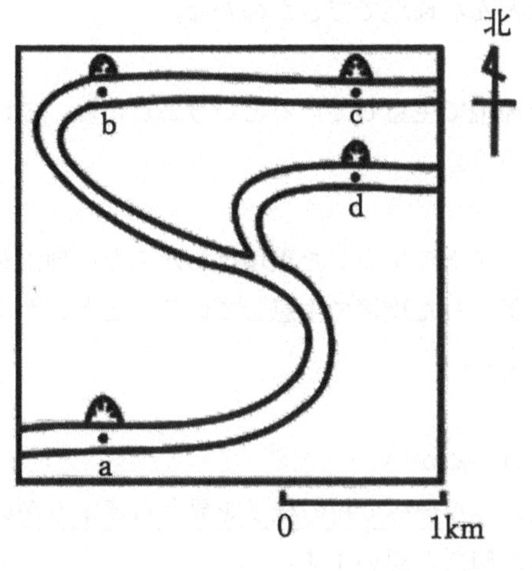

図３－２

○ a 地点の道路の標高：180m
　b 地点の道路の標高：240m
　c 地点の道路の標高：240m
　d 地点の道路の標高：220m

○ b 地点は a 地点の真北 2.0km にある
　c 地点は b 地点の真東 1.5km にある
　d 地点は c 地点の真南 0.5km にある

記録１

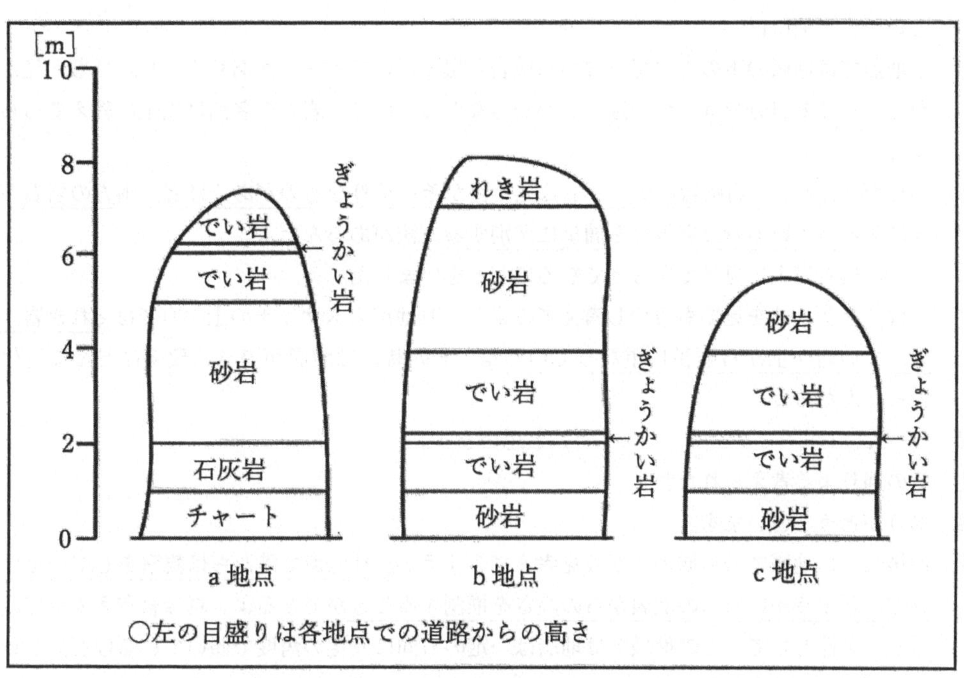

図３－３

先生　真琴君。３地点の地層を観察したけど，何か見つけることはできたかい。

真琴　はい。a 地点の砂岩層からはアンモナイトの化石を採集することができました。それから，b 地点の上の砂岩層からはホタテガイの化石を採集することができました。

先生　アンモナイトやホタテガイの化石からはどんなことがわかるかな。

真琴　はい。アンモナイトの化石は，化石が出てきた地層がいつ頃積もったのかがわかります。ホタテガイの化石は，化石が出てきた地層がどのような環境で積もったのかがわかります。

先生　では，アンモナイトのような化石をなんというのかな。

真琴　はい。（　ア　）といいます。

先生　正解。ではホタテガイの化石が出てきた地層はどんな環境でできたのかな。

真琴　冷たい海だったと思います。

先生　つまり，ホタテガイは冷たい海という限られた環境で生息しているということだね。では，アンモナイトはどんな環境で生活していたのだろう。

真琴　え，それはわからないです。

先生　ホタテガイの生息した環境はわかるのにアンモナイトの生息した環境はわからない理由を考えると，地層ができた環境がわかる化石には，限られた環境で生息していることがわかるために，②もう１つ大切な条件があることに気付くよ。

真琴　あ，わかりました。

先生　では，化石以外に地層を観察して気づいたことはあるかい。

真琴　３地点とも白くてよく目立つ地層がありました。③ルーペで粒の様子を見たらぎょうかい岩の層でした。粒の様子からどれも同じ時にできた層だと思います。

先生　ぎょうかい岩層は離れた場所の地層を比較するのに役立つね。このような地層を（　イ　）というよ。他には。

真琴　ａ地点では地層の下の方に黒っぽい石灰岩と黒っぽいチャートがありました。でも，見た目がそっくりで自分では２つの違いがわからなかったので，岩石の名前は先生に教えてもらいました。

先生　そうだったね。④石灰岩とチャートは見た目がそっくりなものがあるけど，両方の岩石が手元にそろっている時は野外でも簡単に区別する方法があるんだよ。

真琴　はい。僕も先生に見せてもらってなるほどと思いました。

先生　では，スケッチを見てもう少し考えてみよう。ｂ地点のスケッチの上の方では⑤れき岩，砂岩，でい岩が上から順番に重なっているね。その時には地層ができる環境にどんな変化があったんだろう。

真琴　うーん，（　　　　　ウ　　　　　）と思います。

先生　その通りよく考えられたね。

真琴　ありがとうございます。

先生　最後にこの地域での地層の広がりを考えてみよう。⑥ｄ地点で僕たちは観察をしていないけれど，ぎょうかい岩層の地表からの高さを推測することができるよ。真琴君考えてみて。ただし，条件として，この地域では地層は一定の方向に一定の角度で傾いているけど，しゅう曲や断層，不整合などはないからね。

真琴　はい。頑張って考えてみます。

⑷　（ア）に当てはまる語句として最も適当なものを次の（あ）～（え）から１つ選び，記号で答えなさい。

（あ）示相化石　（い）示準化石　（う）史相化石　（え）史準化石

⑸　下線部②にある，もう１つの大切な条件として最も適当なものを後の（あ）～（え）から１つ選び，記号で答えなさい。

（あ）世界各地の地層からその化石が発見される。

（い）世界の極めて限られた地層からその化石が発見される。

（う）現在もその生物やその仲間が生息している。

（え）現在はその生物は絶滅(ぜつめつ)している。

⑹　下線部③にあるように，ぎょうかい岩の粒には他の地層の岩石とは異なる特ちょうがあります。ぎょうかい岩をルーペで見たスケッチとして最も適当なものを次の（あ）～（え）から１つ選び，記号で答えなさい。

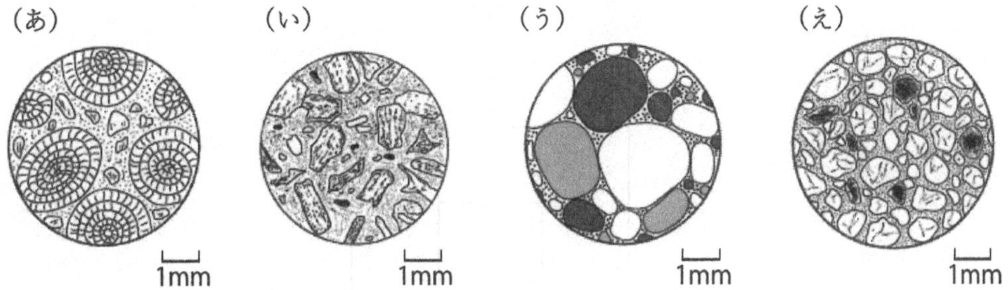

⑺　（イ）に当てはまる語句を書きなさい。

⑻　下線部④にあるように見た目がそっくりな石灰岩とチャートがあったときに野外でも簡単に区別する方法があります。その方法として最も適当なものを次の（あ）～（え）から１つ選び，記号で答えなさい。

（あ）お互いをこすり合わせて傷がついた方がチャートである。

（い）お互いをこすり合わせて傷がついた方が石灰岩である。

（う）水をかけてあわが発生した方がチャートである。

（え）水をかけてあわが発生した方が石灰岩である。

⑼　下線部⑤のような順番に地層が重なっているとき，その地域には過去にどのような大地の変化があったと考えられますか。（ウ）に当てはまる文として最も適当なものを次の（あ）～（え）から１つ選び，記号で答えなさい。

（あ）大地が少しずつ隆起(りゅうき)していった

（い）大地が少しずつ沈降(ちんこう)していった

（う）大地が一度隆起し，その後沈降していった

（え）大地が一度沈降し，その後隆起していった

⑽　下線部⑥について，図３－2，記録１及び図３－３から，ｄ地点における地表（道路）からぎょうかい岩層の下端までの高さを求めなさい。

4　次とのⅠ・Ⅱ・Ⅲの問いに答えなさい。

Ⅰ　水中でものの重さをはかると，空気中ではかったときよりも軽くなります。これは，水中では浮力(ふりょく)という力がはたらくためです。浮力(ふりょく)の大きさは，そのものが水（または液体）に沈んでいる体積と同じ体積の水（または液体）の重さに等しくなります。水１㎤の重さは１ｇとして，以下の問いに答えなさい。ただし，数値で答える場合は，整数で答えるものとし，割り切れない場合は，小数第一位を四捨五入して整数で答えなさい。

⑴　図４－１（次のページ）のように，直方体の形をしたおもさが150ｇで，体積が100㎤のものを，水に完全に沈めたとき，ばねばかりの目盛りは何ｇを示しますか。

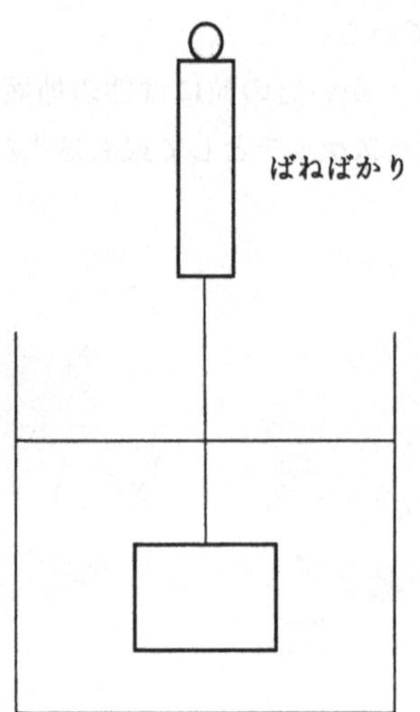

図４－１

⑵　図４－２のように，1㎝³あたり0.7ｇの物質でできた体積が300㎝³の直方体の形をしたものを，水の中に入れると，水面から少しだけ上に出て，水に浮かびました。これは，ものの重さと浮力（ふりょく）がつり合ったためです。このとき，直方体の形をしたものが水面から出ている部分の体積は何㎝³ですか。

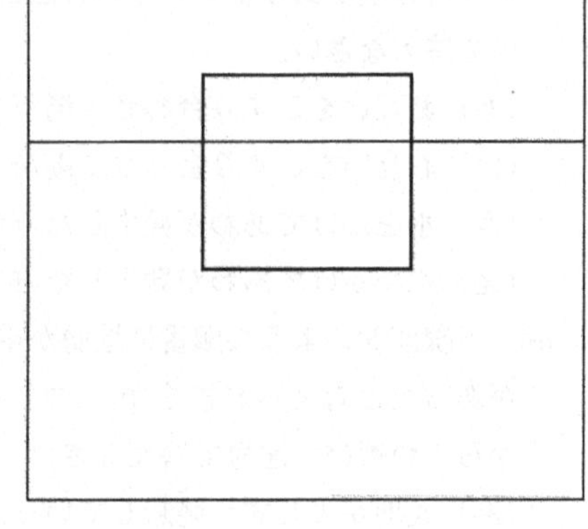
図４－２

⑶　図４－３のように，新鮮なたまごを水や食塩水に入れたとき，浮くのか沈むのかを実験しました。たまごの重さは110ｇで，体積が100㎝³でした。たまごは水に入れると沈みました。しかし，食塩水に入れると浮きました。このたまごが浮く食塩水を作るために，水100ｇに対して，食塩を何ｇ以上とかせばよいでしょうか。ただし，食塩を混ぜたときの水の体積の増加は考えなくてよいものとします。

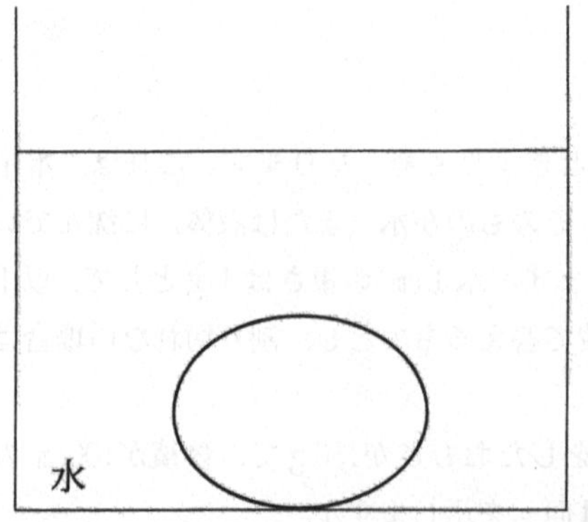

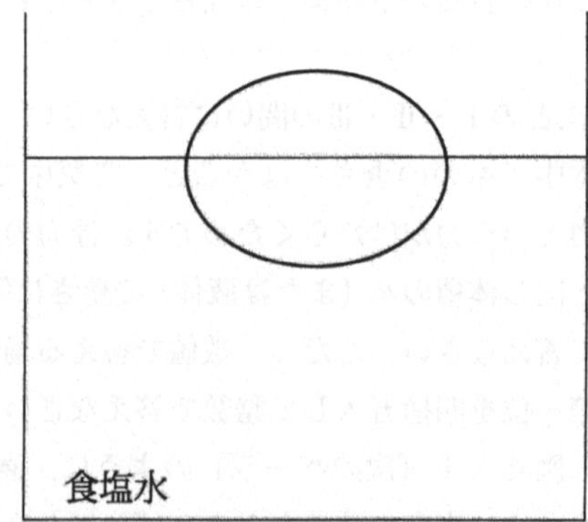

図４－３

⑷　潜水艦（せんすいかん）は，この浮力（ふりょく）の考え方を用いて，浮いたり沈んだりすることができます。潜水艦には，バラストタンクと呼ばれる，タンクの中のものを入れかえることができる部分があります。潜水艦が水中にある状態から，水面に出ている状態になるとき，バラストタンクの中のものをどのようにすればよいでしょうか。以下の（あ）～（え）から最も適当なものを１つ選び，記号で答えなさい。

（あ）バラストタンク内の空気を海水に入れかえる。
（い）バラストタンク内の空気を真水に入れかえる。
（う）バラストタンク内の海水を空気に入れかえる。
（え）バラストタンク内の真水を海水に入れかえる。

Ⅱ　重たいものをもちあげるときに，滑車（かっしゃ）や輪軸（りんじく）を用いる場合があります。これについて以下の各問いに答えなさい。ただし，数値で答える場合は，整数で答えるものとし，割り切れない場合は，小数第一位を四捨五入して整数で答えなさい。

⑸　図４－４のように定滑車と動滑車を1000ｇのおもりにつなぎました。滑車の重さは無視できるぐらい軽いものとします。ひもを引き，このおもりがつりあっているときに，引く力の大きさは何ｇ分でしょうか。

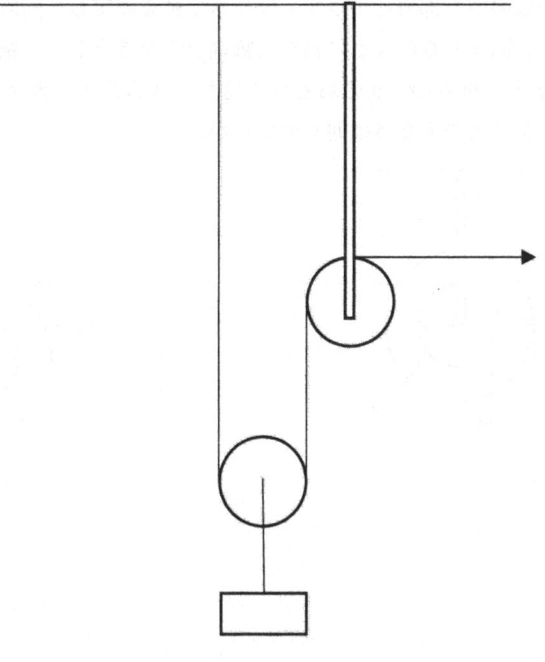

図４－４

⑹　図４－５（次のページ）のように定滑車と動滑車をつなぎました。滑車はすべて重さが200ｇで，おもりの重さは1000ｇです。このおもりがつりあっているときに，引く力の大きさは何ｇ分ですか。

⑺　⑹で，おもりを10㎝上げるには，何㎝引けばよいでしょうか。

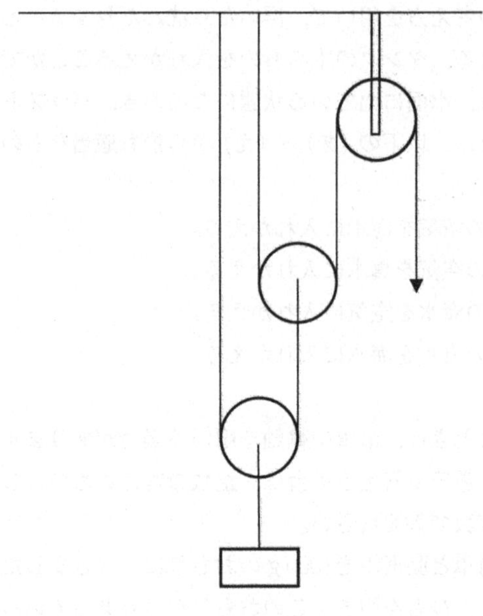

図４－５

(8)　大きな半径をもつ輪の中心部分に小さな半径をもつ軸を固定して同時に回転するようにしたものを輪軸（りんじく）といいます。図４－６のように輪軸と輪軸をつなぎました。輪軸の重さは無視できるぐらい軽いものとします。重さ1000ｇのおもりを持ち上げることを考えます。このおもりがつりあっているときに，引く力の大きさは何ｇ分ですか。

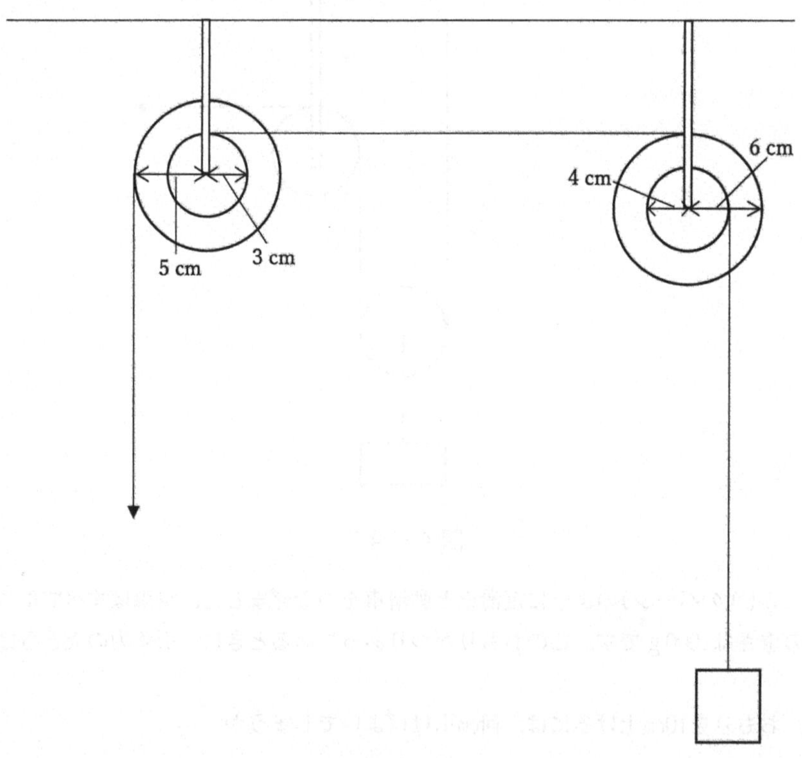

図４－６

Ⅲ　輪軸を用いて重いものを水から引き上げる場合を考えます。これについて以下の各問いに答えなさい。ただし，数値で答える場合は，整数で答えるものとし，割り切れない場合は，小数第一位を四捨五入して整数で答えなさい。

⑼　図４－７のように輪軸と輪軸をつなぎました。輪軸の重さは無視できるぐらい軽いものとします。おもさ1000ｇで体積が400㎤のおもりが，水中にあるものとします。このおもりが水中でつりあっているときに，引く力の大きさは何ｇ分でしょうか。

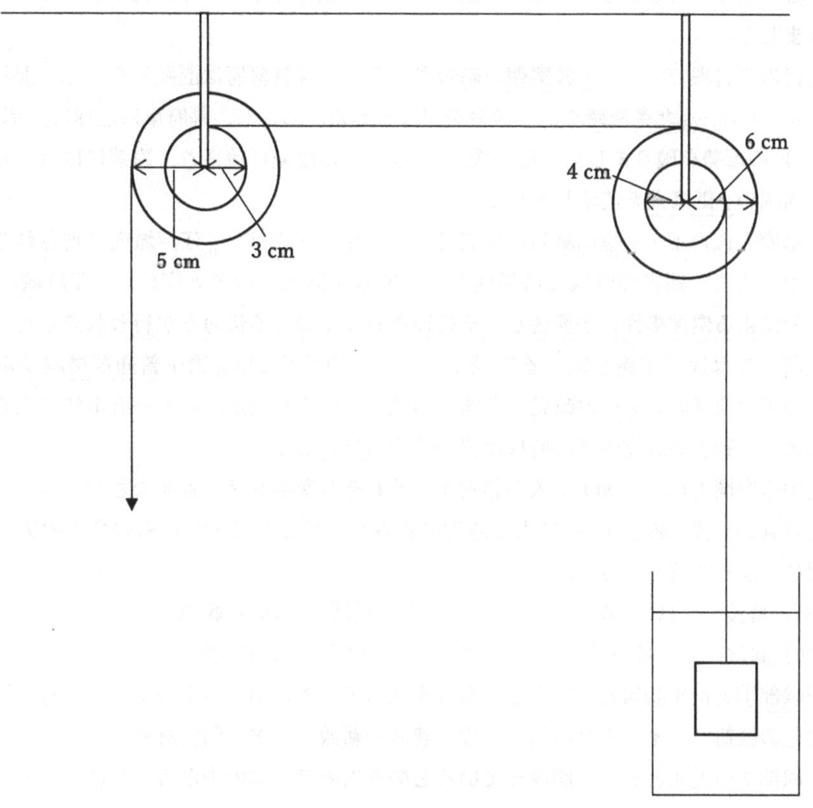

図４－７

⑽　上の装置でおもりがちょうど体積の半分だけが水から出た状態でつりあっている場合，引く力は何ｇ分ですか。

【社　会】（40分）　＜満点：50点＞

1　次の文章Ａ～Ｄを読み，あとの設問に答えなさい。

Ａ．歴史上，暗殺事件は度々発生しています。飛鳥時代には（　ⅰ　）や中臣鎌足らが起こしたクーデターで蘇我入鹿が暗殺されました。樹立された新政府は王宮を（　あ　）に移し，①**公地公民を理想とする政治改革を行いました**。唐・新羅連合軍との敗戦ののち，（　ⅰ　）は大王に即位し，大王中心の国作りをしました。彼の側近であった中臣鎌足は，その功績によって（　い　）の姓を賜(たまわ)りました。

Ｂ．３代目の鎌倉殿であった②**源実朝**が暗殺されると，鎌倉幕府は混乱しました。混乱をみてとった（　ⅱ　）は，③**北条義時**を討つ命令を出しました。しかし，幕府軍は迅速(じんそく)に京都へ攻め上り，（　ⅱ　）の軍勢を破りました。乱の後，（　ⅱ　）は隠岐に流され，京都には（　ⅲ　）が設置され，西国の④**御家人**を統轄(とうかつ)しました。

Ｃ．江戸幕府５代将軍・⑤**徳川綱吉**の大老であった堀田正俊は，⑥**江戸城**内で刺された後，亡くなりました。また，綱吉の時代には朝廷からの使者を迎える行事の際に，⑦**江戸城において刃傷(にんじょう)沙汰(ざた)（刀による傷害事件）が発生し，その後それにまつわる仇(あだ)討ちが行われました**。

Ｄ．大正時代には民主主義を求める風潮が高まり，1925年には⑧**男子普通選挙制**が定められました。この頃は衆議院の⑨**有力政党**が内閣を組織していましたが，五・一五事件で犬養毅が暗殺されたことで，戦前の政党内閣の時代は終わりを告げました。

問１．文中の空欄（ⅰ）～（ⅲ）に入る語句を，それぞれ**漢字５字**で答えなさい。

問２．文章Ａの空欄（あ），（い）に入る語句の組み合わせとして正しいものを次の**ア～エ**の中から１つ選び，記号で答えなさい。

ア（あ）難波　（い）橘　　**イ**（あ）近江　（い）藤原

ウ（あ）難波　（い）藤原　　**エ**（あ）近江　（い）橘

問３．**下線部①**を指す語句として正しいものを次の**ア～エ**の中から１つ選び，記号で答えなさい。

ア　大化の改新　**イ**　天暦の治　**ウ**　建武の新政　**エ**　明治維新

問４．**下線部②**の説明として，**間違っているもの**を次の**ア～エ**の中から１つ選び，記号で答えなさい。

ア　実朝は源頼朝と北条政子との子どもである。

イ　実朝の先代の鎌倉殿は伊豆の修禅寺に幽閉(ゆうへい)され，その後暗殺された。

ウ　実朝は歌人としても優れており，彼の歌は『古今和歌集』にも収録されている。

エ　実朝の死後，北条政子が実質的な鎌倉殿として政治を行った。

問５．**下線部③**の人物の役職を示す語句を次の**ア～エ**の中から１つ選び，記号で答えなさい。

ア　摂政　**イ**　管領　**ウ**　若年寄　**エ**　執権

問６．**下線部④**について書かれた次の文**Ｅ・Ｆ**に関する正誤の組み合わせとして正しいものを，次の**ア～エ**の中から１つ選び，記号で答えなさい。

Ｅ　御家人は鎌倉殿と主従関係を結んだ武士のことである。

Ｆ　御成敗式目は御家人の他に，貴族たちにも適用される法令として制定された。

ア　Ｅ＝正，Ｆ＝正　　**イ**　Ｅ＝正，Ｆ＝誤

ウ　Ｅ＝誤，Ｆ＝正　　**エ**　Ｅ＝誤，Ｆ＝誤

問７．下線部⑤が将軍だった時の出来事として，正しいものを次のア～エの中から１つ選び，記号で答えなさい。

ア　キリシタンへの迫害などによって，九州で島原・天草一揆が起こった。

イ　湯島に林家の私塾を移転させて武士の教育にあたらせた。

ウ　新井白石による正徳の治が行われた。

エ　大坂の陣によって豊臣氏が滅ぼされた。

問８．下線部⑥に関係のある次のア～エの出来事を，内容が古いものから順に並べ替えたとき，**３番目**となるものを１つ選び，記号で答えなさい。

ア　将軍徳川家綱の時の明暦の大火によって，江戸城の天守は焼失した。

イ　老中田沼意次の息子が江戸城内で刺殺された。

ウ　老中安藤信正が坂下門外で襲撃された。

エ　史上初めて，天皇が江戸城を訪れた。

問９．下線部⑦の事件を題材にした歌舞伎の作品を，次のア～エの中から１つ選び，記号で答えなさい。

ア　曾根崎心中　　**イ**　仮名手本忠臣蔵　　**ウ**　菅原伝授手習鑑　　**エ**　義経千本桜

問10．下線部⑧と同時期に制定された，共産主義運動を規制するための法律を**漢字５字**で答えなさい。

問11．下線部⑨の中で，自由党の流れを汲み，原敬内閣などで与党であった戦前の政党を**漢字５字**で答えなさい。

2　次の文章を読み，あとの設問に答えなさい。

私たちの生活は，豊かな自然環境のうえに成り立っています。エネルギーにかんしては，古くより木材や再生可能な自然エネルギーを利用していましたが，産業革命以降，化石燃料を用いることでより大規模なエネルギーを生み出すことが可能となり，技術や産業が大きく発達しました。しかし，その過程で発生した①**公害**や自然環境の破壊は各地で深刻な被害をもたらし，地球規模の環境問題として扱われるようになりました。

地球は，大気中に存在する温室効果ガスによって生き物の生存に適した気温に保たれています。しかし，工業化によって化石燃料の消費が増えて，温室効果ガスの濃度が急激に上昇したために，地球温暖化を引き起こすようになりました。また，工場や自動車から出される硫黄（いおう）酸化物や窒素（ちっそ）酸化物などは，大気中で化学変化を起こし②**酸性雨**を降らせたりします。

われわれの生活を便利にするさまざまな製品の生産も，地球環境に悪影響をもたらしています。たとえば，クーラーの冷媒（れいばい）や発泡剤として大量に使われてきたフロンガスは，環境には無害と考えられていましたが，私たちの生活には欠かすことができない③**オゾン層を破壊**していることが明らかになりました。

人間による開発行為も地球環境にダメージを与えています。④**カカオ**，ゴムといった商品作物栽培を目的とした農園開発やエビの養殖池の開発などにより熱帯林が大規模に伐採（ばっさい）されたりして，森林破壊が進んでいます。さらに，大規模な干ばつや砂漠化の進行によって，アフリカなどでは餓死者や⑤**難民**が多く発生しています。

こういった環境問題によるさまざまな影響が報告されるなかで，先進国では少しずつ環境意識が高まるようになりました。地球環境の保全にかんする国際的な協力としては，1972年にストックホルムで最初の大規模な国際会議，いわゆる「国連人間環境会議」が開かれました。1987年にはオゾン層の保護を目的とした国際的な枠組みを定めた取り決めがなされた「モントリオール議定書」が採択（さいたく）されました。地球温暖化問題にかんしては，1992年に（　ｉ　）で開催された「国連環境開発会議（地球サミット）」で気候変動枠組条約が，また1997年に京都で開催された会議では「京都議定書」が採択されました。

さらに，化石燃料から，より環境へのダメージが少ないエネルギーへの転換も進められています。太陽光，⑥風力，地熱，水力などを利用した発電方法や，ごみを焼却する際の熱を利用するリサイクルエネルギー，バイオマスエネルギーなどの研究や開発が急ピッチで行われています。その一方で，先進国に遅れて工業化している発展途上国では，経済発展と環境保護を両立していかなければなりません。地球温暖化対策の新しい枠組みとして2015年に採択された（　ⅱ　）協定では，先進国は発展途上国へ援助することが定められました。すべての国や地域に，⑦**持続可能な社会の実現に向けた取り組み**が求められています。

問１．文章中の空欄（ｉ）・（ⅱ）にあてはまる都市の名前を，それぞれ答えなさい。

問２．文章中の下線部①に関連して，次の一文は，『苦海浄土（くかいじょうど）』に代表される作家の石牟礼道子（いしむれみちこ）さんが2017年に出版した『花びら供養（くよう）』から抜粋したものです。石牟礼さんが残した作品には，いわゆる「四大公害病」のうちの一つである病気をテーマに書かれたものが多くあります。『花びら供養』の一文を参考にして，ここでふれられている公害病の名前を**漢字３字**で答えなさい。

> 『おかしゃん，はなば』ちゅうて，花びらは指すとですもんね。花もあなた，かわいそうに，地面ににじりつけられて。
>
> 何の恨みも言わじゃった嫁入り前の娘が，たった一枚の花びらば拾うのが，望みでした。それであなたにお願いですが，文（ふみ）ば，チッソの方々に，書いて下さいませんか。いや，世間の方々に。桜の時期に，花びらば一枚，きよ子のかわりに，拾うてやっては下さいませんでしょうか。花の供養に。

問３．文章中の下線部②に関連して，右の**写真１**は，ヨーロッパや北アメリカで行われている酸性雨対策についてのものです。写真を参考にして，具体的にどのような対策が行われているのか**30字以上，40字以内**で説明しなさい。なお，**「散布」・「中和」**の２つの語句を必ず使用し，使用したその語句には下線を引くこと。

写真１

問4．文章中の下線部③に関連して，オゾン層の破壊がもたらす影響や被害としてもっとも適切なものを，次のア〜エの中から1つ選び，記号で答えなさい。

ア　皮膚（ひふ）がんや白内障（はくないしょう）といった皮膚や目の病気にかかりやすくなる。

イ　森林の立ち枯れや，石で造られた建築物がとけてしまう。

ウ　目やのどの痛みにくわえ，重症になると呼吸困難や失神（しっしん）などの健康被害がでる。

エ　海水中の植物プランクトンが大量発生し，赤潮が起こりやすくなる。

問5．文章中の下線部④に関連して，発展途上国でつくられた作物や製品を，適正な価格で継続的に取引することによって，立場の弱い発展途上国の生産者や労働者の生活を改善して，自立を目指す取り組みを何というか，**カタカナ**で答えなさい。

問6．文章中の下線部⑤に関連する⑴・⑵の問いに答えなさい。

⑴　難民の保護を目的に，1951年に設立された国際連合の機関名としてもっとも適切なものを，次の**ア〜エ**の中から1つ選び，記号で答えなさい。

ア UNICEF　**イ** UNESCO　**ウ** UNHCR　**エ** WHO

⑵　難民のうち，環境が破壊されたことによって，それまでの居住地を離れなければならなくなった人々は「環境難民」とも呼ばれています。その例として，チェルノブイリ（チェルノービリ）原子力発電の事故による住民の強制移住が挙げられます。この原子力発電所が位置する現在の国名を答えなさい。

問7．文章中の下線部⑥について，風力発電にかんする説明として**適当でないもの**を，次の**ア〜エ**の中から1つ選び，記号で答えなさい。

ア　風力発電の施設は山間部につくられることが多く，景観（けいかん）の破壊や，プロペラなどの部品を運ぶには広い道路を必要とするので，森林破壊などの危険がある。

イ　風力発電のプロペラが回る時に発生する騒音（低周波音（ていしゅうはおん））によって，近所の住民が頭痛や睡眠障害などの体調不良を訴えるケースがある。

ウ　飛んでいる野鳥や渡り鳥が風力発電のプロペラなどにぶつかるバードストライクと呼ばれる事故が世界各地で報告されている。

エ　風力発電の施設を海の上に建設することはできないため，日本やヨーロッパなどの国土面積が小さい国では，風力発電は普及していない。

問8．文章中の下線部⑦に関連して，日本では豊かな森林を守っていくために，漁師などの漁業関係者が植林や間伐（かんばつ）作業を行うことがあります。豊かな森林を守ることは，豊かな海（漁場）を守ることにつながるというのです。森林の保全が豊かな漁場を守ることにつながる理由を**40字以上50字以内**で説明しなさい。

3　次の設問に答えなさい。

問1．信教の自由について書かれている憲法第20条の規定について，あとの**ア〜エ**の中から**誤っているもの**を1つ選び，記号で答えなさい。

ア　宗教を信じる自由（信教の自由）は，精神の自由の一環として憲法で保障されています。

イ　国や地方公共団体が神社などに参拝し，公費（公の費用）で奉納（お供えなど）を行うことは慣習的なことがらとして憲法には違反しないとされています。

ウ　宗教の儀式や行事への参加を強制されない権利を，私たちは人権の一つとして認められています。

エ　宗教教育を目的とする国公立学校の設置は，認められていません。

問２．国連について説明した次の**ア〜エ**の中から，**誤っているもの**を１つ選び，記号で答えなさい。

ア　安全保障理事会は，現在，恒久的にその地位が保障された常任理事国５カ国と，非常任理事国10カ国で構成されています。

イ　非常任理事国は任期制で，国連の全加盟国による投票により選挙で選出されます。その任期は２年です。

ウ　日本は，2022年に行われた選挙で当選し，2023年の１月から非常任理事国になりました。

エ　日本が非常任理事国に選出された回数は，国連加盟国の中で最も多いドイツ（西ドイツの時代も含む）に次いで２番目です。

問３．日本銀行とそのはたらきに関して説明した次の**ア〜エ**の中から，**誤っているもの**を１つ選び，記号で答えなさい。

ア　日本銀行は，日本国の金融の中心です。国でこのような役割を果たす銀行を中央銀行と呼びます。日本銀行はその仕事の１つとして，紙幣（日本銀行券）を発行しています。

イ　日本銀行は，「銀行の銀行」とも呼ばれ，中央銀行として，経済をコントロールするために一般の銀行だけを相手にしてお金を預かったり，お金の貸し出しを行っています。

ウ　日本銀行は，資本金１億円の100％を政府が出資しています。そのため，財務省の一部である日本銀行は「日本政府の子会社」とも呼ばれています。

エ　日本銀行は，貸し出しを行う時の金利（利息率）を調整することで景気を調整しています。日本銀行がアメリカなどの諸外国と比べて低い金利（利息率）を採用することは，円安の原因の一つとされています。

問４．国会議員の選挙について説明した次の**ア〜エ**の中から，**誤っているもの**を１つ選び，記号で答えなさい。

ア　参議院は，2022年に行われた選挙の結果，議員定数が３人増えて248人になりました。

イ　参議院の選挙区選挙は都道府県を基本的な単位として行われますが，北海道は面積が広いため選挙の効率を考慮して４つの選挙区に分割しています。そのため，選挙区は日本全体で50選挙区です。

ウ　衆議院では，比例代表区と選挙区の両方に立候補する「重複立候補」が認められており，選挙区で落選しても比例区で復活当選することもあります。

エ　参議院の比例代表区の選挙では，投票時に候補者名か政党名を記し，それらを集計して各政党の得票数としています。

問５．日本の選挙は一部に比例代表制を採用しています。そして，政党ごとの当選者数を決めるための方法としてドント方式を採用しています。

定数が15人の選挙区でＡ，Ｂ，Ｃ，Ｄの四つの政党が次のように票を獲得した時，Ｂ党の獲得する議席数を数字で答えなさい。

Ａ党：４万票	Ｂ党：３万票	Ｃ党：２万票	Ｄ党：１万票

問６．内閣について説明した次のページの**ア〜エ**の中から，**誤っているもの**を１つ選び，記号で答えなさい。

ア　他の国との間で条約を結ぶことができるが，条約に効力を持たせる（批准）ためには，国会の承認が必要です。

イ　憲法や法律の規定を実施するために，憲法や法律に反しない政令を制定することができます。

ウ　天皇の国事行為に関して，事前に国会の承認を得，国事行為に関する責任を負います。

エ　内閣の意思統一を行うために内閣総理大臣が主宰して閣議を行い，全会一致で決定を行っています。

問７．次に挙げるのは憲法の条文の一部です。条文中の（**ア**）～（**エ**）に入る数字のうち，一番大きいものが入る場所の記号を答え，そこにあてはまる数字も答えなさい。

第五十四条

衆議院が解散されたときは，解散の日から（　**ア**　）日以内に，衆議院議員の総選挙を行ひ，その選挙の日から（　**イ**　）日以内に，国会を召集しなければならない。

２　　～省略～

３　前項但書の緊急集会において採られた措置は，臨時のものであって，次の国会開会の後（　**ウ**　）日以内に，衆議院の同意がない場合には，その効力を失ふ。

第六十条

２　予算について，参議院で衆議院と異なつた議決をした場合に，法律の定めるところにより，両議院の協議会を開いても意見が一致しないとき，又は参議院が，衆議院の可決した予算を受け取った後，国会休会中の期間を除いて（　**エ**　）日以内に，議決しないときは，衆議院の議決を国会の議決とする。

問四　――線部③「いったいなぜ、コペルニクスは『地動説』を発表しなかったのでしょうか？」とありますが、発表しなかった理由として適当なものを次の中から**二つ**選び、記号で答えなさい。

ア　苦労して発見した宇宙の真理を自分だけのものとしたかったから。

イ　観測から導き出された結果を自分自身でも信じられなかったから。

ウ　説を公表するのにふさわしい媒体が見つからなかったから。

エ　世間の人々にどのように受け止められるか予想ができなかったから。

オ　自分の説には決定的な欠陥があることに気づいていたから。

カ　自分の説を裏づけるのに十分なデータが集まっていなかったから。

キ　弟子たちの言いなりになって発表することに不安を感じたから。

問五　――線部④「ローマ教皇のパウロ３世に手紙を送りました」とありますが、コペルニクスはどのような意図で手紙を送ったのでしょうか。その説明として最も適当なものを次の中から選び、記号で答えなさい。

ア　自分が司祭であるという立場を利用して、自著を宣伝しようとした。

イ　説の大胆さへの危惧を自ら示し、反教会的と取られないようにした。

ウ　利益をもたらすことを強調して、教会内の自分の地位を上げようとした。

エ　どんな常識にもとらわれず、自分の信念を貫く覚悟を伝えようとした。

オ　教会の賛同を得ることで、なんとか世間の人々を説得しようとした。

問六　――線部⑤「これをたんなる仮説と受けとってもらっていい」とありますが、オジアンダーがこの言葉を書いた理由として考えられる最も適当なものを次の中から選び、記号で答えなさい。

ア　地動説を批判することで、自分の才能を誇示しようとしたから。

イ　地動説が、神や教会の権威に触れることをおそれたから。

ウ　検証が不十分で、地動説の正しさを保証できなかったから。

エ　天動説を否定するだけの根拠が乏しく、説得力に欠けたから。

オ　地動説は矛盾をはらんでおり、コペルニクスの思い込みにすぎなかったから。

問七　本文の内容と**合致しないもの**を次の中から一つ選び、記号で答えなさい。

ア　星によって太陽の周りを一周する時間は異なる。

イ　コペルニクスはキリスト教会と対立せず、慎重に行動しようとした。

ウ　コペルニクスの地動説の発表に対して世間は反応を示さなかった。

エ　コペルニクスは太陽が全ての星々を平等に照らすと考えていた。

オ　現在、ローマ教皇庁もカトリック教会も地動説の正しさを認めている。

問八　――線部⑥「疑う力」とありますが、本文中における「疑う力」とはどのような力でしょうか。六十字以内で説明しなさい（句読点・符号も一字とします）。

する計算結果を出すだけで十分なのだ」

この序文を書き加えたオジアンダーという人物は、熱心なキリスト教徒で、神学者でもありました。

コペルニクスの弟子はオジアンダーの序文に激怒しましたが、何十年ものあいだキリスト教関係者から批判の声が上がらなかったのは、彼が書き加えたこの序文のおかげだともいわれています。そしてコペルニクスの地動説は、17世紀の天文学者ヨハネス・ケプラー、そして「それでも地球は回っている」の言葉で有名なガリレオ・ガリレイらに受け継がれ、完成しました。

それでは、最後にクイズです。

コペルニクスや仲間たちが恐れた、ローマ教皇庁とカトリック教会。彼らが正式に「地動説」の正しさを認めたのは、いつのことだと思いますか？

……なんと１９９２年。日本でいえば、平成に入ってからのことです。

アポロ11号が月面着陸し、スペースシャトルが打ち上げられ、宇宙ステーションが運用されてもなお、地動説は認められていなかったのです。

この時間の最初に、『違和感を大事にしてください』という話をしました。そして「⑥疑う力をもってください」という話をしました。

ナイチンゲール、森鷗外、高木兼寛、そしてコペルニクス。

４人の話を聞いて、「常識を疑った変革者」とはどんな人なのか、そして「常識を信じてしまった旧世代の人」はどんな罠にはまったのか、十分理解できたのではないかと思います。

すべてを信じるな、すべてを疑え、とは言いません。いま、みなさんに求められているのは『人を疑うのではなく、コトを疑う力』なのです。

（瀧本哲史『ミライの授業』より）

問一　この文章には次の一文が脱落しています。どこに入れるのが適切でしょうか。入れた場所の**直後**の五字を書き抜きなさい（句読点・符号も一字とします）。

これは宇宙だって同じである。

問二　――線部①「そこ」の指す内容を、文中の語句を用いて十字以内で答えなさい。

問三　――線部②「むしろ、周囲の雑音が聞こえない『辺境』の地にいたからこそ、定説を疑うことができたのかもしれません」とありますが、どういうことですか。その説明として最も適当なものを次の中から選び、記号で答えなさい。

ア　車馬の喧騒から離れた山里の静かな環境であったため、思索にふけることができたということ。

イ　都会に比べて不便な地方都市であったため、かえって彼を研究へと奮い立たせたということ。

ウ　学問をするには恵まれない環境であったため、すべて自分ひとりで解決せざるをえなかったということ。

エ　星空の綺麗な田舎で育ったため、自然と星を眺める機会が増え研究に生かすことができたということ。

オ　他の研究者たちの意見に触れる機会の少ない郊外にいたため、固定観念にとらわれなかったということ。

「事実」をベースに説明しようとすれば、30年分の観測データが必要なのです。ポーランド北部で司祭としての仕事をこなしながら、コペルニクスは黙々と観測を続けていきました。

じゃあ、30年分の観測データさえ揃えてしまえば、堂々と発表できるのでしょうか？

……そんなことはありません。聖書のなかには、神が大地の土台をいつまでも動かないように置いた、という話が出てきます。要するに地動説は、世間の常識に逆らうだけでなく、神にも逆らうような暴論だったのです。

仲間たちや弟子からは、「ぜひ本を出版して、地動説を発表するべきだ」と勧められていましたが、コペルニクスはなかなか同意しません。そして周囲の説得を受け入れ、ようやく出版を決意したのは、最初に小冊子をつくってから30年が過ぎたときのことでした。このときコペルニクスは、④ローマ教皇のパウロ３世に手紙を送りました。その手紙のなかで彼は、およそこんな内容の告白をしています。

「わたしの考えを世に出すべきかどうか、長らく迷っておりました。なぜなら、地球が動くという大胆な考えが、人々にどう受け止められるか、予想がつかなかったからです。でも、わたしの考えは教会に反対するようなものではなく、教皇聖下の統治する教会全体の利益にかなうことだと信じています」

コペルニクスの時代、地動説を唱えることがどれだけ勇気のいる行為だったか、なんとなく伝わってくるのではないでしょうか。

しかし、幸か不幸かコペルニクスは、地動説をまとめた著書『天体の回転について』の出版直前に、70歳の生涯を閉じることになります。原稿の内容を最終確認するための、本の試し刷りが上がってきた当日のことでした。

30年以上もの時間をかけて築き上げたみずからの地動説が、社会にどのような影響を与え、どのように受け入れられていったのか。彼はなにも知らないまま、亡くなってしまったのです。

それでは実際、コペルニクスの『天体の回転について』が出版されたとき、世間の人々はどのような反応を示したのでしょうか？

神を冒瀆（ぼうとく）していると、猛反対の嵐が吹き荒れたのでしょうか？

世紀の大発見だと、もてはやされたのでしょうか？

……正解はどちらでもありません。少なくとも数十年のあいだ、彼の著書は世間から完全に無視されました。

これは、コペルニクスの地動説がまだまだ欠点の多いものだったこともあるのですが、最大の理由は別のところにあるともいわれています。じつは『天体の回転について』が刷り上がる直前に、校正者（原稿をチェックする人）が、勝手にこんな内容の序文を加えていたのです。

「地球が動くという考えに、読者はびっくりするべきではない。また、こんなとんでもない考えを述べているからといって、著者を責めるべきではない。著者は、この考えが必然的に正しいと主張しているわけではない。神の啓示を受けたのでない限り、天文学者も哲学者もたしかな結論に至ることはできない。だから読者は、⑤これをたんなる仮説と受けとってもらっていい。仮説は真理であるとは限らない。観測結果と一致

本来宇宙とは、もっとシンプルな法則に従って動いているはずだ。もし、全知全能の神がこの宇宙をつくったというのなら、こんな不格好な動きにするはずがない。もっと美しく、もっと自然な動きをしているはずだ。

そうやって地道な天体観測を続け、さまざまな検討を重ねた結果、コペルニクスはある結論にたどり着きます。

暗くて広い部屋があったとき、人々は部屋の中央にランプを置くだろう。そうすれば、部屋の隅々までをいちばん効率よく照らすことができるからだ。部屋の隅にランプを置いたり、あちこちに移動させることはしない。

宇宙の中心にあるのは、地球ではない。光り輝く太陽こそが、中心なのだ。

地球は、太陽のまわりを1年かけて回っている。水星は3ヵ月、金星は225日、火星は687日かけて、それぞれ太陽のまわりを回っている。

太陽を中心に考えた瞬間、星々の動きは驚くほどシンプルで、美しいものになる。天動説にあったような、不自然な動きをさせなくてすむ。

地動説の完成であり、「太陽系」が誕生した瞬間です。

これはみなさんも同じでしょうが、「地球はものすごいスピードで太陽のまわりを回っている」という話は、感覚としてうまく理解できないところがあります。動いている実感なんてないし、もしもそんなに速く動いているのなら、鳥は空を飛ぶこともできない。当時の人も、そう思っていました。

しかしコペルニクスは、そういう「自分の感覚」さえも疑い、天体観測のデータと、計算式を信じたのです。それも学問の都から遠く離れた、ポーランドの地方都市で。②むしろ、周囲の雑音が聞こえない「辺境」の地にいたからこそ、定説を疑うことができたのかもしれません。

こうして、世界の常識をひっくり返すほどの大発見をしながら、コペルニクスは自分の「地動説（太陽中心説）」を大々的に発表することはありませんでした。理論の概要をまとめた小冊子を、数人の仲間たちに配っただけで、30年以上も沈黙を守ったのです。

③いったいなぜ、コペルニクスは「地動説」を発表しなかったのでしょうか？

彼が沈黙を守った理由は、いくつか挙げられます。

これだけ過激な説を唱えるからには、数学的な理論だけでは意味がない、というのがコペルニクスの考えでした。

天動説を唱えるプトレマイオスの『アルマゲスト』には、具体的な観測データがあまり載っていません。自分の理論を証明するには、詳細な観測データもセットにしなければならない。決定的な「事実」を突きつけないと、誰も賛同してくれない。いや、それ以前に価値ある書物にならない。……ナイチンゲールが地道に統計データを集めていったのと、まったく同じ理屈です。

しかしこれは、気が遠くなるような話でもあります。土星が太陽のまわりを1周するには、およそ30年もの年月がかかります。太陽系のすべて（当時はまだ天王星と海王星が発見されていませんでした）を観測し、

すが、この時の少年を表す言葉の組み合わせとして最も適当なものを次の中から選び、記号で答えなさい。

ア　a　おじけづく　　b　当惑する
イ　a　びっくりする　b　腹を立てる
ウ　a　不安になる　　b　やけになる
エ　a　おちつく　　　b　興奮する
オ　a　強がる　　　　b　めんくらう

問十二　次の五人の発言の中で、本文の内容について**間違ったこと**を話している生徒を一人選び、記号で答えなさい。

Aさん「会話文を多く用いることで場面ごとの臨場感や登場人物の人柄が伝わる作品だなあ。特に会話の『……』が、言葉に出来ない思いや様々な状況を効果的に表しているんじゃないかな。」

Bさん「少年がバスの運転手さんである河野さんに注意を受けたことで、他の客にも気を配れるようになっていったのがいいよね。最後は一人で自信をもってバスを降りていったのが印象的だったなあ。」

Cさん「河野さんは状況に応じて柔軟に対処できる人だと思うよ。それに、子どもに対してもバスの乗り方をしっかりと伝えるプロ意識を持っているね。」

Dさん「僕は夕暮れがすごく印象的だった。だんだん陽が暮れるのが早くなるという描写が、なかなか退院できないお母さんの状況と、少年の寂しい心をうまく表現していると思った。一方で、まだ陽が残っている時間の設定を最後の場面で描いて、これからはお母さんが家にいてくれる安心感を表現したんだね。」

Eさん「河野さんに何度も叱られるきっかけとなった回数券だけど、最後は河野さんへのお礼の手紙になるところがすごいなと思った。お母さんと少年をつないだ回数券が、最後は河野さんと少年をつないだんだね。」

五　次の文章を読んで、後の問いに答えなさい。

コペルニクスの時代、天文学の世界には絶対的な教科書ともいえる本がありました。

紀元２世紀に古代ローマの天文学者・プトレマイオスが著した『アルマゲスト』という専門書です。全13巻からなるこの大著のなかでプトレマイオスは、天動説を数学的に説明し、その考えは１０００年以上にわたって支持されてきました。

しかし、そもそも天動説は間違った考えです。現在の科学の目で見れば、デタラメです。その天動説をむりやり数学的に説明していたのですから、①そこにはどうしても無理があります。強引なところ、矛盾したところ、うまく説明できないところがあります。

ポーランドに戻り、時間を見つけては天体観測をおこなっていたコペルニクスは、その矛盾を見逃しませんでした。

天動説を数学的に証明しようとすると、どうしても無理が出る。太陽も金星もその他の惑星も、ありえないほど複雑な動きをしてようやく、天動説の理論は成り立つ。みんなはそれで納得しているけれど、どこかおかしいんじゃないか？

なぜだと考えられますか。その理由として最も適当なものを次の中から選び、記号で答えなさい。

ア　回数券を入れずにたたずむ自分のことを無愛想な口調で責めると思っていたが、思いがけない河野さんの対応に気持ちが緩んでしまったから。

イ　普段は他の客も乗っているので自分に冷たい口調で対応する河野さんだが、今は他に誰も乗っていないので泣いても叱られないと思ったから。

ウ　なかなかバスから降りようとしなかった自分のことを叱るだろうと覚悟していたが、いつもと変わらぬ河野さんの対応に安堵したから。

エ　いきなりバスの車内で泣き始めて他の客を困惑させたが、泣き止むまで声をかけず待ってくれている河野さんの優しさに触れたから。

オ　運賃箱の前で手間取る自分に素っ気ない態度で接すると考えていたが、いつもと違う優しい対応を見せる河野さんを不気味に思ったから。

問八　――線部⑧「両親はきょとんとした顔になった」とありますが、なぜでしょうか。その理由として最も適当なものを次の中から選び、記号で答えなさい。

ア　あれほど嫌がっていたバスに乗りたがる少年の心の変化が理解できなかったから。

イ　車で病院に来ているのにわざわざバスに乗ろうとする少年の意図がつかめなかったから。

ウ　お世話になったバスの運転手さんにお礼を言おうとする少年の成長に驚いたから。

エ　少年がバスの運転手さんと心温まる交流をしていることに喜びを感じたから。

オ　自分一人でも帰れるところを母に見せようとする少年の健気さに感心したから。

問九　――線部⑨「それでもいい」とありますが、この部分から読み取れる少年についての説明として**適当でないもの**を次の中から一つ選び、記号で答えなさい。

ア　河野さんから注意を受けたことで、乗車マナーを守ることの大切さを学び一歩成長した。

イ　河野さんに感謝の意を伝えるためだからと言って、乗車マナーを破ることは許されないと理解した。

ウ　乗車マナーを守っている姿を見せることで、河野さんに感謝の意を示したいと考えている。

エ　たとえ乗車マナーを破る結果となっても、何とかして河野さんに感謝の意を直接伝えたいと願っている。

オ　直接感謝の意が伝えられなくても、河野さんの運転するバスに乗車することができて嬉しく思っている。

問十　この小説の舞台は何月から何月くらいに変化としたと考えられますか。最も適当なものを次の中から選び、記号で答えなさい。

ア　三月→五月　　イ　六月→八月

ウ　九月→十一月　　エ　十二月→二月

問十一　══線部ａ「胸がすぼまった」、ｂ「頬を赤くして」とありま

レンジの音をきっかけにして質問を打ち切り、話題を変えようとしている。

オ　電子レンジの無機質な音に、妻が不在のあいだの食事の味気なさを感じているものの、息子には気づかれまいと強がっている。

問四　――線部④「『定期券にしなくていい？』」とありますが、少年はなぜそう言ったのでしょうか。その理由として最も適当なものを次の中から選び、記号で答えなさい。

ア　母の入院がどのくらい長引きそうか、遠回しに確かめたかったから。

イ　回数券よりも定期券の方が、費用がかからないことを知っていたから。

ウ　母の入院に対して、妙におどけた態度をとる父が不愉快だったから。

エ　定期券の存在を知っていることを示して、父を見返したかったから。

オ　母の入院が長引き、父にお金の苦労が増えることを心配したから。

問五　――線部⑤「全然とんちんかんな答え方」とありますが、この説明として最も適当なものを次の中から選び、記号で答えなさい。

ア　河野さんは、少年が病気であるために病院に通っていると思っているから、少年の「お見舞いだから」という答えは、河野さんを混乱させてしまうということ。

イ　河野さんは、少年がお見舞いのために病院に通っていると知っているから、少年の「お見舞いだから」という答えは、河野さんにはわかりきったことであるということ。

ウ　河野さんは、少年が何のために病院へ通っているかを尋ねたのに、少年の「お見舞いだから」という答えは、河野さんの質問に対する答えとしてふさわしくないということ。

エ　河野さんは、回数券の販売が面倒なのに、少年の「お見舞いだから」という答えは、また回数券を買うかもしれないという意味で河野さんの機嫌を悪くするということ。

オ　河野さんは、病院へ通うのなら定期券の方がいいと勧めてくれたのに、少年の「お見舞いだから」という答えは、定期を買わなくてよい理由になっていないということ。

問六　――線部⑥「回数券を使わずにすむ」とありますが、なぜ回数券を使いたくないのでしょうか。その理由として最も適当なものを次の中から選び、記号で答えなさい。

ア　慣れない回数券を使うとまた運転手さんに怒られる事態となるのではないかと恐れているから。

イ　父にバス代を払わせすぎることに引け目を感じ、自分のお小遣いでどうにかしようと思ったから。

ウ　寂しさを感じている少年にとって、父と一緒に帰ることは気を紛らわせることになるから。

エ　回数券を使い切って新しい回数券を買えば、その分だけ母の退院が遅くなるように感じたから。

オ　最後の一枚の回数券は母の退院の日に使うと自分の中で勝手に決めてしまったから。

問七　――線部⑦「逆に涙が止まらなくなってしまった」とありますが、

で運賃箱を横目で見ていた。

目は合わない。それがちょっと残念で、でも河野さんはいつもこうなんだもんな、と思い直して、整理券と回数券の最後の一枚を入れた。

降りるときには早くしなければいけない。順番を待っているひともいるし、次のバス停で待っているひともいる。

だから、少年はなにも言わない。回数券に書いた「ありがとうございました」にあとで気づいてくれるかな、気づいてくれるといいな、と思いながら、ステップを下りた。

バスが走り去ったあと、空を見上げた。西のほうに陽が残っていた。どこかから聞こえる「ごはんできたよお」のお母さんの声に応えるように、少年は歩きだす。

何歩か進んで振り向くと、車内灯の明かりがついたバスが通りの先に小さく見えた。やがてバスは交差点をゆっくりと曲がって、消えた。

（重松清『バスに乗って』より）

問一　――線部①「『落としても、お母さん、知らないからね』といたずらっぽく笑う」とありますが、この時の母の気持ちとして最も適当なものを次の中から選び、記号で答えなさい。

ア　背伸びをしている少年がかわいらしく、からかいたい。
イ　少年が親離れしていくことがつらく、その気持ちを隠したい。
ウ　少しずつ自立していく少年が頼もしく、精一杯応援したい。
エ　困惑している少年の表情を見て、不安になりつつも強がりたい。
オ　簡単なことに緊張する少年が情けなく、励ましたい。

問二　――線部②「『だいじょうぶだよ』」とありますが、父は少年のどのような思いにそう答えているのでしょうか。最も適当なものを次の中から選び、記号で答えなさい。

ア　十一枚綴りの回数券を二冊も買ったことで、余計な出費がかさむことを心配する思い。
イ　回数が多いことを前提とした父の言動に、母の入院が長引くことを心配する思い。
ウ　コンビニエンスストアの弁当ばかりが続くことに、食生活の偏りを心配する思い。
エ　母の入院が長引くことがわかり、回数券の枚数がこれで足りるかどうかを心配する思い。
オ　母が入院してから、ひとりごとや鼻歌が増えた父のことを心配する思い。

問三　――線部③「『よーし、ごはんだ、ごはん。食べるぞっ』」とありますが、この言葉を発した時の父についての説明として最も適当なものを後の中から選び、記号で答えなさい。

ア　母の容態を心配する息子を安心させるためとはいえ、自分がついた嘘を信じる息子を見ているのが辛く、話をそらそうとしている。
イ　仕事帰りで疲れきっている中、少しでも早く食事にするための準備をしているのに、毎日同じ事を聞く息子に若干の嫌気をおぼえている。
ウ　何の確証もないのに妻の退院時期についていいかげんな返答をしたことで、息子が自分に不信感を抱いてしまったことを後悔している。
エ　母の退院時期を何度も確認する息子への答えに窮しながら、電子

らなくなってしまった。

「財布、落としちゃったのか？」

泣きながらかぶりを振って、回数券を見せた。

じゃあ早く入れなさい——とは、言われなかった。

河野さんは「どうした？」ともう一度訊いた。

その声にすうっと手を引かれるように、少年は嗚咽交じりに、回数券を使いたくないんだと伝えた。母のこともしゃべった。新しい回数券を買うと、そのぶん、母の退院の日が遠ざかってしまう。ごめんなさい、ごめんなさい、と手の甲で目元を覆った。警察に捕まってもいいから、この回数券、ぼくにください、と言った。

河野さんはなにも言わなかった。かわりに、小銭が運賃箱に落ちる音が聞こえた。目元から手の甲をはずすと、整理券と一緒に百二十円、箱に入っていた。もう前に向き直っていた河野さんは、少年を振り向かずに、「早く降りて」と言った。「次のバス停でお客さんが待ってるんだから、早く」——声はまた、ぶっきらぼうになっていた。

次の日から、少年はお小遣いでバスに乗った。お金がなくなるか、「回数券まだあるのか？」と父に訊かれるまでは知らん顔しているつもりだったが、その心配は要らなかった。

三日目に病室に入ると、母はベッドに起き上がって、父と笑いながらしゃべっていた。会社を抜けてきたという父は、少年を振り向いてうれしそうに言った。

「お母さん、あさって退院だぞ」

退院の日、母は看護師さんから花束をもらった。車で少年と一緒に迎えに来た父も、「どうせ家に帰るのに」と母に笑われながら、大きな花束をプレゼントした。

帰り道、「ぼく、バスで帰っていい？」と訊くと、⑧両親はきょとんとした顔になったが、「病院からバスに乗るのもこれで最後だもんなあ」「よくがんばったよね、寂しかったでしょ？　ありがとう」と笑って許してくれた。

「帰り、ひょっとしたら、ちょっと遅くなるかもしれないけど、いい？　いいでしょ？　ね、いいでしょ？」

両手で拝んで頼むと、母は「晩ごはんまでには帰ってきなさいよ」とうなずき、父は「そうだぞ、今夜はお寿司とるからな、パーティーだぞ」と笑った。

バス停に立って、河野さんの運転するバスが来るのを待った。バスが停まると、降り口のドアに駆け寄って、その場でジャンプしながら運転席の様子を確かめる。

何便もやり過ごして、陽が暮れてきて、やっぱりだめかなあ、とあきらめかけた頃——やっと河野さんのバスが来た。間違いない。運転席にいるのは確かに河野さんだ。

車内は混み合っていたので、走っているときに河野さんに近づくことはできなかった。⑨それでもいい。通路を歩くのはバスが停まってから。整理券は丸めてはいけない。

次は本町一丁目、本町一丁目……とアナウンスが聞こえると、降車ボタンを押した。ゆっくりと、人差し指をピンと伸ばして。

バスが停まる。通路を進む。河野さんはいつものように不機嫌な様子

わかっている、そんなの、言われなくたって。

「……お見舞い、だから」

かぼそい声で応え、そのまま、逃げるようにステップを下りて外に出た。⑤全然とんちんかんな答え方をしていたことに気づいたのは、バスが走り去ってから、だった。

夕暮れが早くなった。病院に行く途中で橋から眺める街は、炎が燃えたつような色から、もっと暗い赤に変わった。帰りは夜になる。最初の頃は帰りのバスを降りるときに広がっていた星空が、いまはバスの中から眺められる。病院の前で帰りのバスを待つとき、いまはまだかろうじて西の空に夕陽が残っているが、あとしばらくすれば、それも見えなくなってしまうだろう。

買い足した回数券の三冊目が――もうすぐ終わる。

少年は父に「迎えに来て」とねだるようになった。車で通勤している父に、会社帰りに病院に寄ってもらって一緒に帰れば、⑥回数券を使わずにすむ。

「今日は残業で遅くなるんだけどな」と父が言っても、「いい、待ってるから」とねばった。母から看護師さんに頼んでもらって、面会時間の過ぎたあとも病室で父を待つ日もあった。

それでも、行きのバスで回数券は一枚ずつ減っていく。最後から二枚目の回数券を――今日、使った。あとは表紙を兼ねた十一枚目の券だけだ。

明日からお小遣いでバスに乗ることにした。毎月のお小遣いは千円だから、あとしばらくはだいじょうぶだろう。

ところが、迎えに来てくれるはずの父から、病院のナースステーションに電話が入った。

「今日はどうしても抜けられない仕事が入っちゃったから、一人でバスで帰って、って」

看護師さんから伝言を聞くと、泣きだしそうになってしまった。今日は財布を持って来ていない。回数券を使わなければ、家に帰れない。

母の前では涙をこらえた。病院前のバス停のベンチに座っているときも、必死に唇を噛んで我慢した。でも、バスに乗り込み、最初は混み合っていた車内が少しずつ空いてくると、急に悲しみが胸に込み上げてきた。シートに座る。窓から見えるきれいな真ん丸の月が、じわじわとにじみ、揺れはじめた。座ったままうずくまるような格好で泣いた。バスの重いエンジンの音に紛らせて、うめき声を漏らしながら泣きじゃくった。

『本町一丁目』が近づいてきた。顔を上げると、車内には他の客は誰もいなかった。降車ボタンを押して、手の甲で涙をぬぐいながら席を立ち、ウインドブレーカーのポケットから回数券の最後の一枚を取り出した。

バスが停まる。運賃箱の前まで来ると、運転手が河野さんだと気づいた。それでまた、悲しみがつのった。こんなひとに最後の回数券を渡したくない。

整理券を運賃箱に先に入れ、回数券をつづけて入れようとしたとき、とうとう泣き声が出てしまった。

「どうした？」と河野さんが訊いた。「なんで泣いてるの？」――ぶっきらぼうではない言い方をされたのは初めてだったから、⑦逆に涙が止ま

④「定期券にしなくていい？」

「なんだ、おまえ、そんなのも知ってるのか」

「そっちのほうが回数券より安いんでしょ？」

定期券は一カ月、三カ月、六カ月の三種類ある。父がどれを選ぶのか、知りたくて、知りたくなくて、「定期って長いほうが得なんだよね」と言った。

「ほんと、よく知ってるんだなあ」父はまたおどけて笑い、「まあ、五年生なんだもんな」とうなずいた。

「……何カ月のにする？」

「お金のことはアレだけど……回数券、買っとけ」

父はそう答えたあと、「やっぱり三冊ぐらい買っとくか」と付け加えた。

次の日、バスに乗り込んだ少年は前のほうの席を選び、運転席をそっと覗き込んだ。あのひとだ、とわかると、a胸がすぼまった。

初めてバスに一人で乗った日に叱られた運転手だった。その後も何度か、同じ運転手のバスに乗った。まだ二冊目の回数券を使いはじめたばかりの頃、整理券を指に巻きつけて丸めたまま運賃箱に入れたら、「数字が見えないとだめだよ」と言われた。叱る口調ではなかったが、それ以来、あのひとのバスに乗るのが怖くなった。たとえなにも言われなくても、運賃箱に回数券と整理券を入れてバスを降りるとき、いつもムスッとしているように見える。

嫌だなあ、運が悪いなあ、と思ったが、回数券を買わないわけにはいかない。『大学病院前』でバスを降りるとき、「回数券、ください」と声をかけた。

運転手は「早めに言ってくれないと」と顔をしかめ、足元に置いたカバンから回数券を出した。制服の胸の名札が見えた。「河野（かわの）」と書いてあった。

「子ども用のでいいの？」

「……はい」

「いくらのやつ？」

「……百二十円の」

河野さんは「だから、そういうのも先に言わないと、後ろつっかえてるだろ」とぶっきらぼうに言って、一冊差し出した。「千二百円と、今日のぶん、運賃箱に入れて」

「あの……すみません、三冊……すみません……」

「三冊も？」

「はい……すみません……」

大きくため息をついた河野さんは、「ちょっと、後ろのお客さん先にするから」と少年に脇にどくよう顎（あご）を振った。

少年はb頬を赤くして、他の客が全員降りるのを待った。お父さん、お母さん、お父さん、お母さん、と心の中で両親を交互に呼んだ。助けて、助けて、助けて……と訴えた。

客が降りたあと、河野さんはまたカバンを探り、追加の二冊を少年に差し出した。

代金を運賃箱に入れると、「かよってるの？」と、さっきよりさらにぶっきらぼうに訊かれた。「病院、かようんだったら、定期のほうが安いぞ」

数日後、父からバスの回数券をもらった。「十回分で十一回乗れるから、こっちのほうが得なんだ」——十一枚綴(つづ)りが、二冊。

②「だいじょうぶだよ」父はコンビニエンスストアの弁当をレンジに入れながら、少年に笑いかけた。「これを全部使うことはないから」

「ほんと?」

「ああ……まあ、たぶん、だけど」

足し算と割り算をして、カレンダーを思い浮かべた。再来週のうちに使いきる計算になる。

「ほんとに、ほんと?」

低学年の子みたいにしつこく念を押した。父は怒らず、かえって少し申し訳なさそうに「だから、たぶん、だけどな」と言った。

電子レンジが、チン、と音をたてた。

③「よーし、ごはんだ、ごはん。食べるぞっ」

父は最近おしゃべりになった。なにをするにもいちいち声をかけてくるし、ひとりごとや鼻歌も増えた。

お父さんも寂しいんだ、と少年は思う。

回数券の一冊目を使いきる頃には、バスにもだいぶ慣れてきた。

「毎日行かなくてもいいんだぞ」

父に言われた。「宿題もあるし、友だちとも全然遊んでないだろ? 忙しいときや友だちと遊ぶ約束したときには、無理して行かなくてもいいんだからな」——それは病室で少年を迎える母からの伝言でもあった。

母は自分の病気より、少年のことのほうをずっと心配していた。自転車でお見舞いに行きたくても、交通事故が怖いからだめだと言われた。バスで通っていても、病室をひきあげるときには必ず「降りたあと、すぐに道路を渡っちゃだめよ」と釘を刺されるのだ。

「だいじょうぶだよ、べつに無理してないし」

少年が笑って応えると、父は少し困ったように「まだ先は長いぞ」とつづけた。「昼に先生から聞いたんだけど……お母さん、もうちょっとかかりそうだって」

「……もうちょっと、って?」

「もうちょっとは、もうちょっとだよ」

「来月ぐらい?」

「それは……もうちょっと、かな」

「だから、いつ?」

父は少年から目をそらし、「医者じゃないんだから、わからないよ」と言った。

二冊目の回数券が終わった。使いはじめるとあっけない。一往復で二枚ずつ——一週間足らずで終わってしまう。

まだ母が退院できそうな様子はない。

「回数券はバスの中でも買えるんだろ。お金渡すから、自分で買うか?」

「……一冊でいい?」

ほんとうは訊(き)きたくない質問だった。父も答えづらそうに少し間をおいて、「面倒だから二冊ぐらい買っとくか」と妙におどけた口調で言った。

オ　生き□の目を抜く　　カ　窮□猫を噛む
キ　□も木から落ちる　　ク　□の尾を踏む
ケ　鬼が出るか□が出るか　　コ　□頭狗肉
サ　□にひかれて善光寺参り　　シ　□鳴狗盗

四　次の文章を読んで、後の問いに答えなさい。

生まれて初めて、一人でバスに乗った。

家族でデパートに買い物に行くときに、いつも使う路線だ。ものごころついた頃から、月に一度は乗っていた。五年生になってからは親と一緒にいるところを友だちに見られるのが嫌だったので、バス停でも車内でも、わざと両親と離れて――一人で乗っていた。

だから、だいじょうぶだ、と思っていた。だいじょうぶじゃないと困るんだ、とも自分に言い聞かせていた。もう五年生の二学期なんだから。同級生の中には、バスどころか電車にも一人で乗って進学塾に通っているヤツもたくさんいるんだから。

でも、いままでの「一人」と今日の「一人」は違っていた。『本町一丁目』のバス停に立っているときから緊張で胸がどきどきして、おしっこをがまんしすぎたあとのように、下腹が落ち着かない。

やっとバスが来た。後ろのドアから乗り込んで、前のドアから降りる。手順はすっかり覚え込んでいるはずだったのに、整理券を取り忘れそうになった。

『本町一丁目』の整理券番号は7。運転席の後ろにある運賃表で確かめると、整理券番号19の『大学病院前』までは、子ども料金で百二十円だった。家族で買い物に行くときは、いつも17番の『銀天街入り口』で降りる。子ども料金は百円。四年生までは、バスに乗り込むとすぐに整理券を母に渡し、母が少年のぶんもまとめて運賃箱に小銭を入れていた。五年生になってからは、バスに乗る前に百円玉を一つ渡されていた。

①「落としても、お母さん、知らないからね」といたずらっぽく笑う母の顔を思いだした。二人掛けのシートの肩の部分にある取っ手を、強く握り直した。

バスはスピードを上げたかと思うと、すぐにバス停に停まる。そのたびに少年は停留所の名前を確かめて、『大学病院前』まであといくつ、と頭の中で数字を書き換える。降車ボタンを押しそびれてはいけない。整理券をなくしてはいけない。運賃箱の前でもたもたしてはいけない。財布から取り出すときにお金を落としてはいけない。いまのうちに出しておこうか。百円玉一つに、十円玉二つ――コインが一つから三つに増えただけで、握り込んだ手のひらに力をグッと込めないとお金が落ちそうな気がする。

バスは中洲のある川に架かった橋を渡って、市街地に入る。西にかたむいた太陽が街ぜんたいを薄いオレンジ色に染めている。

次は大学病院前、大学病院前、と車内アナウンスが聞こえた。お降りの方はお手近のボタンを押して……とつづく前に、ボタンを押した。急いで通路を前に進み、バスがまだ走っているうちに運賃箱のそばまで来た。

「停まってから歩かないと」

運転手に強い声で言われた。「転んだらケガするし、他のひとにも迷惑だろ」――まだ若い運転手は、制帽を目深にかぶって前をじっと見つめたまま、少年のほうには目も向けなかった。

【国語】（五〇分）〈満点：一〇〇点〉

一 次の――線部の漢字の読みをひらがなで答えなさい。

1 湯治に出かける。
2 彼に一矢報いるつもりだ。
3 発汗作用のある食べ物。
4 幼少時代の面影が残る。
5 厳かな式典に出席する。

二 次の――線部のカタカナを漢字に直しなさい。

1 大統領のゴクヒ来日が決まった。
2 新商品をコウアンする。
3 チキを頼って上京する。
4 日本の名所をタンボウする。
5 ナゴやかに話し合う。

三 次の①～⑤は、年賀状の一部を表したものです。――線部が表している動物を用いて作成できる四字熟語やことわざ、故事成語を後の記号群から選び、それぞれ記号で答えなさい。

（例）

謹賀新年
二〇二三年　卯

卯＝ウサギ
二［兎］を追う者は一［兎］をも得ず
→正解　ア

①
迎春
二〇一五年　未

②
賀正
令和二年　子

③
あけまして
おめでとうございます
平成十六年　申

④
謹んで新春のお慶びを
申し上げます
昭和五十二年　巳

⑤
謹んで新年のご挨拶を
申し上げます
一九七〇年　戌

【記号群】

ア 二［　］を追う者は一［　］をも得ず
イ ［　］突猛進
ウ 飼い［　］に手をかまれる
エ 画［　］点睛

大切なことはメモしておこう ネ！

2023年度

攻玉社中学校入試問題（特別選抜）

【算数①】（50分）　＜満点：50点＞

【注意】　1．円周率が必要なときには，3.14として計算しなさい。
　2．分数で答えるときには，仮分数でも帯分数でもかまいません。
　　ただし，約分して最も簡単な分数で答えなさい。
　3．比で答えるときには，最も簡単な整数の比で答えなさい。
　4．問題にかかれている図やグラフは，正確とはかぎりません。
　5．指定がない場合は，0未満の数（マイナスの数）を使わずに考えなさい。

◆ ［(1)］～［(10)］に，あてはまる答えを書きなさい。

○　右のような「9マスの魔方陣」を完成させたとき，**あ** と **い** の2つのマスに入る数の和は，［(1)］になります。

※「9マスの魔方陣」とは，1つのマスに1つずつ数を入れて，タテ・ヨコ・ナナメのどの列でも，3つの数の和が等しくなるようにしたものです。

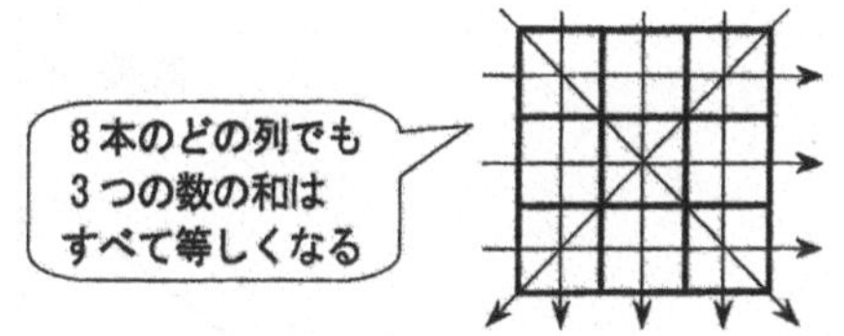

	2023	2028
あ		
	い	2024

○　1以上の整数について，2でも3でも割り切れない数を小さい順に並べていくとき，「23」は8番目の数になります。また，「2023」は［(2)］番目の数になります。

○　水そうに濃度23%の食塩水が入っています。この水そうには蛇口がついていて，蛇口を開くと，毎秒同じ量の水が水そうに入ります。蛇口を開いてから45秒後に水そうの中の食塩水の濃度が2.3%になったとすると，濃度が1%になるのは蛇口を開いてから［(3)］秒後です。(**「分」を使わずに**答えなさい。)

○　「売られている価格を変えずに，品物の量だけを減らす」という値上げのしかたがあります。例えば，袋詰めで売られている食品について，価格を変えずに袋の中の量を［(4)］倍にすると，「23%の値上げ」になります。
(**分数で**答えなさい。ただし，袋の価格は考えないものとします。)

○　ある牧草地に，牛を放牧します。
21頭の牛を放牧すると，ちょうど［(5)］日　で牧草がなくなり，
22頭の牛を放牧すると，ちょうど44日で牧草がなくなり，
23頭の牛を放牧すると，ちょうど33日で牧草がなくなります。
(牧草が1日に生える量や，牛1頭が1日に食べる牧草の量は，一定であるとします。)

○　2022年１月１日は土曜日でした。この2022年に生まれた人のうち，ある365人について調べたところ，全員の誕生日の曜日が土曜日以外の曜日でした。また，「ある日付（ひづけ）に３人以上の誕生日が重なっている」ということはありませんでした。

この365人の中で考えたとき，「同じ誕生日の人がほかにいない」という人は，最も多い場合を考えると［(6)］人います。

○　左下の図形は，８本のまっすぐな線をつないで作ったものです。
この図形について，右下の図のように８つの角を考えます。
ただし，D，E，Gは，180°より大きいとします。

このとき，角度の和A＋B＋C＋D＋E＋F＋G＋H　は，［(7)］°です。

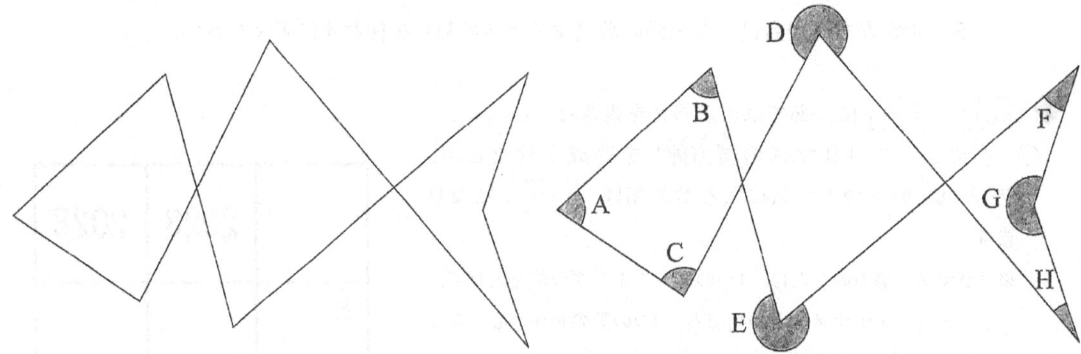

○　右のような直角三角形があります。
この三角形を，直線アの周りに１回転させてできる立体の体積をX㎤，この三角形を，直線イの周りに１回転させてできる立体の体積をY㎤，この三角形を，直線ウの周りに１回転させてできる立体の体積をZ㎤とするとき，体積の和　X＋Y＋Z　は［(8)］㎤です。

（円周率は3.14として考えなさい。）

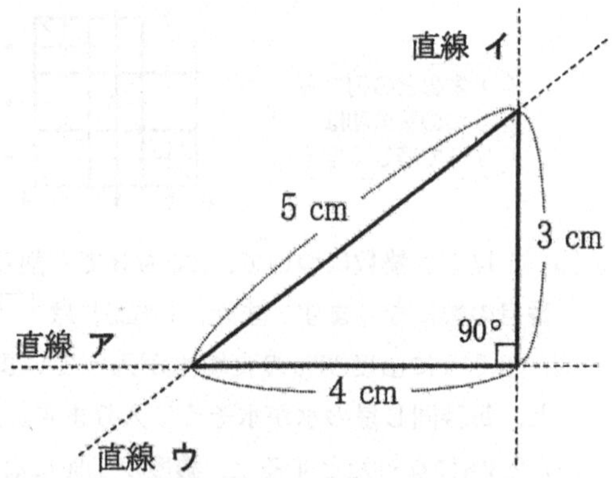

○　次の文章の【①】と【②】に当てはまる正しい文の組み合わせは，［(9)①　　②　］です。
（それぞれ カ・キ・ク，サ・シ・ス・セ・ソ から１つずつ選んで答えなさい。また，円周率は3.14として考えなさい。）

直径20㎝の地球儀（ちきゅうぎ）を赤道面で２つに切断し，そのうちの北半球を机の上に置きました。さらに，この半球を，北緯（ほくい）45度線を通る平面で切断し，そのときにできた断面の円をＥとします。

このＥについて，机の面からの高さは【　　①　　】なり，面積は【　　②　　】なります。

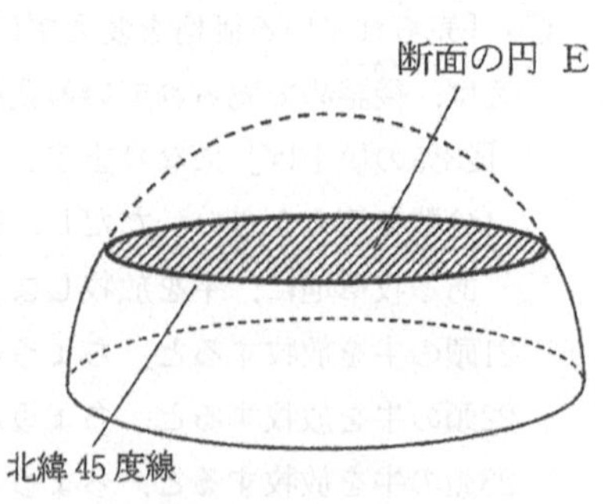

（図は、正確とはかぎりません。）

◆①に入れる文◆

カ……５cmより低く
キ……ちょうど５cmに
ク……５cmより高く

◆②に入れる文◆

サ……78.5cm^{2}より小さく
シ……ちょうど78.5cm^{2}に
ス……78.5cm^{2}と157cm^{2}の間の大きさに
セ……ちょうど157cm^{2}に
ソ……157cm^{2}より大きく

○　次の文章の【③】に当てはまる数は，⑽ です。
（タ～ノの中から，**正しい数に最も近いもの**を１つ選んで答えなさい。）

まこと君は，夏休みの自由研究で「２次元コード」について調べています。

まこと君は，右のような50マスの「オリジナルの２次元コードの枠（わく）」を考え，それぞれのマスに□か■のどちらかを配置することで，何種類のコードが作れるかを計算しました。

この50マスの２次元コードの場合，約【　③　】種類のコードが作れます。

◆③に入れる数◆

タ……100000000000000（０が14個）
チ……1000000000000000（０が15個）
ツ……10000000000000000（０が16個）
テ……100000000000000000（０が17個）
ト……1000000000000000000（０が18個）
ナ……10000000000000000000（０が19個）
ニ……100000000000000000000（０が20個）
ヌ……1000000000000000000000（０が21個）
ネ……10000000000000000000000（０が22個）
ノ……100000000000000000000000（０が23個）

（一般的な２次元コード）

（オリジナルの２次元コードの枠）

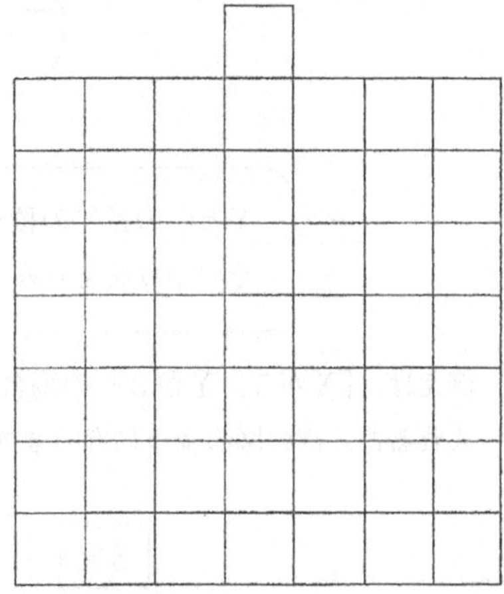

（まこと君が作った２次元コードの一例）

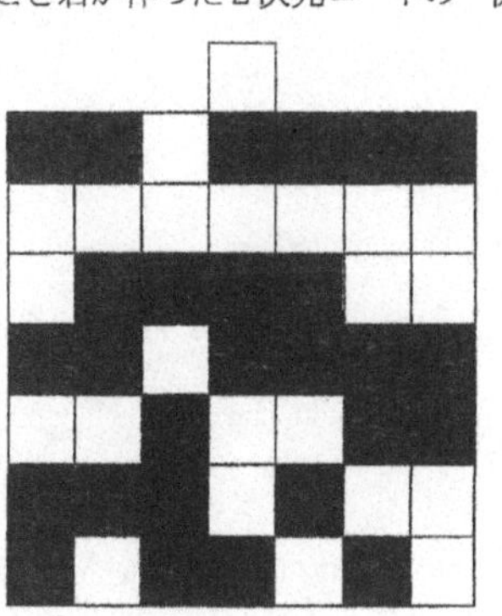

【算数②】（60分）　＜満点：100点＞

【注意】 1．円周率が必要なときには，3.14として計算しなさい。
2．分数で答えるときには，仮分数でも帯分数でもかまいません。
ただし，約分して最も簡単な分数で答えなさい。
3．比で答えるときには，最も簡単な整数の比で答えなさい。
4．問題にかかれている図やグラフは，正確とはかぎりません。
5．指定がない場合は，０未満の数字（マイナスの数）を使わずに考えなさい。

1 次の問いに答えなさい。

ＸとＹは整数とします。

次の図のように，正Ｘ角形のすべての頂点の上に○を置いて，一番上の○から順に，反時計回りに1，2，3，…，Ｘと番号を付けます。（○の中の上側の数がその○の番号です。）

それから，次のルールにしたがって，それぞれの○の空らんに数を入れていきます。

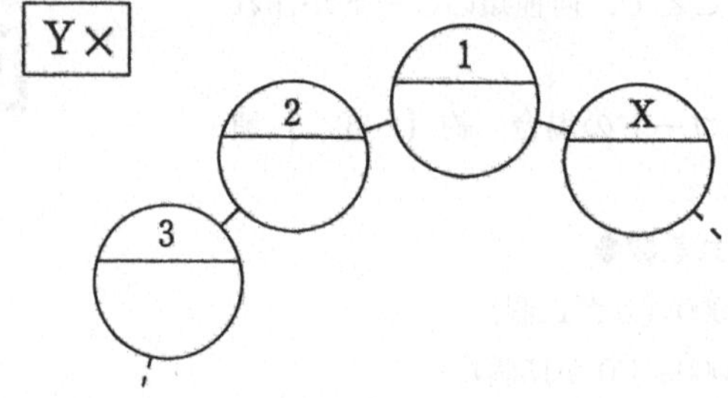

ルール

Ｙと○の番号の積をＸで割ったとき，割り切れなかったならば，その余りを空らんに入れる。割り切れたならば，Ｘを入れる。

例えば，「Ｘが５，Ｙが３」の場合のルールにしたがって正５角形のすべての頂点の上の○に数を入れると，次の図のようになります。

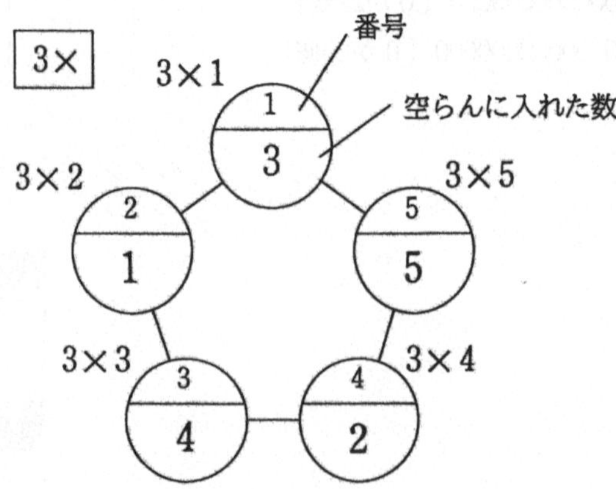

⑶(ウ)は解答らんに考え方と答えを，それ以外の問題は解答らんに答えだけを書くこと。

⑴　次の(ア)，(イ)のそれぞれの場合のルールにしたがって，解答らんの○の空らんに数を入れなさい。
　(ア)「Xが5，Yが4」の場合
　(イ)「Xが7，Yが3」の場合
⑵「Xが13，Yが4」の場合のルールにしたがって，○の空らんに数を入れました。
　(ア)　次の文章の［A］と［B］にあてはまる整数を答えなさい。
　　1番，2番，3番，…の順に空らんに入れた数を見たとき，
　　［A］番以降（［A］番をふくみます）の○には，4と○の番号の積とはちがう数が入っていて，［A］番の○には［B］が入っていました。
　(イ)　空らんに入れた数が6である○の番号を1つ答えなさい。
　(ウ)　空らんに入れた数が1である○の番号を1つ答えなさい。
⑶「Xが199，Yが11」の場合のルールにしたがって，○の空らんに数を入れました。
　(ア)　次の文章の［C］と［D］にあてはまる整数を答えなさい。
　　1番，2番，3番，…の順に空らんに入れた数を見たとき，
　　［C］番以降（［C］番をふくみます）の○には，11と○の番号の積とはちがう数が入っていて，［C］番の○には［D］が入っていました。
　(イ)　空らんに入れた数が20である○の番号を1つ答えなさい。
　(ウ)　空らんに入れた数が1である○の番号を1つ答えなさい。

［2］　次の問いに答えなさい。

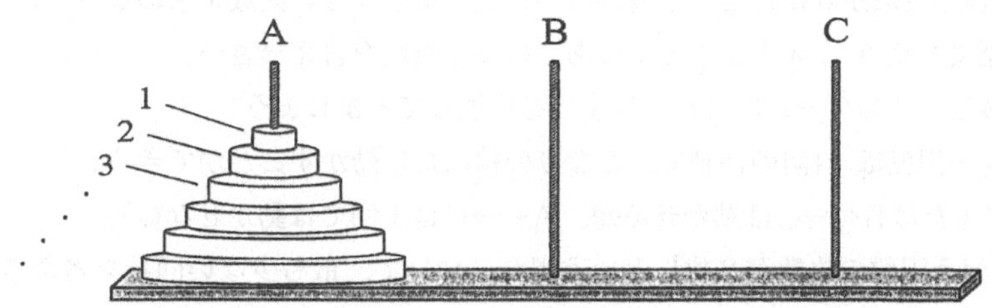

1つの台の上に並んで立てられた3本の棒と，この棒にさすための穴が真ん中にあいている円盤（ばん）が何枚かあります。棒は，図のように左からA，B，Cとします。円盤は1つずつちがう大きさで，小さい順に1，2，3，…と番号が付いています。このとき，次のようなルールにしたがって，できるだけ少ない回数で，Aにさしてあるすべての円盤をBに移動させるゲームをします。

　ルール①…円盤は，1回の移動で1枚だけ動かせる。
　　　　　（いまさしてある棒からはずして，別の棒にさすまでを1回とする）
　ルール②…上に別の円盤が重なっている円盤は，動かせない。
　ルール③…円盤を別の円盤に重ねるとき，大きい方が上になる重ね方はできない。

例えば，【使う円盤の枚数が2枚】という場合について，最も少ない回数を考えると，次のページのように「3回」となります。

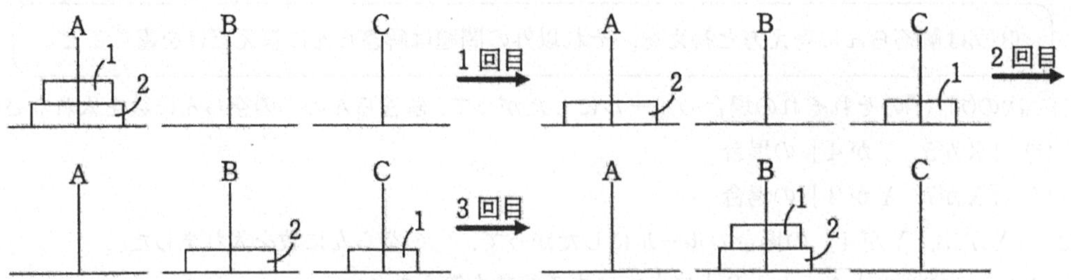

⑷は解答らんに考え方と答えを，それ以外の問題は解答らんに答えだけを書くこと。

⑴　次の会話文を読み，［ア］～［エ］にあてはまる整数を答えなさい。

先生「使う円盤の枚数を変えた場合について，それぞれの最も少ない回数を考えてみましょう。」

まこと君「円盤が１枚のときは１回，２枚のときは３回，３枚のときは［ア］回，
４枚のときは［イ］回ですね。」

先生「この回数には規則性があって，実際に円盤を動かさなくても，ある枚数の場合の回数がわかると，その次の枚数の場合の回数も，計算で求めることができます。
円盤がX枚のときの回数を〔X〕回，（X＋１）枚のときの回数を〔X＋１〕回として，
最も大きい（X＋１）番の円盤をAからBに動かすところを考えてみましょう。」

まこと君「まず，上に重なっているX枚の円盤を，Cに移動させることが必要ですね。」

先生「そうですね。そのあとに，（X＋１）番の円盤をAからBに動かし，そのほかの円盤をCからBに動かせば終了です。これを，〔X〕と〔X＋１〕の式で表してみましょう。」

まこと君「そうか！　〔X＋１〕＝〔X〕×［ウ］＋［エ］ですね！」

⑵　【使う円盤の枚数が６枚】という場合について，最も少ない回数を求めなさい。

⑶　次の会話文を読み，［オ］と［カ］にあてはまる整数を答えなさい。

先生「今度は，このゲームに『ルール④』を追加してみましょう。
『ルール④…円盤は，1回の移動で，となりの棒にだけ動かすことができる。
（A⟷BまたはB⟷Cは動かせるが，A⟷Cは１回では動かせない）』
例えば，【使う円盤の枚数が２枚】という場合について，最も少ない回数を考えると，次のように『４回』となります。」

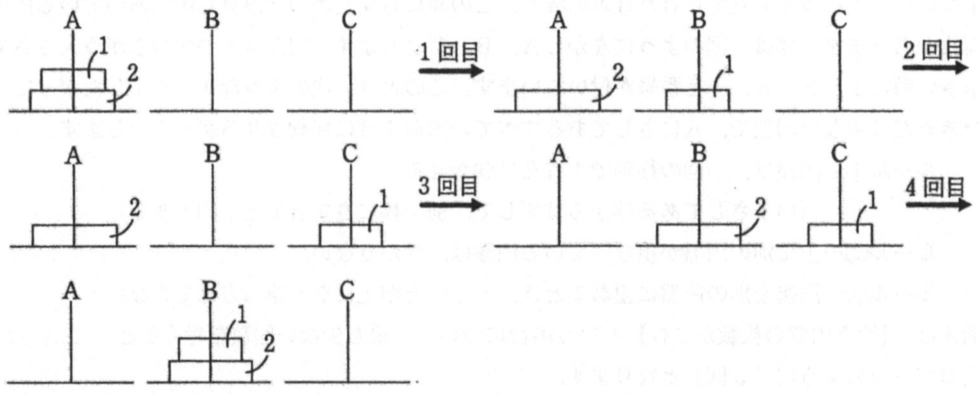

先生「同じように，使う円盤の枚数を変えて，それぞれの最も少ない回数を考えてみましょう。」
まこと君「３枚のときは［オ］回，４枚のときは［カ］回に変わりますね。
このルールのときも，規則性がありそうですね。」
先生「そのとおりです。
円盤がＸ枚のときの回数を(Ｘ)回，（Ｘ＋１）枚のときの回数を(Ｘ＋１)回として，
(Ｘ)と(Ｘ＋１)について成り立つ式を前のルールと同じように，考えてみましょう。」

⑷ 上の文章に書かれている，(Ｘ)と(Ｘ＋１)について成り立つ式を答えなさい。

３ 次の問いに答えなさい。

⑶(エ)は解答らんに考え方と答えを，それ以外の問題は解答らんに答えだけを書くこと。

⑴ 三角すいABCDを図１のように１つの平面で切り，切り口の頂点をＥ，Ｆ，Ｇとしたとき，AB：AE＝２：１，AC：AF＝３：１，AD：AG＝５：１となりました。次の比を求めなさい。

(ア) 三角形ABCと三角形AEFの面積の比

(イ) 三角すいABCDと三角すいAEFGの体積の比

⑵ 三角すいABCDを図２のように点Ｂを通る１つの平面で切り，切り口の残りの頂点をＨ，Ｉとしました。図３は，図２の立体を点ＣがBDの真ん中にくるような角度で辺AC側から見たときの図です。
この図では，点ＨはACの真ん中にあり，３点Ｂ，Ｈ，Ｉは一直線に並んでいました。次の比を求めなさい。

(ア) AIとIDの長さの比

(イ) 三角すいABCDと三角すいABHIの体積の比

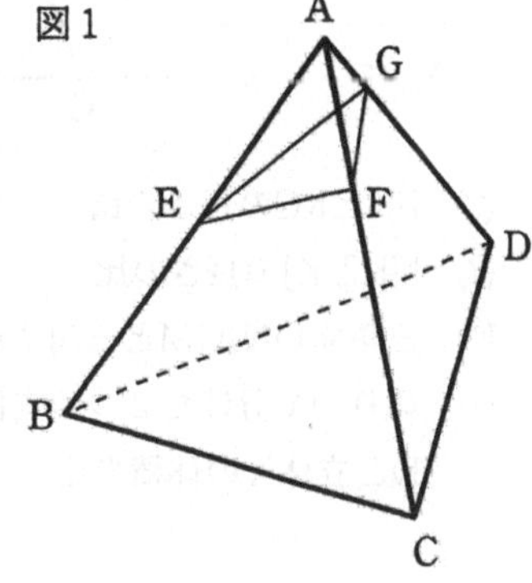

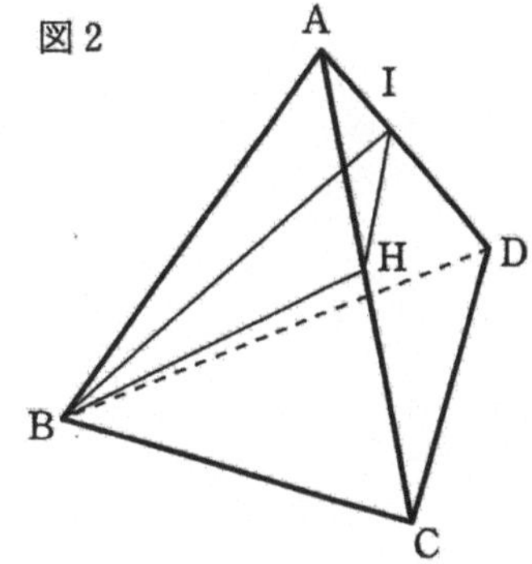

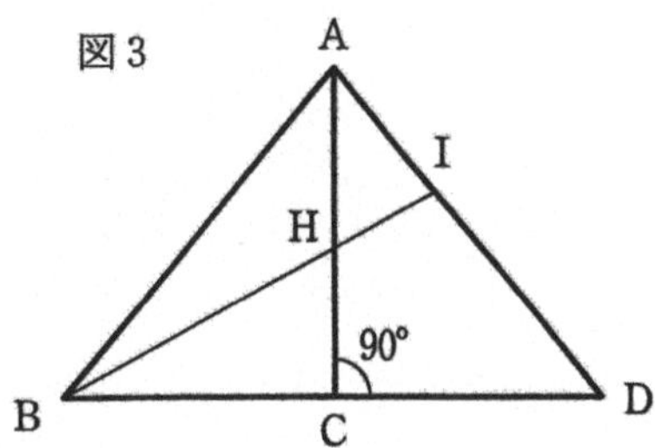

⑶　三角すいABCDを図４のように１つの平面で切り，切り口の頂点をＪ，Ｋ，Ｌ，Ｍとしたとき，点Ｊと点Ｍはそれぞれの辺の真ん中にありました。
また，JKとMLをそれぞれ延ばしたときに交わる点をＮとすると，点ＣはANの真ん中にありました。
図５は，面ABCをふくむ平面の図です。次の比を求めなさい。

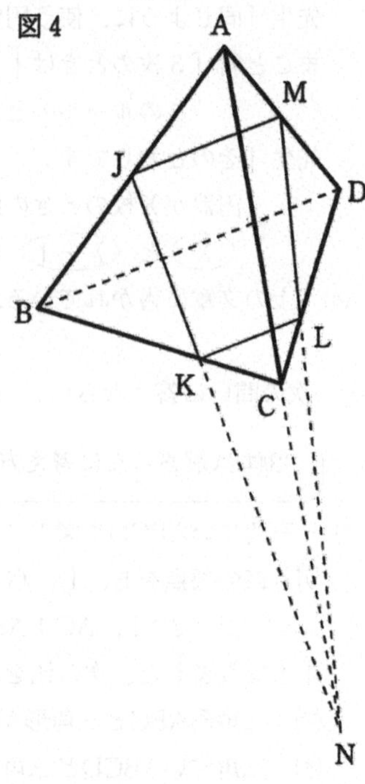

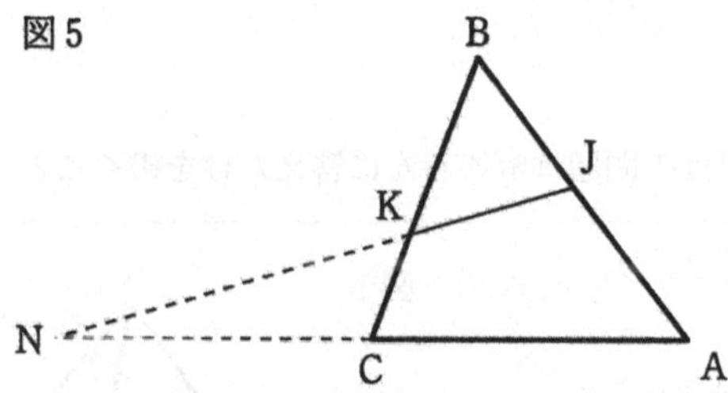

㈀　BKとKCの長さの比
㈁　NKとKJの長さの比
㈂　三角すいNAJMと三角すいNCKLの体積の比
㈃　切り口で分けた２つの立体のうち，頂点Ａをふくむ方の立体をＸとしたとき，三角すいABCDと立体Ｘの体積の比

第1回

2023年度

解答と解説

《2023年度の配点は解答欄に掲載してあります。》

＜算数解答＞

1 (1) 23 (2) $\frac{1}{3}$ (3) ① ア 13 ② イ 98 ③ ウ $1\frac{15}{16}\left[\frac{31}{16},\ 1.9375\right]$

2 (1) 10通り (2) 8才 (3) 275m (4) 16.56cm^2 (5) $541.25\left[\frac{2165}{4}\right]$

3 (1) 6cm (2) 11.4L (3) $14\frac{1}{6}\left[\frac{85}{6}\right]$cm (4) 7分30秒後 (5) Bが20秒早い

4 (1) 4：3 (2) $\frac{48}{7}\left[6\frac{6}{7}\right]$cm (3) 16：12：9 (4) $\frac{240}{37}\left[6\frac{18}{37}\right]$cm

(5) 40cm^2

○推定配点○

各5点×20　計100点

＜算数解説＞

1 (四則計算，演算記号，規則性)

(1) $\left(1.25+\frac{7}{24}\times\frac{39}{7}\right)\times8=10+13=23$

(2) $\square=(0.85+0.9)\times1.25\div1.5-1.125=\frac{35}{24}-1\frac{3}{24}=\frac{1}{3}$

(3) ① 17×ア＋ア＋17＝251　ア＝(251－17)÷18＝13

② 101×イ＋イ＋101－100×イ－イ－100＝イ＋1＝99　イ＝98

③ $ウ=\frac{1}{2\times3}+\frac{1}{2}+\frac{1}{3}+\frac{1}{4\times5}+\frac{1}{4}+\frac{1}{5}+\frac{1}{8\times9}+\frac{1}{8}+\frac{1}{9}+\frac{1}{16\times17}+$

$\frac{1}{16}+\frac{1}{17}+\frac{1}{32\times33}+\frac{1}{32}+\frac{1}{33}=1+\frac{1}{2}+\frac{1}{4}+\frac{1}{8}+\frac{1}{16}=1\frac{15}{16}$

重要 2 (場合の数，年齢算，割合と比，消去算，速さの三公式と比，通過算，平面図形，図形や点の移動，平均算)

(1) 以下の10通りがある。

●●○○○○　●○●○○○　●○○●○○　●○○○●○

○●●○○○　○●○●○○　○●○○●○　○○●●○○　○○●○●○　○○○●●○

(2) 7年後のたろう君の年齢

…(84＋7×3)÷(6＋1)＝15(才)

したがって，現在のたろう君は8才

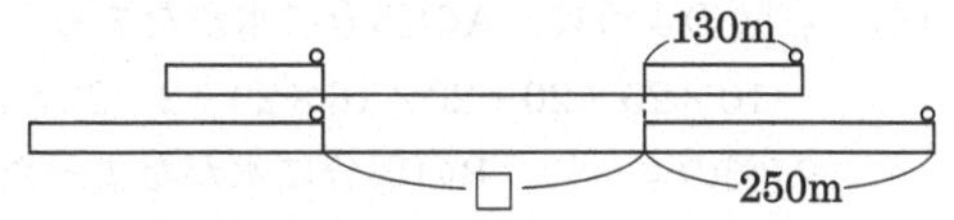

(3) 列車AとBの速さの比…27：35

35－27＝8

…右図より，250－130＝120(m)に相当する。

したがって，橋の長さは27×120÷8－130＝275(m)

(4)　AC×AC

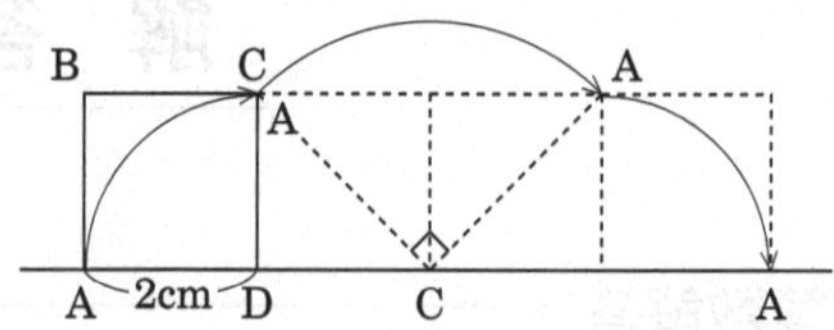

…右図より，$2\times2\times4\div2=8(cm^2)$

したがって，求める面積は

2×2×3.14÷2＋8×3.14÷4＋2×2

$=4\times3.14+4=16.56(cm^2)$

(5)　100の位の数の平均…100×(2＋4＋6＋8)÷4＝500

10の位の数の平均…10の位は 0の場合が3×4＝12(通り)，その他の場合が3×3＝9(通り)ずつで12：9＝4：3より，10×(2＋4＋6＋8)×3÷(4＋3×4)＝37.5

1の位の数の平均…同様に，1×(2＋4＋6＋8)×3÷(4＋3×4)＝3.75

したがって，3ケタの数の平均は500＋37.5＋3.75＝541.25

3　(平面図形，立体図形，割合と比，和差算，旅人算，単位の換算)

AとBそれぞれへの毎分の給水量

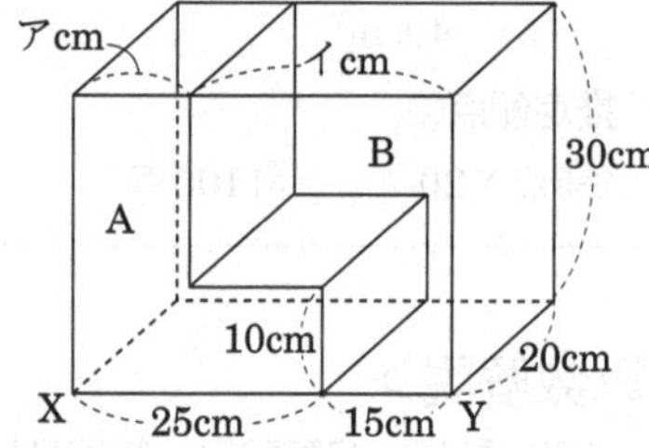

…$1.2L=1200cm^3$

BとAの容積の差

…$1.2L=1200cm^3$

基本　(1)　AとBの底面積の比

…25：15＝5：3

したがって，Aの水の深さは10÷5×3＝6(cm)

重要　(2)　全体の容積

…20×(25＋15)×30÷1000＝24(L)

したがって，Aの容積は(24－1.2)÷2＝11.4(L)

(3)　アの長さ

…上図において，(2)より，(11.4×1000÷20－10×25)÷(30－10)＝16(cm)

イの長さ

…40－16＝24(cm)

したがって，Bの水の深さは10＋10×(25－15)×20÷(24×20)＝10＋100÷24＝$\frac{85}{6}$(cm)

(4)　Aの水の深さが10cmのとき

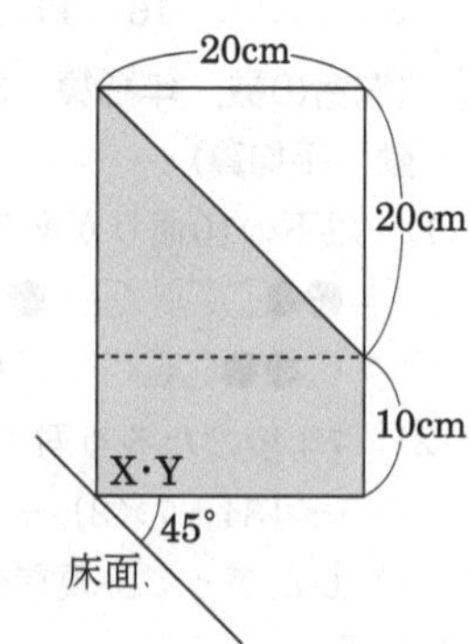

…10×25×20÷1200＝$4\frac{1}{6}$(分後)

Aの水の深さが10cm以上の場合，1分で増えるAの水の深さ

…(3)より，1200÷(16×20)＝3.75(cm)

Aの水の深さが10cm以上の場合，1分で増えるBの水の深さ

…3.75×16÷24＝2.5(cm)

したがって，求める時刻は$4\frac{1}{6}+\left(\frac{85}{6}-10\right)\div(3.75-2.5)$

＝7.5(分後)すなわち7分30秒後

やや難　(5)　右図のように，Aの部分に水がたまったときの水の体積

…$10\times25\times20+20\times16\times20\div2=25\times200+16\times200=41\times200(cm^3)$

右図のように，Bの部分に水がたまったときの水の体積

…$10\times15\times20+20\times24\times20\div2=15\times200+24\times200=39\times200(\mathrm{cm}^3)$

したがって，Bのほうが$(41-39)\times200\div1200=\frac{1}{3}$(分)すなわち20秒早くこぼれる。

4 (平面図形，相似，割合と比)

重要 (1) 直角三角形EDCとAFE
…図1より，相似比は3：4
したがって，AE：ECは
4：3

(2) ④の長さ
…(1)より，$12\div(4+3)\times4$
$=\frac{48}{7}$(cm)

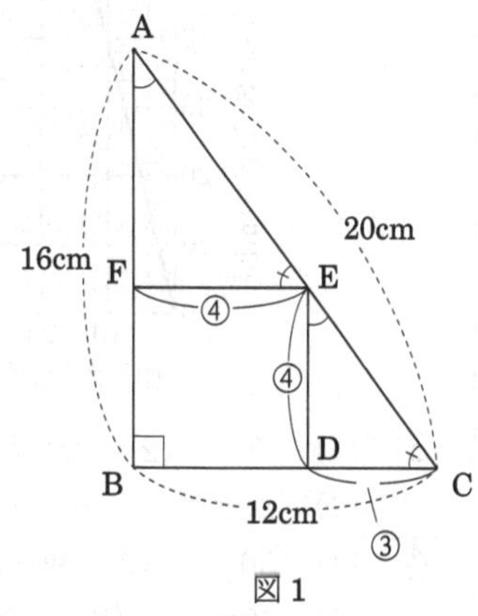

図1

(3) JIが12のとき
…図2において，AI：IH：HCは
$(12\div3\times4)$：12：$(12\div4\times3)$＝
16：12：9

(4) 12の長さ
…(3)より，$20\div(16+12+9)\times12$
$=\frac{240}{37}$(cm)

(5) 図3のように点Pをおく。PM
…図3より，$12\div2=6$(cm)
直角三角形PNMとBKN
…合同
したがって，正方形は
$\{(6+2)\times8\div2-2\times6\}\times2$
$=40(\mathrm{cm}^2)$

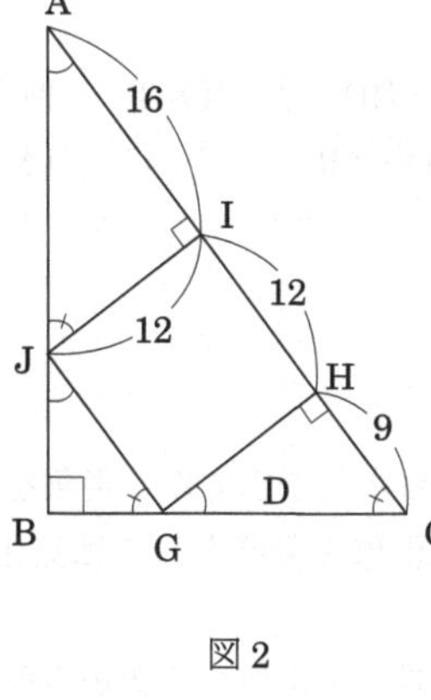

図2

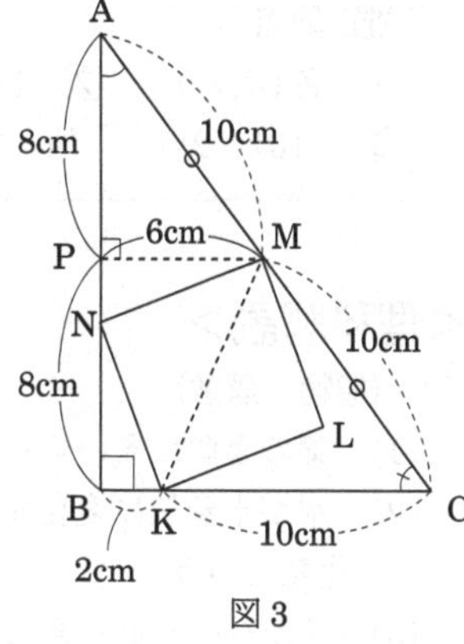

図3

★ワンポイントアドバイス★

2(2)「たろう君と父母の年齢」の問題は消去算を利用し，(5)「3ケタの数の平均」は計算の工夫が必要である。4「直角三角形と正方形」の(1)～(4)はそれほど難しくなく，(5)はMからBCと平行な線を引くことがポイント。

<理科解答>

1 (1) 蒸散 (2) 気化熱〔蒸発熱〕 (3) 汗 (4) う (5) 気孔 (6) う
(7) 道管 (8) い (9) お

2 (1) 酸素 (2) あ，え (3) あ (4) え (5) 二酸化炭素 (6) え
(7) 24mL

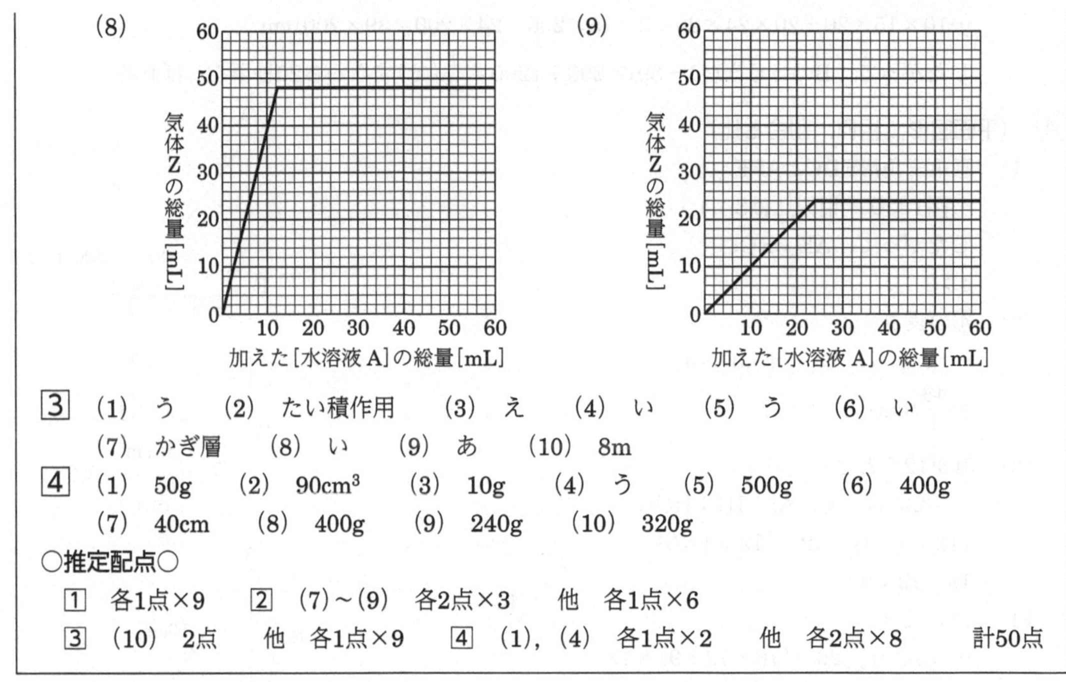

3 (1) う (2) たい積作用 (3) え (4) い (5) う (6) い
(7) かぎ層 (8) い (9) あ (10) 8m

4 (1) 50g (2) 90cm³ (3) 10g (4) う (5) 500g (6) 400g
(7) 40cm (8) 400g (9) 240g (10) 320g

○推定配点○

1 各1点×9 2 (7)～(9) 各2点×3 他 各1点×6
3 (10) 2点 他 各1点×9 4 (1),(4) 各1点×2 他 各2点×8 計50点

<理科解説>

1 (植物―蒸散)

基本 (1) 葉の裏側に多い気孔から水分が出てゆく現象を，蒸散という。

基本 (2) 水が水蒸気に変化する現象を蒸発もしくは気化といい，その時に必要な熱を蒸発熱もしくは気化熱という。

基本 (3) 汗が蒸発するときに必要な気化熱が皮膚から奪われるので，涼しく感じる。

(4) 図1－1の葉の面積は0.025cm×0.03cm＝0.00075cm²であり，この中に17個の気孔がある。30cm²に含まれる気孔の数は，(30÷0.00075)×17＝680000≒700000個である。

基本 (5) 図1－2の写真が，気孔の写真である。

(6) 植物の体に水分が多いと，孔辺細胞にも水分は多くなり，孔辺細胞がふくらむ。それで気孔が開いて水蒸気が放出される。

基本 (7) 植物の体内で，水分は道管を通って移動する。

(8) 毛細管現象によって，ティッシュの繊維やろうそくの芯の繊維が水や液体のロウを吸い上げる。毛細血管の中を血液が流れるのは，心臓の拍動で血液に圧力がかかるからである。

(9) 問題文中に「水のつながりが途切れてしまうと，植物は水をうまく吸い上げられない」とあるので，茎を水にひたして水中で切ることで，道管に空気が入ることを防ぐことができる。

2 (水溶液の性質・物質との反応―水溶液の性質)

基本 (1) 気体Xは火のついた線香を燃えるようにするので，酸素である。酸素の発生は，過酸化水素水に二酸化マンガンを加える。

重要 (2) 酸素発生における二酸化マンガンのはたらきは，触媒としての働きである。触媒は反応を活発にするが，自身は変化しない物質である。そのため，反応の前後で重さは変わらない。

基本 (3) 水溶液AはBTB溶液を黄色に変化させるので，酸性の水溶液である。選択肢のうち酸性の水溶液は塩酸と炭酸水であり，そのうちにおいがあるのは塩酸である。

(4) 温泉水に含まれる有害な物質は硫化水素や二酸化硫黄と呼ばれる物質で，共に酸性の物質である。これをアルカリ性の物質で中和することで，生物への影響を少なくしている。石灰石は酸と中和反応する。

基本 (5) 塩酸に石灰石を加えると，二酸化炭素が発生する。

基本 (6) 二酸化炭素を通じて白くにごる水溶液は，石灰水である。

重要 (7) 加えた塩酸が20mLまでは，発生する二酸化炭素の体積は塩酸の2倍量になる。これらでは，加えた塩酸が全て反応している。発生する二酸化炭素の量は48mLが最大量になる。それで塩酸が24mLのとき物質Yと過不足なく反応する。

(8) 物質Yの量は変えずに塩酸の濃度を2倍にするので，表2－1のときの半分の量の塩酸で同じ体積の二酸化炭素が発生する。つまり，塩酸が2.5mLのとき，二酸化炭素は10mL，5mLのときは20mLが発生する。二酸化炭素が最大量の48mL発生するときの塩酸の体積も24mLの半分の12mLであり，それ以上の体積では発生する二酸化炭素の体積は48mLのままである。

(9) 物質Yの量を半分にし，塩酸の濃度も半分にするので発生する二酸化炭素の最大量は24mLになり，表2－1のときの2倍量の塩酸を加えると同じ体積の二酸化炭素が発生する。つまり塩酸が10mLで二酸化炭素が10mL，20mLで20mLが発生する。よって塩酸が24mLのとき二酸化炭素も24mLになり，それ以後は二酸化炭素の体積は変化しない。

3 (流水・岩石・地層―川の働き)

基本 Ⅰ(1) 河川の上流では流れが速く，侵食作用が大きくなる。そのためV字谷ができる。川が山間部から平野に出るところでは流れがゆるやかになり，堆積作用が大きくなる。そのため，扇状地が形成される。

基本 (2) 河川によって運ばれる岩石が沈殿し，たまる現象をたい積作用という。

(3) 普段は大きくて流されない岩石も，大雨などで川が増水し流れが速くなると流されることがある。

基本 Ⅱ(4) その地層ができた年代を推測できる化石を，示準化石という。

(5) 示相化石になれる条件は，生息する環境が限定されることや，現在生きている同種の生物との比較ができることなどが必要である。

(6) ぎょうかい岩は火山灰がたい積してできる岩石で，尖った鉱物が見られる。化石を含むことはない。

(7) 互いに離れた場所の地層の年代を比較するのに使われる層をかぎ層という。ぎょうかい岩があると火山の噴火があったことがわかり，その地層ができた年代が同じ時期であったことがわかる。

(8) 石灰岩はサンゴなどの生物の死がいがたい積してできる岩石であり，チャートは放散虫や珪藻などの死がいがたい積してできる岩石である。石灰岩の主成分は炭酸カルシウムという物質で，チャートは二酸化ケイ素が主成分である。見分け方は，石灰岩はやわらかいがチャートは硬い。お互いをこすり合わせると，石灰岩に傷がつく。

重要 (9) れき岩は重いので，河口付近に堆積する。砂岩，泥岩になるほど河口から離れた場所にたい積する。上かられき岩，砂岩，泥岩がたい積しているので，徐々に海の深さが浅くなっていったことがわかる。これは大地が少しずつ隆起したか，海水面が低下していったためである。

(10) a地点とb地点のぎょうかい岩の層の標高はそれぞれ186mと242mであり，この場所では南側が下がっていることがわかる。また，b地点とc地点のぎょうかい岩層の標高はともに242mで，東西に地形は傾いていない。a，b2地点間の距離が2.0kmで242－186＝56mの標高差があるので，c，d2地点間の0.5kmでの標高差は56÷4＝14mになる。よってd地点でのぎょうかい岩の層の標高は242−14＝228mであり，d地点における地表からぎょうかい岩層の下端までの高さは8mになる。

4 (力のはたらきの総合―ばね・滑車・浮力と密度)

基本 Ⅰ(1) おもりにかかる浮力は100gなので，ばねを引く力は150−100＝50gになる。

(2) 直方体の重さは0.7×300＝210gである。これと浮力がつり合うので，浮力の大きさも210gであり，水につかっている部分の体積も210cm^{3}になる。よって，水から出ている部分の体積は300−210＝90cm^{3}になる。

(3) たまごの重さが110gで，これが食塩水に浮くので，たまごに働く浮力の大きさは110gである。このときたまごが押しのける食塩水の体積は100cm^{3}である。この食塩水の密度は110÷100＝1.1g/cm^{3}である。食塩を混ぜた後の体積は変化しないので，100cm^{3}の水(100g)に食塩10gを混ぜると，体積が100cm^{3}で重さが110gの食塩水(密度1.1g/cm^3)になり，たまごが浮く食塩水ができる。

(4) 潜水艦の体積は変化しないので，潜水艦にかかる浮力の大きさも変化しない。よって潜水艦の重さを軽くすると，潜水艦は浮きあがる。よって，バラストタンクの中の海水を空気に入れ替えると潜水艦は浮く。

重要 Ⅱ(5) 動滑車にかかるひもの両方に，おもりの半分の大きさの重さがかかる。よって引く力は1000÷2＝500gである。

重要 (6) 下側の動滑車の両側にはそれぞれ，1000gのおもりと200gの動滑車の重さの合計1200gの半分の600gの力がかかる。その上の動滑車には，600＋200＝800gの半分の400gの重さが,両側にかかる。よって，定滑車の右側のひもを引く力は400gである。

重要 (7) 動滑車を使うと，引く力の大きさは半分になるが，引く長さは2倍になる。動滑車を2個使っているので，引く長さは4倍の40cmになる。

重要 (8) 輪軸では，輪の半径とそれにかかる重さの積が，2つの輪で等しくなる。右側の輪軸の大きい方の輪にかかる力の大きさは，1000×4＝□×6　□＝$\frac{2000}{3}$gであり，左側の輪軸の大きい方の輪を引く力の大きさは，$\frac{2000}{3}$×3＝□×5　□＝400gになる。

Ⅲ(9) おもりが糸を引く力は，浮力が400gなので1000−400＝600gである。右側の輪軸の大きい方の輪にかかる力は，600×4＝□×6　□＝400g　左側の輪軸の大きい方の輪を引く力の大きさは，400×3＝□×5　□＝240gである。

(10) おもりが糸を引く力は，浮力が半分の200gなので1000−200＝800gである。右側の輪軸の大きい方の輪にかかる力は，800×4＝□×6　□＝$\frac{1600}{3}$g　左側の輪軸の大きい方の輪を引く力の大きさは，$\frac{1600}{3}$×3＝□×5　□＝320gである。

★ワンポイントアドバイス★

確実な理科の学力が求められる。問題文が長く，読解力を要する問題が多い。計算問題も多く，数学の力も求められる。

<社会解答>

1 (i) 中大兄皇子 (ii) 後鳥羽上皇 (iii) 六波羅探題 問2 ウ
問3 ア 問4 ウ 問5 エ 問6 イ 問7 イ 問8 ウ 問9 イ
問10 治安維持法 問11 立憲政友会

2 問1 (i) リオデジャネイロ (ii) パリ 問2 水俣病
問3 アルカリ性の石灰を散布することで，酸性となった湖や河川を中和している。
問4 ア 問5 フェアトレード 問6 (1) ウ (2) ウクライナ 問7 エ
問8 森林を保護することで川から海に栄養分が流れ込み，魚の餌となるプランクトンが豊富となるため。

3 問1 イ 問2 エ 問3 ウ 問4 イ 問5 5 問6 ウ
問7 記号 ア 数字 40

○推定配点○

1 問1，問10，問11 各2点×5 他 各1点×8
2 問3，問8 各5点×2 他 各1点×8
3 各2点×7(問7完答) 計50点

<社会解説>

1 (日本の歴史－災害の歴史に関する問題)

問1 (i) 中大兄皇子は中臣鎌足とともに蘇我入鹿を殺害し，親の蝦夷を自殺に追い込み，その後，天皇中心の政治の状態にしていく大化の改新を行った。 (ii) 後鳥羽上皇が北条義時を討ち，鎌倉幕府を倒そうとしたのが承久の乱。 (iii) 承久の乱の際に京都に攻め上り上皇方の軍勢を破った北条泰時は従来の京都守護に代えて，六波羅探題を平清盛の屋敷跡に設置した。

やや難 問2 ウ 7世紀から8世紀の時代，天皇の宮が置かれた場所は頻繁に動かされたが，大化の改新後に難波に動く。中臣氏は鎌足が亡くなる際に，藤原の姓を受ける。

基本 問3 ア 中大兄皇子が中臣鎌足とともに蘇我入鹿を殺害し，その父親の蘇我蝦夷を自殺に追い込み蘇我氏を排除したのが乙巳の変で，豪族の政治を天皇中心の政治に変革していったのが大化の改新。

問4 ウ 『古今和歌集』は紀貫之らが編纂した平安時代の歌集。源実朝の歌は『金槐和歌集』としてまとめられている。

問5 エ 鎌倉幕府の執権は政所と侍所の二つの主要な機関の長を兼ねる役職で，初代は政子の父の北条時政。

重要 問6 イ Eは正しい。御家人は鎌倉時代のすべての武士ではなく，あくまでも鎌倉の将軍と主従関係にある武士なので，後の時代でいえば大名のようなもの。Fは御成敗式目が適用されたのは御家人で，貴族は関係ない。

問7 イ 徳川家康に朱子学を講じた林羅山の家が，以後代々幕府で朱子学を講じる役を負い，その林家にあった孔子廟を江戸湯島に移したのが湯島の聖堂であり，後に昌平坂学問所となる。

問8 ア 1657年→イ 1784年→ウ 1862年→エ 1868年の順。

問9 イ 忠臣蔵は徳川綱吉の時代に岡山の赤穂藩の藩主浅野内匠頭が吉良上野介ともめ，江戸城内で刀を抜いてしまったことで死罪となり，浅野家もとりつぶされたことで，家臣の大石内蔵助を中心とする元藩士が吉良上野介を主君の仇として討ち取ったことを題材としたもの。

重要 問10 治安維持法は1925年に，いわゆる普通選挙法として，財産に関係なく25歳以上のすべての男子に選挙権が与えられることになった際に，低所得者が参政権を持つことで社会主義が広がることを恐れだされた社会主義を徹底的に取り締まる法令。

問11 立憲政友会は，自由党の流れを汲む憲政党と伊藤博文らの官僚が合同し，1900年に伊藤博文を総裁として成立。原内閣以後，政党内閣の中心的な政党となる。

2 (地理－環境問題に関連する地理の問題)

問1 (i) 1972年にスウェーデンのストックホルムで国連人間環境会議が開かれてから20年後の1992年に，ブラジルのリオデジャネイロで国連環境開発会議が開催された。開催地にブラジルが選ばれたのは当時，ブラジルの熱帯林の乱開発が進み，環境破壊が深刻であったことで，あえてブラジルを開催地とした。 (ii) 1997年の京都議定書に代わる，温暖化防止のための枠組みとなるものとして，2015年にようやくパリ協定が誕生した。京都議定書では先進国のみが削減義務を負っていたが，パリ協定では参加国すべてが削減目標を設定するということに意義を見出している。

重要 問2 いわゆる四大公害病の中で，海の汚染が問題となり，原告の企業がチッソというものは水俣病。

やや難 問3 酸性雨は文字どおり酸性の雨が降るもので，自動車や工場などの排気ガスにより雨が酸性化し，その雨が降ることで，河川や湖沼の水が酸性になり，その中の生物が死滅したり，酸性雨によって土壌が酸性化したり，森林の木々が立ち枯れを起こすなどの自然界での被害が見られる。そこで，酸性雨そのものを止めることにはならないが，土壌や湖沼，河川の酸性化したものを，アルカリ性の石灰を散布することで中和させようという対策が欧米では行われている。

基本 問4 ア 大気圏の外にあるオゾン層が破壊されると太陽や宇宙からの強い紫外線が地球上に到達してしまうようになり，その結果，皮膚がんや眼病などにかかりやすくなるとされる。

重要 問5 かつての植民地が多い後進国で，植民地時代の名残で不当に安く生産させられている農産物や地下資源などを，その労働や資源の価値を正当に評価し，従来よりも高い金額で製品を先進国が輸入することで，後進国の経済発展を助けるものがフェアトレード。当然，フェアトレードで輸入されたものを使った商品は他のものと比べると高価になるが，フェアトレードであることを消費者に分からせる表示をつけて店頭に並べてある。

問6 (1) ウ 国連難民高等弁務官には，かつては日本の緒方貞子や，現在の国連事務総長のアントニオ・グテーレスが就いていたこともある。 (2) 2023年2月現在，ロシアの軍事侵攻により，ロシアと戦争状態になっているウクライナにチェルノブイリ原子力発電所はある。

問7 エ 風力発電の設備はかなり大きく，かつ騒音の問題もあるので，人口の多い場所は避けられる傾向があり，日本でも現在では海沿いの場所や，更には海の中に大きな支柱を立ててそこに風力発電のプロペラを設置しているところもある。

やや難 問8 漁場に流れ込む川の上流に豊かな森林があると，森林の土壌の中の様々な栄養分が川に染み出して，その栄養分が海に流れ込むことで，プランクトンが集まる豊かな漁場になる。このような森林を魚付林という。

3 (政治―人権，国連，三権，憲法，経済に関する問題)

問1 イ 国や地方自治体が特定の宗教に関係することを行うのは，国民の信教の自由を侵害することとして憲法に反するとされている。

基本 問2 エ 日本が非常任理事国になった回数は国連加盟国の中では最多。2位は南米のブラジルで，3位も南米のアルゼンチン。

問3 ウ 日銀の資本金は1億円で，そのうちの55％の5500万円は日本政府が出資するが，残りの

45(%)の4500万円は民間の出資となる。

問4　イ　参議院の選挙区は各都道府県をそれぞれ1つとする。原則各都道府県1で，北海道だけ4というのは地方裁判所の数。

重要 問5　ドント式は各政党の得票数を整数で順に割った表をつくり，その数字の大きいものから順に，議席数の個数だけ選び，各政党の数字の中で選ばれた個数が割り当ての議席数となる。A党は1から7までで割ると40000，20000，13333，10000，8000，6666，5714，B党は30000，15000，10000，7500，6000，5000，4285，C党は20000，10000，6666，5000，4000，3333，2857，D党は10000，5000，3333，2500，2000，1666，1428となる。この数字を大きい方から順に15個拾うと，A党は6，B党は5，C党は3，D党は1拾うことになり，この数が議席数になる。

問6　ウ　天皇の国事行為に関しては，内閣の助言と承認を必要とし，内閣がその責任を負うという規定があるが，国会の承認が必要という規定はない。

基本 問7　アは40，イ，エは30，ウは10。内閣が衆議院による不信任決議を受けた場合に10日以内に内閣は衆議院を解散させるか内閣が総辞職をしなければならない。衆議院解散の場合には解散の日から40日以内に総選挙，総選挙の日から30日以内に特別国会を召集し首相の指名を行う。

参議院の緊急集会の規定は，本来衆議院が解散中は国会を開くことはできないが，万が一緊急の事態の時には，とりあえず参議院で議決をするというのが緊急集会。但し，衆議院と参議院では参議院の方が弱いので，緊急集会の議決は衆議院召集後，10日以内に衆議院の承認を必要とするというもの。エはいわゆるみなし議決で，衆議院から参議院に回された議案が何日以内に参議院で議決されない場合には，衆議院で参議院がその案件を否決したとみなせるというもの。法律案が60日以内，予算案や条約の承認は30日以内，首相の指名は10日以内になっている。

★ワンポイントアドバイス★

どの分野でもそうだが，特に，政治分野は用語の定義はもちろん，手順や細かい数字についても正確に理解し覚えておくことが必要。用語類に関しては参考書や事典などを駆使して正確な知識を身につけるようにしよう。

<国語解答>

一　1　とうじ　2　いっし　3　はっかん　4　おもかげ　4　おごそ(かな)

二　1　極秘　2　考案　3　知己　4　探訪　5　和(やか)

三　①　コ　②　カ　③　キ　④　ケ　⑤　ウ

四　問一　ア　問二　イ　問三　エ　問四　ア　問五　オ　問六　エ　問七　ア
問八　イ　問九　エ　問十　ウ　問十一　ア　問十二　E(さん)

五　問一　宇宙の中心　問二　(例)　天動説の数学的(な)説明　問三　オ
問四　エ・カ　問五　イ　問六　イ　問七　エ
問八　(例)　常識的な考え方にとらわれず，自分自身が疑問を持ったことに対し，客観的な検証を重ねることにより，本質を見極めようとする力。

○推定配点○

一　各2点×5　二　各2点×5　三　各2点×5　四　各3点×12

五	問一・問三・問四　各3点×4	問八　6点	他　各4点×4	計100点

＜国語解説＞

一　(漢字の読み)

重要　1　温泉に入って，病気を治療すること。湯治をする場所を「湯治場(とうじば)」という。 2　一本の矢のこと。「一矢報いる」という表現で，相手の攻撃に対してわずかでも反撃することを意味する。 3　汗をかくこと。「発熱(はつねつ)」の場合，熱を出すことという意味になる。 4　ここでは，思い出される姿や形のこと。「面」には顔という意味がある。その意味で，「顔面」「洗面」などの言葉がある。 5　いかめしくて，立派な様子。「厳かな式典」とは，国王の戴冠式や大統領の就任式など，威厳があり立派な式典のこと。

二　(漢字の書き取り)

1　決して外部にもらしてはいけないという意味。「極」には，程度がはなはだしいという意味がある。その意味で，「極悪」「極上」などの言葉がある。 2　工夫をめぐらして考えること。「考察」「考慮」「熟考」など，考えることを意味する言葉は多い。 3　知り合い，親友のこと。特に，昔から自分をよく知る相手に対して用いる表現。 4　世の中のことがらを，実際にその場に出向いてじっくりと調べること。そのために訪れた人を，「探訪者」という。 5　物腰や態度がおだやかな様子。「和」という文字に「なごやか」という意味がある。その意味で,「柔和」「平和」という意味がある。

やや難　基本

三　(十二支，四字熟語，ことわざ，故事成語)

アは「二兎を追うものは一兎をも得ず」となる。同時に二つのことをしようとすると，どちらの成功も得られないという意味。イは「猪突猛進」となる。一つのことに向って，向こう見ずに突き進むこと。ウは「飼い犬に手をかまれる」となる。ふだん目をかけていた者から，思いがけず害を受けること。エは「画竜点睛」となる。物ごとを完璧なものにするための，最後の仕上げのこと。オは「生き馬の目を抜く」となる。他人を出しぬいて，すばやく利を得る様子。カは「窮鼠猫を噛む」となる。追い詰められた鼠が猫を噛むように，弱者も追い込まれれば，必死の反撃をするという意味。キは「猿も木から落ちる」となる。得意な者も，時には失敗することがあるという意味。クは「虎の尾を踏む」となる。非常に恐ろしいという意味。ケは「鬼が出るか蛇がでるか」となる。運命の予測しがたいことのたとえ。コは「羊頭狗肉」となる。看板には羊の頭をかかげて，実際には犬の肉を売ること。そこから，見かけと実質が一致しないという意味。サは「牛にひかれて善光寺参り」となる。自分の意志からではなく，他人に誘われてよい方に導かれることのたとえ。シは「鶏鳴犬盗(けいめいくとう)」となる。ニワトリの鳴き真似をして人をあざむいたり，犬のように物を盗んだりする，いやしい様子。

また，十二支は，子(ね)・丑(うし)・寅(とら)・卯(う)・辰(たつ)・巳(み)・午(うま)・未(ひつじ)・申(さる)・酉(とり)・戌(いぬ)・亥(い)の12種類の動物で構成されている。現在の書き表し方では，ネズミ・ウシ・トラ・ウサギ・ドラゴン(龍)・ヘビ・ウマ・ヒツジ・サル・トリ・イヌ・イノシシになる。

①　「未」とある。羊を意味する。コの「羊頭狗肉」が解答になる。

②　「子」となる。鼠(ねずみ)を意味する。カの「窮鼠猫を噛む」が解答になる。

重要　③　「申」となる。猿を意味する。キの「猿も木から落ちる」が解答になる。

やや難　④　「巳」となる。蛇を意味する。ケの「鬼が出るか蛇が出るか」が解答になる。

重要　⑤　「戌」となる。犬を意味する。ウの「飼い犬に手をかまれる」が解答になる。

四 (物語文-主題・心情・情景・細部の読み取り)

基本

問一　物語の最初に「五年生になってからは親と一緒にいるところを友だちに見られるのが嫌だった」とある。だから，少年はバス停でも車内でも，両親から離れていたのである。つまり，少年は大人のように振る舞いたかった。傍線部①直前の「百円玉を一つ渡されていた」は，大人のように振る舞いたかった少年に対する，母親の対応である。「お母さん，知らないからね」という言葉と「いたずらっぽく笑う」という様子からは，母親の息子に対する，一種の愛情が感じられる。大人ぶる少年がかわいらしくて，つい，いじわるな言葉を投げかけているのだ。「背伸びをしている少年」「かわいらしく」「からかいたい」とある，アが解答になる。イは「親離れ」「つらく」とあるが，おかしい。母親のつらい様子など，読み取れない。ウは「頼もしく」「応援したい」とあり，そのような母親の様子も感じられるが，「いたずらっぽく笑う」という表現が表すからかいの要素が選択肢の中にない。エは「不安になりつつも強がりたい」とあるが，おかしい。母親の「不安」「強がり」は読み取れない。オは「情けなく，励ましたい」とあるが，おかしい。母親は少年の様子を情けないなどと思っていない。

問二　傍線部②以降の展開を読み，少年の不安を理解する。傍線部④の直前に「……一冊でいい？」といやいや聞いているように，回数券の冊数が増えることは，母親の入院が長引くことを意味するので，少年は不安を抱いている。傍線部②の「だいじょうぶだよ」という言葉の後でも，父親は「これを全部使うことはない」と伝えているが，母親の入院が長引くことを心配する少年に対する，父の気づかいが感じられる。「回数が多いことを前提にした父の言動」「母の入院が長引くことを心配する思い」とある，イが正解になる。アの「余計な出費」，ウの「食生活の偏り」は，回数券の話とは異なり，少年の思いとしておかしい。エは「母の入院が長引くことがわかり」とあるが，少年に「これ(回数券)を全部使うことはない」と言っている。エは少年の思いとして適切ではない。オは母親の入院期間の話ではない。少年の心配する内容として，不十分な選択肢である。

問三　傍線部③までに，「息子」は何度も回数券を使い切ることがないかどうかを確認した。つまり，母の退院時期を確認しようとしたのだ。だが，息子が「ほんとに，ほんと？」と念を押すことに対して「父」は申し訳なさそうに「だから，たぶん，だけどな」としか言えないのである。つまり，退院時期は明確ではない。結局，電子レンジの「チン」という音で，父は強引に話を切り上げてしまう。このような展開である。「息子への答えに窮しながら」「質問を打ち切り」「話題を変えようとしている」とある，エが解答になる。「窮する」とは，苦しむことを意味する。アは「自分がついた嘘を信じる息子」とあるが，おかしい。何度も念を推しているのは，十分に信じることができていないからである。イ，ウは，電子レンジの「チン」という音で「よーし，ごはんだ，ごはん」となった展開をふまえていない。オは「電子レンジの無機質な音」「味気なさを感じている」とあるが，おかしい。電子レンジの音は，話題を変えるのに役立った。その点にふれていない。

問四　傍線部④よりも前の部分の，父と子のやり取りに着目する。「もうちょっと，って？」「もうちょっとは，もうちょっとだよ」とのやり取りで，「少年」は母の入院期間を確かめようとした。だが入院期間を明確に聞き出すことはできなかった。だから，その後の会話で出て来たのが，傍線部④の「定期券」に関して。「一カ月，三カ月，六カ月」のどれを父が選ぶのかで，「少年」は母親の入院期間を判断しようとしたのだ。「入院がどのくらい長引きそうか」「遠回しに確かめたかった」とある，アが解答になる。イ～エはいずれも母の入院期間に関する内容ではない。オは「お金の苦労」とあるが，少年が気にしている母の入院期間に関する記載がない。

問五　少年が回数券を購入しようとする場面である。河野さんは「病院，かようんだったら，定期の方が安いぞ」と定期券の購入を提案している。それに対して，「……お見舞いだから」と返している。河野さんの質問に対する返答になっていない。このやり取りがとんちんかんなのだ。「河野さん……定期券の方がいいと勧めてくれた」「少年の『お見舞いだから』……定期を買わなくてよい理由になっていない」とある，オが解答になる。ア～エは，河野さんが定期券の購入を提案する内容になっていない。

問六　傍線部⑦以降の部分に着目する。少年は，河野さんに回数券を使いたくない理由を説明している。回数券がなくなって新しい回数券を買うと，その分，母親の退院の日が遠ざかる。そのように少年は考えているのだ。「新しい回数券を買えば」「母の退院が遅くなるように感じた」とある，エが解答になる。回数券を使いたくない理由は，傍線部⑦以降に明示されている。エ以外は，少年が話す理由に合わない。

重要　問七　最後の回数券を取り出した場面である。少年は河野さんを見つけ，「こんなひとに最後の回数券を渡したくない」と思って泣き声まで出す。当然，河野さんがいつものようにイラつくことが予想できる状況である。そのような時，河野さんがぶっきらぼうではない言い方で，「なんで泣いてるの？」と問いかけてきたのである。少年にとってそれは予想外なことであり，驚きだった。驚くとともに，河野さんに対する緊張感もゆるんでしまって，涙が止まらなくなったのだ。以上のような展開を意識して，選択肢を比較する。「無愛想な口調で責めると思っていた」「思いがけない河野さんの対応」「気持ちが緩んでしまった」とある，アが解答になる。イは「泣いても叱られないと思った」とあるが，おかしい。そのような少年の思いは読み取れない。ウは「いつもと変わらぬ河野さんの対応」とあるが，おかしい。いつもとは異なり，ぶっきらぼうではなかったのである。エは「泣き止むまで声をかけず待ってくれている」とあるが，おかしい。泣き声を出した少年に話しかけている。待っていない。オは「河野さんを不気味に思った」とあるが，おかしい。不気味に思った様子は読み取れない。

問八　傍線部⑧直前には，「車で少年と一緒に迎えに来た父」とある。この日，少年は父と車で病院に来たのだ。だが，少年は「バスで帰っていい？」と聞いた。両親はその意図を理解することができずに，傍線部⑧の部分で「きょとん」としたのだと考えられる。「車で病院に来ている」「わざわざバスに乗ろうとする少年」「意図がつかめなかった」とある，イが解答になる。イ以外は，「車で来た→バスで帰りたがる→両親がきょとん」という展開に合わない。

問九　傍線部⑨前後の場面の様子をおさえる。母の退院の日にバスに乗って，少年は河野さんに感謝の気持ちを伝えようとしているのだ。だが，バスは混みあっている。だから河野さんに近づき，感謝を直接伝えることができない。それでもいい。河野さんへの感謝の気持ちとして，乗車マナーは守ろう。そのような状況である。エには「乗車マナーを破る結果になっても」「感謝の意を直接伝えたい」とある。傍線部⑨前後の状況に合わない。適当ではない，エが解答になる。アの「乗車マナーを守ることの大切さを学び」，イの「乗車マナーを破ることは許されない」，ウの「乗車マナーを守っている姿を見せることで……感謝の意を示したい」，オの「河野さんの運転するバスに乗車することができて嬉しく」は，傍線部⑨前後の状況から読み取れる。

やや難　問十　昼間が最も長い日が夏至。6月の下旬である。昼間が最も短い日が冬至。12月の下旬である。傍線⑤よりも後の部分に，「夕暮れが早くなった」という表現がある。この物語は，夕暮れが短くなるような時期，つまり，昼間が短くなるような時期に向って進んでいるのである。つまり，選択肢の中では，ウが解答になる。イも，昼間が短くなるような状況ではあるが，8月に「夕暮れが早くなった」と感じることは，ふつうない。

問十一　場面の状況をおさえて，それぞれの少年の様子を読み取ることができる。二重傍線a直後にあるように，叱られたことのある運転手さんを見つけて，「胸がすぼまった」という状況になっている。恐れていたり，警戒していたりする様子を表していると考えられる。また，二重傍線bでは，回数券を購入しようとしたが，河野さんとのやり取りがうまくいかないのである。動揺したり，困惑したりしている様子が読み取れる。aは，運転手さんを見ておじけづいたと考え，bは回数券を購入するやり取りがうまくいかずに当惑したと判断して，アを選ぶ。イのa「びっくりする」，エのa「おちつく」，オのa「強がる」は，河野さんを見つけたときの「少年」の気持ちとしてふさわしくない。ウのb「やけになる」は，回数券のやり取りがうまくいかないときの「少年」の様子としてふさわしくない。

問十二　A「ああ……まあ，たぶん，だけど」(父)，「……何か月のにする？」(少年)など，会話文が多用され，言葉にできない思いは「……」で表現されている。Aさんは間違っていない。
B　少年はバスの運転手の河野さんに注意されたが，最後の場面では，乗車マナーを守るようになっている。Bさんは間違っていない。　C　少年が泣き声を出したとき，河野さんはいつものぶっきらぼうな言い方をしなかった。河野さんが状況に応じて柔軟な対応ができることを表している。また，河野さんは少年に乗車マナーの点で注意した。子どもに対してもバスの乗り方をしっかりさせようというプロ意識を持っている。Cさんは間違っていない。　D　三回目の回数券が終わりかけたとき，夕暮れが早くなっている。作者は，夕暮れを活用して，少年の寂しい気持ちを表現したのであろう。また，お母さんが退院した最後の場面では陽が残っている。お母さんが家にいる安心感を表現したのであろう。Dさんは間違っていない。　E　最初は，乗車マナーのことで叱られている。回数券は，病院に行くようになって数日後，父からもらうことになったものである。回数券が叱られるきっかけになったわけではない。Eさんは状況を読み誤っている。

五　(説明文-要旨・論理展開・細部の読み取り，指示語，記述力)

重要　問一　脱落した文には「これは宇宙でも同じです」とある。そのことから，「これは」が指す内容は宇宙とは異なるもので，宇宙と似たような様子の何かだと考えることができる。文章前半の「暗くて広い部屋……」で始まる段落に着目する。部屋の隅々まで照らすとき，隅にランプを置いたり，あちこちにランプを移動したりしない，と書かれている。この様子が宇宙と同じなのである。「これは宇宙だって同じである」の一文をつなげると，「宇宙の中心にあるのは，地球ではない。光り輝く太陽……」と続き，「広い部屋」と「宇宙」の似た様子が続き，文章の流れも適切になる。

問二　傍線部①の直前に着目する。「天動説を数学的に説明し」とある。その数学的な説明に無理があるのである。「天動説の数学的な説明」という方向性でまとめる。

基本　問三　傍線部②直前の「学問の都から遠く離れた」という表現と，傍線部②の「周囲の雑音が聞こえない」という表現を合わせて解答の手がかりにする。学問の都から遠く離れた場所にいたため，学問的な雑音，つまり他の余計な意見に振り回されることが少なかった。そのため，固定観念にとらわれることがなかった。そういうことである。選択肢の中では，「他の研究者たちの意見に触れる機会の少ない」「固定観念にとらわれなかった」とある，オが解答になる。アは「山里の静かな環境」とあるが，おかしい。静粛だから良かったというわけではない。イは「不便な地方都市であったために，かえって……」とあるが，おかしい。地方都市だから，奮い立たされた訳ではない。ウは「恵まれない環境」とあるが，おかしい。ある意味，固定観念にとらわれないという点で，恵まれていたのである。エは「自然と星を眺める機会が増え」とあるが，おかしい。傍線部②前後の話題に合わない。

問四　傍線部③以降に「彼が沈黙を守った理由は，いくつか挙げられます」とあり，その後，「観測データ」を集める必要性があったことが書かれている。次に，「地動説は，世間の常識に逆らうだけでなく,神にも逆らう暴論だった」とあり，教皇パウロ三世への手紙の中にも「人々にどう受け止められるか，予想がつかなかった」とある。世に出した場合，どのように受け止められるのか，コペルニクスはこの点も心配していたのである。「世間の人々にどのように受け止められるか……」とあるエ，「十分なデータが集まっていなかった」とあるカ，この二つがが解答になる。アの「宇宙の真理を自分だけのものとしたかったから」，イの「自分自身でも信じられなかった」，ウの「ふさわしい媒体が見つからなかった」，オの「決定的欠陥があることに気づいていた」キの「弟子たちの言いなり……不安」は，すべて傍線部③以降の内容に合わない。

問五　傍線部④よりも前の部分には，コペルニクスの説が「神にも逆らうような暴論」と受け止められる危険性が書かれている。そのため，傍線部④以降にあるように，コペルニクスは「わたしの考えは教会に反対するようなものではなく……教会全体の利益にかなうことだと信じています」と，パウロ三世に宛てた手紙に書いたのである。以上の展開をおさえて，選択肢を比較する。「反教会的にとられないように」とある，イが解答になる。アは「自著を宣伝」とあるが，おかしい。教会に反していないというコペルニクスの思いが書かれていない。ウの「教会内の自分の地位を上げようとした」もおかしい。コペルニクスの心配が読み取れていない。エは「自分の信念を貫く覚悟を伝えようとした」，オは「教会の賛同」とあるが，そのためにも教会に反していないことを伝えようと手紙を書いたのである。教会に反していないというコペルニクスの思いが書かれていない。

問六　傍線部⑤以降から，オジアンダーが記した序文の効果が読み取れる。オジアンダーの序文のおかげで「何十年ものあいだ，キリスト教関係者から批判の声が上がらなかった」のである。その部分から，オジアンダーがあのような序文を書いた理由を読み取ることができる。「神や教会の権威に触れることをおそれた」とある，イが解答になる。アは「地動説を批判」とあるが，その後の展開からも，単に批判したかったとは読み取れない。ウには「検証が不十分」とあり，エには「根拠が乏しく」とある。オジアンダーはその点を批判しているわけではない。おかしい。オは「矛盾をはらんでおり」とあるが，オジアンダーは矛盾について指摘していない。

問七　ア　地球は1年，水星は3ヶ月，金星は225日，火星は687日と書かれている。 イ　地動説を大々的に発表しなかった様子などから，コペルニクスの慎重さが感じられる。 ウ　傍線部⑤の直前にあるように，当初コペルニクスの著作は完全に無視されていたのである。エ 「太陽が全ての星々を平等に照らす」というコペルニクスの考えは，文章中に記されていない。 オ　1992年に，地動説の正しさを認めたと書かれている。

やや難　問八　傍線部⑥より後に「4人の話を聞いて」とある。だが，この大問ではコペルニクスの話のみが取り上げられている。そのため，コペルニクスの話から「疑う力」を考える。コペルニクスは，千年以上にわたって支持されてきた天動説に疑いを持った。そして，検証して，地動説という真実を明らかにした。このときに発揮されたのが，「疑う力」だと考えられる。つまり，常識的なことに疑いを持ち，その疑いから検証を進めて，真実を明らかにする力である。以上をおさえ，「常識的な考えにとらわれない」＋「疑問や違和感から検証を進める」＋「本質を見極めようと努力する」という方向で書き進める。

★ワンポイントアドバイス★

さまざまな言葉の知識を組み合わせた，工夫された設問が出題されている。ただ，言葉の知識をおさえているだけでは十分ではない。設問の条件にも注意して，適切に解答することを心がけたい。

●2023年度　特別選抜　問題　解答●

《配点は解答欄に掲載してあります。》

＜算数①解答＞

(1)　4056　　(2)　675(番目)　　(3)　110(秒後)　　(4)　$\frac{100}{123}$(倍)　　(5)　66(日)

(6)　259(人)　　(7)　1080(°)　　(8)　118.064(cm³)　　(9)　①　ク　　②　セ　　(10)　③　チ

○推定配点○

各5点×10((9)完答)　　計50点

＜算数②解答＞

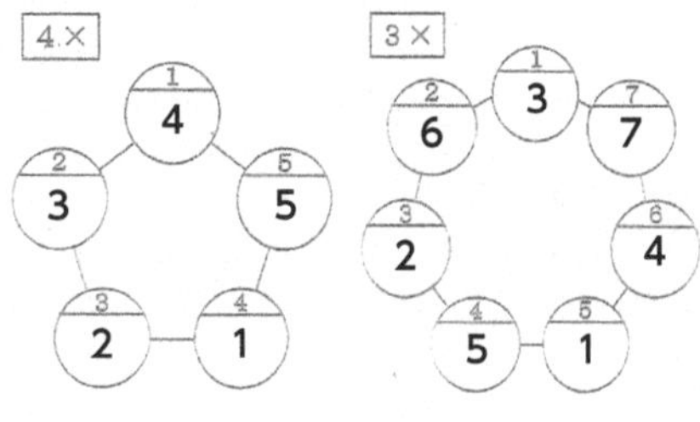

1　(1)　(ア)　右図　　(イ)　右図

(2)　(ア)　A　4　　B　3　　(イ)　8　　(ウ)　10

(3)　(ア)　C　19　　D　10　　(イ)　38

(ウ)　＜考え方＞　19番の○の中に10が入るので，さらに19個進んだ○(38番の○)には10＋11×19を199で割った余りの20が入る。

同様に考えると，57番の○には30が，76番の○には40が入る。

この繰り返しを20回行えば，10×20を199で割った余りの1が入るので，求める番号は19×20＝380　380＝199＋181より181番

(答え)　181

2　(1)　ア　7(回)　　イ　15(回)　　ウ　2　　エ　1　　(2)　63(回)

(3)　オ　13(回)　　カ　40(回)

(4)　＜考え方＞　1からXまでの円盤を，AからBへ動かすのにⓧ回。

1からXまでの円盤を，BからCへ動かすのにⓧ回かかり，X＋1の円盤をAからBへ1回で動かして，1からXまでの円盤を，CからBへⓧ回かけて動かすとゲームは終了するので，(X+1)＝3×ⓧ＋1

(答え)　(X+1)＝3×ⓧ＋1

3　(1)　(ア)　6：1　　(イ)　30：1　　(2)　(ア)　1：2　　(イ)　6：1

(3)　(ア)　2：1　　(イ)　2：1　　(ウ)　9：2

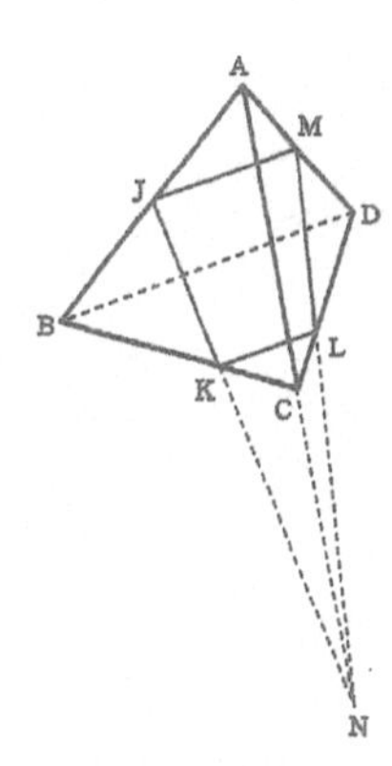

(エ)　＜考え方＞　CB：CK＝CD：CL＝3：1より

△BCDと△KCLの面積の比は3×3：1×1＝9：1

三角すいABCDと三角すいNCKLは底面を△BCDとしたときの高さが等しいので体積の比は9：1(＝18：2)

(ウ)より，立体Xと三角すいNCKLの体積の比は7：2

よって，三角すいABCDと立体Xの体積の比は18：7

(答え)　ABCD：X＝18：7

○推定配点○

1 (1)(ア)・(イ) 各5点×2 (3)(ウ) 9点 他 各3点×5((2)(ア)・(3)(ア)各完答)

2 (4) 10点 他 各3点×7

3 (3)(エ) 7点 他 各4点×7 計100点

データ対応

収録から外れてしまった年度の
問題・解答解説・解答用紙を弊社ホームページで公開しております。
巻頭ページ＜収録内容＞下方のQRコードからアクセス可。

※都合によりホームページでの公開ができない内容については，
　次ページ以降に収録しております。

ちた直後の色も多様である。

ウ　同じ種類の植物であっても葉柄の先端は様々な形をしており、落ちた直後に枯れた色をしている。

エ　同じ種類の植物であれば葉柄の先端は全く同じ形であり、落ちた直後は新鮮な色をしている。

オ　同じ種類の植物であれば葉柄の先端は全く同じ形をしているが、落ちた直後の色は多様である。

カ　同じ種類の植物であれば葉柄の先端は全く同じ形であり、落ちた直後に枯れた色をしている。

問８　――線部⑥「実験」とありますが、この実験から得られる結果として、**適当でないものをすべて**選び、記号で答えなさい。

ア　葉柄だけを残した葉は葉身を切り取らない葉と比べて、早く葉柄のつけ根から落ちる。

イ　枝や幹で作られたオーキシンが葉柄に送られることで、離層の形成が抑えられる。

ウ　葉身があってもオーキシンが葉柄に送られなければ、離層の形成が促される。

エ　葉身が切られてもオーキシンが葉柄に送られれば、離層の形成が抑えられる。

オ　葉っぱで作られたオーキシンが葉柄に送られることで、離層の形成が抑えられる。

カ　葉っぱの働きによって形成される離層は、葉っぱが大きいほど早くつくられる。

問９　――線部⑦「何となくもの悲しさが漂う」とありますが、筆者がこのように述べる理由として、最も適当なものを選び、記号で答えなさい。

ア　植物を観察することによって現代社会で失われたいのちの大切さに気づくから。

イ　植物が動物と比べて人間の日々の生活の中に深く関わっているものだと気づくから。

ウ　自然との共生を目指してきた人間にとって全てのいのちは尊いものであると気づくから。

エ　無意識のうちに植物も人間や動物と同じいのちを持つものであることを感じてしまうから。

オ　自分を犠牲にしてもいのちをつなごうとする植物の仕組みを残酷なものに感じてしまうから。

問10　＝＝線部「自分から枯れ落ちていく」とありますが、これはどういう経過をたどることですか。文中の語句を用いて五十字以内で具体的に説明しなさい。

ア　若い葉っぱを抜きとると、古い葉っぱは早く枯れてしまう。
イ　若い葉っぱを抜きとっても、古い葉っぱはいつまでも緑のままである。
ウ　古い葉っぱを残しておくと、若い葉っぱは早く抜け落ちてしまう。
エ　古い葉っぱを抜きとると、若い葉っぱは大きく育つ。
オ　若い葉っぱを抜きとっても、古い葉っぱの枯れる時期は変わらない。

問５　――線部③「舞い落ちるように見えます」とありますが、この「ように」と〰〰線部が同じ用法のものを選び、記号で答えなさい。
ア　時間に余裕がなくなった彼は、前のように私と話す機会を奪われた。
イ　人間も鳥のように空を飛ぶ事が出来たらいいと思う事がありますね。
ウ　あの女のように、醜い魂と、美しい肉身とを持った人間は、ほかにいない。
エ　ただわたしは前もって言うがね。出ていって後悔しないように。
オ　こっちの正面からのぞくと奥には、書物がいくらでも備えつけてあるように思われる。

問６　次の図は、――線部④「離層」ができるまでの様子を表したものです。正しい組み合わせを記号で答えなさい。
ア　Ａ・ａ　イ　Ａ・ｂ　ウ　Ａ・ｃ
エ　Ｂ・ａ　オ　Ｂ・ｂ　カ　Ｂ・ｃ
Ⅰ．オーキシンを送る方向はどちらですか。

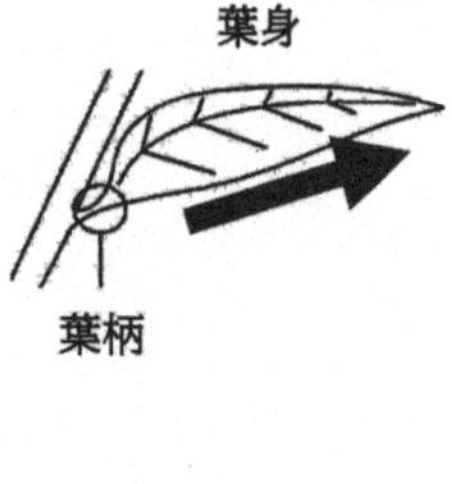

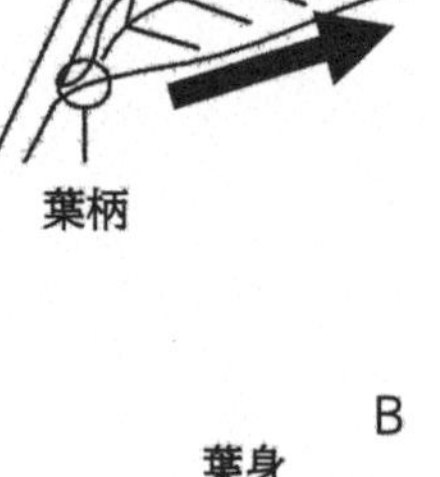

Ⅱ．オーキシンの流れが止まり、離層のできる部分を表している●はどれですか。

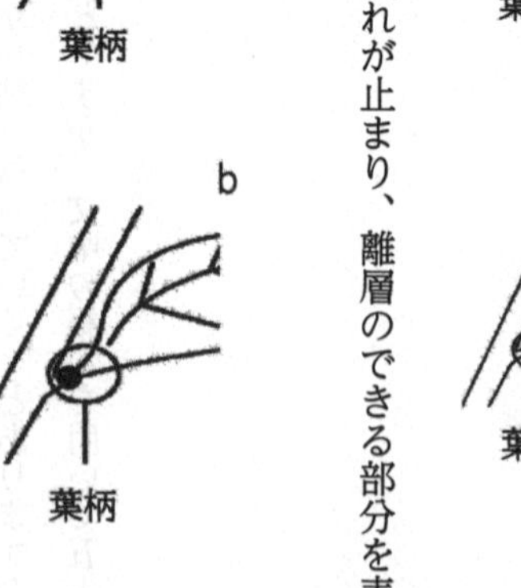

問７　――線部⑤「葉っぱは枝から離れ落ちる」とありますが、枝から離れ落ちた葉っぱの葉柄の説明として、最も適当なものを選び、記号で答えなさい。
ア　同じ種類の植物であっても葉柄の先端は様々な形をしているが、落ちた直後は新鮮な色をしている。
イ　同じ種類の植物であっても葉柄の先端は様々な形をしており、落

これらの現象は、「はたらいている葉っぱでは、葉身がオーキシンをつくって、葉柄に送り続けており、送られてくるオーキシンが、離層の形成を抑えている」ことを示しています。

葉っぱは、オーキシンという物質を送ることをやめ、自分で離層の形成を促して枯れ落ちます。その姿は、「引き際がきれいで、潔い」と思われる場合もあります。たしかに、春からはたらき続けてきた葉っぱが、自分のいのちが尽きるのを悟って、冬が近づいてくると、自分から枯れ落ちていく姿は、「引き際がきれいで、潔い」といわれるのにふさわしいかもしれません。

動物のいのちが尽きるときは、私たち人間の涙を誘うことが多いのですが、植物たちの葉っぱがいのち尽きるときの姿に涙する人はほとんどいません。でも、多くの葉っぱが落葉する秋に、⑦何となくもの悲しさが漂うのは、その涙に代わるものかもしれません。

（田中修『植物のいのち　―からだを守り、子孫につなぐ驚きのしくみ』による）

問１　空欄 a ～ c に当てはまる言葉を、次の中からそれぞれ選び、記号で答えなさい。（同じ記号は一度しか使えません）

ア　なぜなら
イ　ともすると
ウ　また
エ　つまり
オ　しかし

問２　――線部①「このとき、『ほとんどすべての葉っぱが落葉し、新しい葉っぱと入れ替わる』～ともいわれます」とありますが、このように観察者によって様々な報告が出されたのはなぜでしょうか。その説明として最も適当なものを選び、記号で答えなさい。

ア　常緑樹であるクスノキの葉っぱの寿命は長いと思われているが、実際の寿命は一年以内であるから。
イ　常緑樹であるクスノキの葉っぱの寿命については諸説あり、解明されていない部分もあるから。
ウ　常緑樹であるクスノキの葉っぱの寿命は、それぞれの個体に備わっている性質により決まっているから。
エ　常緑樹であるクスノキの葉っぱの寿命は、個々の木の樹齢に応じて決まってくるから。
オ　常緑樹であるクスノキの葉っぱの寿命は、それをとりまく様々な条件の違いにより変わってくるから。

問３　空欄 X に当てはまる文として、最も適当なものを選び、記号で答えなさい。

ア　一枚あたりの負担を抑えるために、新しい葉が少しずつ増えていく
イ　クロロフィルが増えれば緑が濃くなり、減少すれば黄色へと変化する
ウ　はたらきすぎると寿命が短くなり、あまりはたらかないと寿命が長くなる
エ　日当たりの良い場所では植物は生き生きと育ち、長生きする
オ　日当たりの良い場所では多くしげるが、日当たりの悪い場所ではまばらになる

問４　――線部②「予想通りの結果」とは、どのような結果でしょうか。その説明として最も適当なものを選び、記号で答えなさい。

りません。そのため、老化が早まるはずです。逆に、第四葉以上を抜き取らないと、第五葉、第六葉という若い葉が出てきて光合成をするので、第三葉の負担が減り、第三葉の老化は抑えられることが期待されます。

実際に実験をしてみると、②予想通りの結果になります。

落葉樹の葉っぱは、春からはたらき続け、秋遅くになると枯れ落ちます。このとき、枯れた葉っぱは、風に吹かれて、③舞い落ちるように見えます。しかし、葉っぱは、いのちが尽きて、枯れたあとに、風で吹き落とされるのではありません。葉っぱは自分で準備をして、自ら舞い落ちるのです。

葉っぱは、冬の寒さの訪れが近づくと、「冬の寒さの中で、自分はまもなく役に立たなくなる」と感じ、引き際を悟ります。春からはたらいてきた葉っぱの最後の仕事は、枯れ落ちるための支度です。

「葉っぱは、ほんとうに自分で枯れ落ちる支度をするのだろうか」と、疑問に思われるかもしれません。しかし、そのように考えられる根拠は、いくつかあります。

一つ目は、葉っぱが、緑色のときにもっていたデンプンやタンパク質などの栄養物を、枯れ落ちる前に樹木の本体に戻すことです。自分の引き際を悟って、自分のもっていた栄養を本体に戻すのです。そのため、落ち葉には、栄養物がほとんど含まれておらず、繊維質ばかりが目立ちます。

樹木の本体に戻された栄養分は、樹木が生きていくために大切なものです。ですから、すぐに使われる場合もあるし、冬の間、種子や実の形で貯蔵される場合もあります。春に芽吹く芽や地中の根に蓄えられるものもあります。

二つ目は、枯れ落ちる部分の形成は、葉っぱからの指令で行われることです。葉っぱは、「葉身（ようしん）」と「葉柄（ようへい）」という、二つの部分から成り立ちます。葉身は、葉っぱの緑色の平たく広がった部分、葉柄は、葉身を枝や幹につないでいる柄のような部分です。

葉っぱは、落葉に先だって、枝から切り離れるための箇所を、葉柄のつけ根の付近につくります。この箇所は、「④離層」といわれ、ここで、⑤葉っぱは枝から離れ落ちるのです。離層は、そのためにわざわざつくられるのです。

ですから、同じ種類の植物の落ち葉を並べて葉柄の先端を見ると、まったく同じ形をしています。また、落ちたばかりの葉っぱの葉柄の先端を観察すると、その部分だけはまだ新鮮な色をしています。「枯れ葉」といわれますが、葉柄が枯れて落ちるのではないのです。

［ｃ］「枝や幹が、役に立たなくなった葉っぱを切り捨てるために、離層をつくる」という印象をもたれるかもしれませんが、そうではありません。離層は、枝や幹からではなく、葉っぱからの働きかけで形成されるのです。そのことを示唆する⑥実験があります。

枝についている緑の葉っぱの葉身を葉柄との接点で切り取り、葉柄だけを残します。すると、葉身を切り取らない場合と比べてずっと早くに、葉柄はつけ根から落ちます。葉身を切り取ると、離層が早くにつくられるからです。

葉身を切り取っても、切り口から葉柄にオーキシンという物質を送り続けると、葉柄は落ちません。オーキシンは、緑の葉っぱの葉身でつくられ、離層の形成を抑えるのです。

五　次の文章を読んで、後の問いに答えなさい。

長寿が多い樹木に対して、多くの草花の葉っぱは、一～二年以内に枯れてしまいます。そのため、草花の葉っぱの寿命は、一～二年以内であることはよくわかります。［ａ］、春に出てきた葉っぱが冬になると落葉する、落葉樹とよばれる樹木の葉っぱの寿命も、わかりやすく、一年以内です。

それに対し、一年中緑の葉っぱをつけている常緑樹とよばれる樹木の葉っぱの寿命は長いと思われがちです。［ｂ］、個々の葉っぱの寿命は、何百年、何千年という樹木としての寿命に比べると、そんなに長くはありません。短いものでは数ヵ月、長いものでも数十年です。もっとも長いものとしてよく例にあげられるのは、長寿の木として前項で紹介されたブリッスルコーン・パインの葉っぱの寿命で、三三年とか四四年とかいう数値です。

身近な常緑樹であり、樹齢何百年とか何千年といわれるクスノキでは、五月から六月にかけて、多くの葉っぱが枯れ落ちます。①このとき、「ほとんどすべての葉っぱが落葉し、新しい葉っぱと入れ替わる」といわれることがあります。それに対し、「約半分の葉っぱが落葉し、約半分の葉っぱは緑のまま生き残る」ともいわれます。

ほとんど全部が入れ替わるのと、約半分が入れ替わるのとでは、クスノキの葉っぱの寿命は大きく異なることになります。ほとんど全部なら、葉っぱの寿命は約一年です。約半分が入れ替わるのなら、葉っぱの寿命は二年以上です。

たしかに、同じ種類の樹木の葉っぱであっても、寿命の違いは見られます。この原因は、その樹木の育つ環境が異なるからです。葉っぱの寿命は、主に、温度や、光の当たり具合、湿度などに影響されます。

暖かく日当たりの良い場所で、多くの光合成を行うクスノキの葉っぱは、五～六月に、ほとんどすべてが入れ替わります。それに対し、温度が低かったり、日当たりが良くなかったりして、葉っぱがあまり多くの光合成を行うことができないような場所で育つクスノキでは、葉っぱの寿命が長くなり、五～六月に入れ替わる葉っぱの量が少なくなります。

一般に、葉っぱの寿命が尽きる落葉という現象では、その葉がどれだけ光合成を行ったかで決まることが多いと考えられます。よく光合成をした葉っぱの寿命は短く、光合成量が少ないものの寿命は長くなります。

その葉っぱが生涯にできる光合成量は、決まっているかのような現象です。ということは、葉っぱには、「［Ｘ］」という性質があるようです。

この傾向は、イネの葉っぱの老化で、実験的に確認することができます。葉っぱの老化の進行は、葉っぱに含まれる緑の色素であるクロロフィルが減少し、葉っぱが黄色くなることでわかります。

イネの芽生えを栽培すると、一枚ずつ葉っぱが出てきます。出てきた順に、第一葉、第二葉、第三葉と名前をつけていきます。番号が大きくなるほど、あとから出てきた若い葉っぱです。

若い葉っぱが出てくると、芽生えの成長を担う光合成は、古い葉っぱから若い葉っぱへ移行します。そこで、第三葉を残して、あとから出てくる若い葉っぱを抜き取る場合と、抜き取らない場合で、第三葉の老化の具合を調べます。

第四葉以上を抜き取ると、第三葉はいつまでも光合成をしなければな

問６　――線部⑤「はっと驚いたような顔」とありますが、なぜ驚いたような顔をしたのですか。その説明として最も適当なものを選び、記号で答えなさい。

ア　早朝の海岸で顔を合わせるだけに過ぎない「私」に、突然思いもよらない言葉をかけられたことに虚を突かれたから。

イ　二人でラムネ瓶の絵を製作する楽しい日々がまだ続くように思っていたが、「私」の一言で終わってしまうことに気づいたから。

ウ　「私」にラムネ瓶を持ち帰らせるために、残されたわずかな時間で絵を完成させなければならないことに気づいたから。

エ　今まで談笑していたのに、唐突に別れを告げて、楽しい雰囲気をぶち壊した「私」の人間性に疑問を感じ始めたから。

オ　今日帰ることを理由にラムネ瓶の絵を完成させず、自分に押しつけようとしている「私」に対し、憤りを覚えたから。

問７　――線部⑥「ラムネ瓶をはるにれ君に押し付けた」のは、「私」にどのような気持ちがあったからですか。「から」につながるように、本文より二十字以内で抜き出しなさい。ただし、句読点や記号も一字として数えます。

問８　――線部⑦「困ったような顔」とありますが、なぜ困ったような顔をしたのですか。その説明として、最も適当なものを選び、記号で答えなさい。

ア　「私」に来年もここで会える可能性は高くないから。

イ　「私」に本当のことを伝えてはいけないから。

ウ　「私」にいきなり残りの作業を押しつけられたから。

エ　「私」がとめどなく言葉を浴びせかけてくるから。

オ　「私」の言いなりになる自分がふがいないから。

問９　――線部⑧「あのころの甘酸っぱい思い出が蘇る」とありますが、この時の「私」の心情を言い表している一文を本文より探し、最初の五字を抜き出しなさい。ただし、句読点や記号も一字として数えます。

問10　――線部⑨「私はガラス瓶の人魚を指先で小突いた」について、A～Eの五人で話し合い、意見を出し合っています。次の意見のうち、作品の解釈として適当だと思うものを**二つ**選び、記号で答えなさい。

A　「指先で小突いた」とあるのは、人魚の絵を上手に描いた「はるにれ君」に、「私」が嫉妬を感じているんだと思う。

B　人魚が「楽しそうな感情」なのが、「私」には不快なんだよ。自分は「切ない思い」なのに、なんで楽しそうなの？って。世の中の不公平さに怒りを感じているんだと思う。

C　人魚の表情を見て、あの夏の日の自分を思い出しているんじゃないかな――一方的に話をし、打ち切ってしまった自分を。だって、夏になるたびにほろ苦い気持ちになるのは、そのせいでしょ。

D　「はるにれ君」を思い出して、「私」はきっとこう思うんだろうね。なぜ「はるにれ君」は行く先も告げずに去ってしまったのか、って。その恨みがあるから、人魚を「指先で小突いた」んだ。でも、「はるにれ君」のことが好きだから、ラムネ瓶は捨てられないんだね。

E　「指先で小突いた」というのは、「はるにれ君」のことを思い出すと胸が苦しくなるけど、でも「私」にとって忘れられない大切な思い出だという、微妙な気持ちの表現だと思う。

夏が来るたびに、⑧あのころの甘酸っぱい思い出が蘇（よみがえ）る。

はるにれ君が絵を描いた私の海は、今も捨てられずに、机の上に飾ってある。

ビー玉が日差しを反射して、ゆらゆらと私の海に光の影を作る。楽しそうな表情の人魚。

成長したはるにれ君は、今もラムネ瓶に彼の海を作っているのだろうか？

こんな切ない思いになるのなら、いっそ夏なんてなくなればいいのにと、⑨私はガラス瓶の人魚を指先で小突いた。

（北沢あたる『なつのかけら』による）

問1　空欄 X に入る漢字一字を答えなさい。

問2　――線部①「そう言って空を見つめる」とありますが、この時の「はるにれ君」の心情の説明として最も適当なものを選び、記号で答えなさい。

ア　名前負けしていることに絶望している。
イ　変な名前だと思われることに嫌気がさしている。
ウ　名前のように本当に大きくなるか気がかりである。
エ　冗談のような名前で彼女の気をひきたいと思っている。
オ　名前の説明をすることに飽き飽きしている。

問3　――線部②「空気のような子ども」とありますが、「私」は「はるにれ君」をどのような存在だと感じていますか。最も適当なものを選び、記号で答えなさい。

ア　自然に振る舞えて気のおけない存在。
イ　言葉に出さなくても思いが通じ合う存在。
ウ　いなければ苦しくなるほど重要な存在。
エ　自分を高めてくれる刺激的な存在。
オ　いてもいなくても変わらない目立たない存在。

問4　――線部③「下手クソだと思われたくない」とありますが、この時の「私」の心情の説明として最も適当なものを選び、記号で答えなさい。

ア　「はるにれ君」に認められたい。
イ　「はるにれ君」に自慢したい。
ウ　「はるにれ君」を手なづけたい。
エ　「はるにれ君」を鼻白ませたい。
オ　「はるにれ君」に仕返ししたい。

問5　――線部④「まったく、別れの朝だというのに相変わらずのお惚けだ」とありますが、この時の「私」の心情の説明として最も適当なものを選び、記号で答えなさい。

ア　「私」にとっても特別な朝なのに、「私」の思いに全く気づかずマイペースに振る舞う「はるにれ君」の姿に困惑している。
イ　「私」にとっては特別な朝なのに、身だしなみすら整えてこない「はるにれ君」のだらしなさにあきれ、苛立（いらだ）っている。
ウ　「私」にとっては特別な朝なのに、寝起きのまま鏡も見ずに別れの場に現れた「はるにれ君」の態度を苦々しく思っている。
エ　「私」にとっては特別な朝なのに、拍子抜けするほどいつもと変わらない「はるにれ君」の態度をどこか憎めなく思っている。
オ　「私」にとっても特別な朝なのに、「私」を笑わそうと変な寝癖を作ってきた「はるにれ君」に対して、急速に関心を失っている。

はるにれ君のことを私は何も知らない。電話番号も、どこの小学校に通っているのかも、好きな食べ物は何なのかも。

知っていることと言えば、山の上に住んでいるおばあさんのことと、彼が小さな芸術家であること。

彼との約束が欲しかった。また会えるのだという確信が欲しかった。

「ありがとう。楽しい夏休みだった」

はるにれ君は帰り際にそうつぶやいた。その言葉を聞いたときに、ここを離れるのが名残惜しくなった。たぶん、今思えば、それが私の初恋だったのだ。

季節は廻り、また夏がやって来る。

少し伸びた身長と、女の子らしく伸ばし始めた髪。夏休みが来るのが待ち遠しかった。

今年は母親から提案される前に、田舎に行きたいと自ら告げた。

車の窓を開け、潮の香りを感じると胸が高鳴る。もうすぐはるにれ君に会えるのだとワクワクしていた。

彼はどんな一年を過ごしたのだろうか？

背は伸びた？

私のことを少しでも思い出してくれたかな？

「すっかり女の子になっちゃって。去年使ってた部屋、そのままにしてあるからね。自分の家だと思っていいからね」

伯母さんは相変わらずの世話好きだ。

「ありがとうございます」とお礼を言って、一年ぶりの部屋へと入った。

大きな本棚にお客さん用の布団。窓の所には、去年、置いていったままのラムネの瓶――

「伯母さん、あの一番右側の瓶はどうしたの？」

無造作に並んだラムネ瓶の一つに装飾がされていたのだ。人魚の周りを踊る鮮やかな魚の群れ。

この絵は確かに彼の絵だ。

「あぁ、あれね。去年の夏の終わりに男の子が訪ねてきて、置いていったんだよ」

伯母さんの話によると、私がここを離れてから数日の間に、はるにれ君のおばあさんが亡くなったのだそうだ。

はるにれ君のおばあさんはお屋敷に一人で住んでいた。はるにれ君のお母さんは、おばあさんの家を売ることにしたらしい。今では、違う人が住んでいて、はるにれ君の家族がこの地に戻ってくる可能性はもうないだろう。

はるにれ君は、私ともう会うことはないのだと知っていたのだ。だから、私の差し出したラムネ瓶に絵を施して、わざわざ届けてくれたのだ。

楽しかった思い出に？

ありがとうって意味で？

何か伝えようとしていたはるにれ君の口を遮(さえぎ)ったのは、私だ。

わがままで嫌な子だと思われてもいいから、もう一度、はるにれ君に逢いたかった。

私はノートを開き、魚の絵の練習を始める。

コンコンと部屋の扉がノックされ、「どうぞ」と声を掛けたと同時に、伯母さんが扉の向こうから顔を出した。

「今ね、お母さんから連絡があってね、明日のお昼ごろに迎えにくるって。よかったわね。一ヶ月以上もお母さんと離れていたのだもの、会いたかったでしょう？　伯母さん、買い物に行ってくるわね。最後の夜だから、今夜はちらし寿司を作りましょう」

にっこりと笑みを浮かべたまま、伯母さんは階段を降りていった。

お母さん、明日迎えにくるんだ……

今日は何月何日だっけ？　壁に掛かったカレンダーを見て、夏休みの残りがあと一週間しかないのだと解った。

はるにれ君と出会ってから、日々が過ぎるのがあっという間だった。楽しい時間は過ぎるのが早いのだと、担任の先生が言っていた。

帰る準備をしないといけない。

明日、はるにれ君にお別れしなくちゃいけない。

ラムネ瓶の絵はきっと描けない。

はるにれ君と作った私の海。窓に並ぶラムネ瓶を見つめた。

「おはよう」

翌朝、浜辺にはるにれ君がやって来たのを見つけて、私は海へ降りていった。大きなリュックを背負った小さな後ろ姿に声を掛けると、「おはよう」と彼も挨拶を返した。

はるにれ君は薄手のパーカーを羽織り、相変わらずフードをほっ被りしていた。起きたままの状態で、鏡も見ずにここにやって来たのか、おでこの辺りに一角獣のような寝癖が突き出ていた。

どうやって寝たらそんな寝癖が？

私ははるにれ君のおでこを指し、笑い声を上げた。④まったく、別れの朝だというのに相変わらずのお惚（とぼ）けだ。

「私ね、今日帰ることになったんだ。急でごめんね。昨日、ママから迎えにくるって連絡があったの。私も驚いているんだよ」

笑ったあとでぽろりと告げた。はるにれ君は、⑤はっと驚いたような顔をしたあとで、背負ったリュックのショルダーストラップを握りしめた。

「ごめんね。だから今日は絵を描いてる時間はないの」

「そうか、残念だなぁ」

はるにれ君がぽつりとつぶやいた。

「ねえ、来年の夏もここに来る？」

「分からない」

私の問いにはるにれ君はそう答えた。

「私、来年の夏もここに来るから。ここに、私の海が入ったラムネ瓶があるの。これ、はるにれ君が持ってて。また来年、ここで会って絵を描こう」

私は矢継ぎ早に告げて、⑥ラムネ瓶をはるにれ君に押し付けた。

はるにれ君は瓶を受け取ると、⑦困ったような顔をしていた。

「あの、僕……」

彼が何か言いたげに言葉を発したところで、「はるにれ君が来るまで、ずっと待ってるから」と強引に会話を締めくくった。

四　次の文章を読んで、後の問いに答えなさい。

「私」は小学五年生の女の子。一人っ子で両親は共働き。夏休みの間は祖父母の家に預けられ、伯母さんの世話になって過ごしている。ある日、早朝の海岸で一人の男の子に出会う。男の子は病気の祖母を喜ばすため、砂と小さな貝でラムネ瓶の中に「海」を作っていた。その美しさに感嘆した「私」は、自分も一緒に「海」を作らせてもらう…

彼の名前は田中はるにれ君といった。変な名前だから、彼の口から聞いたときは冗談かと思った。

「はるにれ……」と繰り返しつぶやく私の心情を［X］したのか、「変な名前でしょう？　はるにれって木の名前なんだって、大きくまっすぐ育つようにって」と説明を付け足した。

「これから大きくなるのかなぁ。僕、背の順だといつも一番前なんだ」

①そう言って空を見つめるはるにれ君は、小学五年生で、私と同じ歳だと判明した。

「これからだよ、大きくなるのは」

私よりも小さいはるにれ君を励ました。

私たちは日の出とともに海岸に集合する。浜辺にはるにれ君の姿を見つけると、浜辺に降りていくのだ。

伯母さんの「朝ご飯だよー」の声が家から聞こえてくるまでの間が、はるにれ君と私、二人だけの時間だった。

はるにれ君のリュックにはいつもパンパンに荷物が入っていた。はるにれ君はリュックの中から空のラムネ瓶を取り出し、砂の上に置いた。

「四次元ポケットみたい。いろいろ出てくるね」

私の冗談に、はるにれ君はフフフと小さく笑った。

準備ができたら、はるにれ君の「青空工作教室」のスタートだ。

はるにれ君と会うようになってから、私は朝が来るのが楽しみになっていた。

はるにれ君は②空気のような子どもだった。隣にいて、たとえ会話が途切れてお互いに黙りこくったまま作業をしていても、居心地がよかった。

「中のレジン液が固まったら、瓶の外側に絵を描こう。今度は絵の具を持ってくるね」

今日はそう言って別れた。

じゃあね、また明日。

私が使っている部屋の窓際には、はるにれ君のおばあちゃんの部屋と同様、ラムネの瓶が並んでいた。

はるにれ君のように器用にはいかない。初めて作った私の海は、レジン液の中に砂が飛び散ってしまった。

はるにれ君はよくぼうっとしていて、私が話しているときも、聞いているのか聞き流しているのか解らないのに、彼の作る作品は、小学生にしてすでに芸術の域だった。

「百円ショップに売ってたキラキラしたハートやお星さまのパーツを、海の中に入れてみようと思うの」

「いいね。凄くいいアイディアだよ」

私が提案すると、はるにれ君は大きくうなずいて褒(ほ)めてくれた。

明日はどんな絵を描こうかな？　はるにれ君はどんな絵を描くんだろう？　③下手クソだと思われたくないから、練習しておこうか。

【国語】（五〇分）〈満点：一〇〇点〉

一 次の――線部の漢字の読み方をひらがなで書きなさい。

① その地は生糸の生産が有名だ。
② 人間に大切なのは克己心だ。
③ 祖母に青磁の壺を送る。
④ 今日は朗らかな秋空だ。
⑤ 全部署に押印廃止を指示した。

二 次の――線部のカタカナを漢字に直しなさい。

① 電子ニンショウが広まってきた。
② 文書をカイランする。
③ 後継内閣のシュハンが決定された。
④ 創作にボットウする。
⑤ 赤くウれたトマトを買う。

三 次の枠内の漢字を用いて四字熟語を三つ作るには一字足りません。その足りない漢字一字を答えなさい。

（例）

機	柔	一
両	断	優
危	不	髪

危機一髪
優柔不断
一**刀**両断

解答：刀

①

言	同	大
異	敵	断
小	油	語

②

得	利	一
心	害	失
機	挙	両

③

起	回	本
末	承	転
倒	結	死

④

深	気	味
長	意	無
合	燥	乾

⑤

明	大	我
山	引	公
水	田	紫

力で取り組んできたが、完成したタイムマシンは動かず、汚れた姿ばかりが目立ち、ひどくみすぼらしいものに見えてきたから。

エ 「僕」たちは、電球やハンドルがタイムマシンの部品であると本気で信じていたが、タイムマシンが動作しないことがわかった今、もはやそれらがガラクタとしての存在価値しかないように見えたから。

オ ヤンチャを救う唯一の手段として作ってきたタイムマシンが、ヤンチャの死という逃れられない事実を眼前に突きつけられた今、その形状と相まって、直視できないほどみにくいものに見えたから。

問十 ――線部⑨「ひび割れたガラスの向こうに、空が広がっていた。見たこともないほどきれいな夕焼けだった」とありますが、この光景からどのようなことが読み取れますか。「ひび割れたガラス」「きれいな夕焼け」に注目した上で、「現実」という言葉を用いて、六十字以内で答えなさい（句読点・符号も一字とします）。

エ　「僕」はヤンチャの死をおっちゃんから告げられ、ただ打ちひしがれているが、ノリオはヤンチャを生き返らせようと前向きな気持ちになった。

オ　「僕」はヤンチャの死をおっちゃんの思い込みだと見抜いているが、ノリオはおっちゃんの話を真に受けて、やりきれない悲しみに襲われていた。

問六　――線部⑤「おっちゃんは僕の顔をじっと見て口元をゆがめ、とても静かに言った」とありますが、このときのおっちゃんの様子を説明したものとして、最も適当なものを次の中から選び、記号で答えなさい。

ア　ヤンチャの死の経緯を「僕」たちにくわしく説明する方法が見つからずあせっている。

イ　タイムマシンの完成が間に合わなかったためにヤンチャが死んでしまったことを非難している。

ウ　タイムマシンの完成による新しい治療の道が閉ざされたことで、落胆を隠せないでいる。

エ　ヤンチャの死を悔やむと同時にヤンチャのために頑張ってきた「僕」たちをねぎらっている。

オ　幼いヤンチャの死によってかき立てられた自身の死への恐怖を必死に抑えようとしている。

問七　――線部⑥「悔しかった」とありますが、なぜ悔しかったのでしょうか。その説明として最も適当なものを次の中から選び、記号で答えなさい。

ア　ヤンチャにタイムマシンしか見せられなかったから。

イ　周囲の人がヤンチャの死に無関心だったから。

ウ　ヤンチャの死の責任をおっちゃんに追及されたから。

エ　ヤンチャの死に対して自分が無力だったから。

オ　ヤンチャの病室からノリオとハム太が逃げ出したから。

問八　――線部⑦「僕が自転車から飛び降りるのと、ハム太がフタに飛びつくのは同時だった」とありますが、このときの「僕」の気持ちを説明したものとして、最も適当なものを次の中から選び、記号で答えなさい。

ア　タイムマシンの起動を確認したい衝動を抑えきれないでいる。

イ　ノリオが元気なヤンチャと戻ってくることを期待している。

ウ　ノリオまで永遠に失うのではないかと不安に駆られている。

エ　ハム太に指摘された自分の間違いを隠そうとしてあせっている。

オ　タイムマシンの欠点を探そうとするハム太に腹を立てている。

問九　――線部⑧「ひどくグロテスクな姿をしていた」について、なぜこのように見えたのでしょうか。その理由を説明したものとして最も適当なものを次の中から選び、記号で答えなさい。

ア　実際には発進することなく捨て置かれるであろうタイムマシンの姿が、まるでヤンチャに先立たれてこの世に取り残されてしまった今の「僕」たちのみじめな姿を象徴しているように見えたから。

イ　ヤンチャが死んだ今こそタイムマシンを使う絶好の機会だったが、いざというときにタイムマシンは何の役にも立たないことがわかり、これまでに割いてきた時間と労力を考えると、とたんに憎らしく見えてきたから。

ウ　薄暗い工場の中でたくさんの部品を集めタイムマシンの製作に全

みるみるうちにライトの輝きが薄れていく。

ありったけのネジや電球にまみれ、無意味なハンドルや時計やタイヤをごちゃごちゃと取りつけられたポリのバスタブは、こうしてあらためて見ると、⑧ひどくグロテスクな姿をしていた。〈派手な車〉どころか、何だか、たちの悪いジョークみたいだった。

チキ……チキ、チキ……。

弱々しいオレンジ色の光が天井近くの高窓から斜めにさしこんで、僕らの無残な失敗作を照らしだす。

僕は、高窓を見上げた。

⑨ひび割れたガラスの向こうに、空が広がっていた。見たこともないほどきれいな夕焼けだった。

（村山由佳『約束』より）

問一　空欄 a ～ c にあてはまる言葉をそれぞれ次の中から選び、記号で答えなさい（記号は一度しか使えません）。

ア　めらめら　　イ　しとしと　　ウ　とんとん　　エ　ばたばた
オ　とろとろ　　カ　おろおろ　　キ　ぜいぜい

問二　空欄 X に入る表現として最も適当なものを次の中から選び、記号で答えなさい。

ア　波打つ　　イ　渦巻く　　ウ　逆立つ　　エ　抜け落ちる
オ　生え変わる

問三　――線部①「自分の声が、どこか遠くから聞こえるような気がした」とありますが、「僕」の様子の説明として最も適当なものを次の中から選び、記号で答えなさい。

ア　ハム太が一人だけ遅れていることに腹を立てている。
イ　いきなり突きつけられた現実にぼうぜんとしている。
ウ　ヤンチャとの約束に間に合わせようとしている。
エ　予想外の出来事に対して落ち着いて理解している。
オ　感情的にならずに客観的に事実を受け止めている。

問四　――線部②「おっちゃんは黙って僕らを見た。それから、ゆっくりと首を横に振った」とありますが、この時のおっちゃんの心情として、最も適当なものを次の中から選び、記号で答えなさい。

ア　ヤンチャの死に間に合わなかった三人が許せない。
イ　ヤンチャの死を三人に伝えることが忍びない。
ウ　ヤンチャの死を悟れない三人を残念に思う。
エ　ヤンチャの死を三人には退院だとごまかしたい。
オ　ヤンチャの死に三人がどう反応するか確かめたい。

問五　――線部③「僕は、じりじり後ずさりした」、――線部④「ノリオが突然ウッと変な声をもらし、そのまま廊下を走り出した」について、このときの状況を説明したものとして、最も適当なものを次の中から選び、記号で答えなさい。

ア　「僕」はヤンチャの死という現実を受け入れまいと懸命に耐えているが、ノリオはヤンチャの死に直面して、いたたまれなくなった。
イ　「僕」はおっちゃんの話を聞いてヤンチャの死を受け入れているが、ノリオはヤンチャの死を認めたくないあまり、その場にいられなくなった。
ウ　「僕」はヤンチャが死んでしまったことを納得しようと努めているが、ノリオはおっちゃんの話に納得いかず、怒りからその場を立ち去った。

未来から誰を連れてきたって手遅れじゃないか」

「そんなことない！」ノリオは怒鳴った。「今日より前の世界に戻ってくればいいんだから」

「何言ってんだよ、さっぱりわかんないよ」ハム太が泣き声を出す。

「ちゃんと説明してくれよ」

「だから！　ヤンチャが死んじまうより前の世界に戻ってくればいいんだ。そうすれば、ヤンチャにはもう一度チャンスがある。もしかしたら今度は死なないですむかもしれないじゃないか」

「そうか！」

思わず叫んだ僕の声に、ハム太がびくっとなる。

「そうだよ、何もわざわざ『今日』めがけて戻ってこなくてもいいんだ！『昨日』にだって、その前にだって、ヤンチャが元気な頃や、僕らが赤ん坊の頃にだって、好きな日や好きな時間をめがけて戻ってくることができるんだ。なんたって……なんたってこれは、タイムマシンなんだからな！」

「何言ってんだよ、おい、落ち着けよ。どうしちゃったんだよ二人とも」

ハム太が［ c ］と止めるのもきかずに、ノリオはばたんとフタを閉めてしまった。くぐもった声が中から叫ぶ。

「こげよ、ワタル！」

その時にはもう、僕は自転車に飛び乗っていた。スタンドを立てたままの自転車のペダルを踏み込む。力いっぱいこぐ。ヴゥゥウィィィイ　ンンン、という音とともに、薄暗い倉庫の中に色とりどりの電球がぴかぴか灯っていく。自転車の振動が伝わって、タイムマシン全体が小刻みに揺れ始める。

〈発進！　発進！　行け！　行け！　行けッ！〉

一心に唱えてこぎ続けながら、僕はノリオの閉めたフタを凝視した。

ハム太も、口をあけて固まったまま見つめている。ノリオはもう未来の世界に着いたのだろうか。僕らはどうすればそれを知ることができるのだろう。その瞬間——

ぎょっとなった。

いったいノリオは、どうやってあっちの世界から戻ってくるつもりなのだろう？　タイムマシンはここに一台あるだけで、あっちの世界にはないというのに……どうしてそのことに、今まで誰も気がつかなかったのだろう！

僕は、ハム太を見た。ハム太がおびえた目で僕を見ている。

⑦僕が自転車から飛び降りるのと、ハム太がフタに飛びつくのは同時だった。

「ノリオッ！」

僕らは力まかせに引き開けた。中には——

中には……あたり前の話だけれど、出発した時と同じかっこうのノリオがしゃがみこんでいた。

薄汚れたバスタブの底から、ノリオが唇を変な形にゆがめて僕らを見あげる。

「…………」

僕らは、気まずく目をそらした。ほこりと涙の筋でまだらになったお互いの顔を、今は見たくなかった。

だんだんと、車輪の回転がゆるやかになっていく。

チキチキチキ、カラカラカラ……。

「……ヤンチャは?」

と、僕は言った。①自分の声が、どこか遠くから聞こえるような気がした。

やっと追いついてきたハム太が、空のベッドを見て、

「あれ、ヤンチャのやつ、退院したのか?」

と言った。

②おっちゃんは黙って僕らを見た。それから、ゆっくりと首を横に振った。

「そ……んな……」

(信じない、そんなこと絶対に信じないぞ)

思うのに、勝手に口が動く。

「……いつ?」

「今朝だよ」と、おっちゃんは言った。「明け方、ひどい発作を起こしてね。あのやろ、ずいぶん頑張ったけど——だめだった」

③僕は、じりじり後ずさりした。からっぽのヤンチャのベッドに背中を向けたが最後、何もかもが本当のことになってしまう気がした。

と、④ノリオが突然ウッと変な声をもらし、そのまま廊下を走り出した。

「待てよ!」

ハム太が後を追う。［ b ］と遠ざかっていく足音を聞きながら、⑤おっちゃんは僕の顔をじっと見て口元をゆがめ、とても静かに言った。

「間に合わなかったな。おめえらのタイムマシン」

そのとたん、我慢が限界にきた。僕は二人を追いかけて病院の外へ飛び出した。

たったいま笑いながら走ってきたばかりの土手の道を、僕らはうつむいて歩いた。涙でまわりのものがみんなぼやけ、道端の小さな石ころに何度も蹴つまずいた。

⑥悔しかった。こんな仕打ちがあってたまるかと思った。どうしても納得できなかった。ヤンチャのやつにしたって、あんまり水くさすぎる。おととい会った時は普通に話していたのに、なんでこんなに急にいってしまうんだ。なんで僕らに一言のあいさつもなく消えたりできるんだ。ひどいじゃないか。あんまりじゃないか。

これからどうすればいいのか、自分では何も考えられなかった。先に立って早足でどんどん歩いていくノリオの後を、よろよろと追いかける。

たどりついた先は、やっぱり秘密基地だった。裏口から入るなり、ノリオはセーターの袖口で顔をぬぐって、結んであったリボンを荒々しくほどいた。

「おい、何する気だよ」

とハム太。

フタを引き開けながら、ノリオは振り向きもせずに言った。

「きまってるだろ。これは何だよ。オレたち、何を作ったんだよ」

「え……えええっ?」ハム太の声が裏返った。「け、けど、こんなもんが今さら何の役に立つのさ」

ノリオが黙って中に入る。

「おい、ノリオってば!」ハム太は必死になって言った。「たとえこれが本物だったとしたってさ、ヤンチャはもう……もう、いないんだぜ?」

ないから。

問十　本文の内容と合致するものとして最も適当なものを次の中から選び、記号で答えなさい。

ア　子どもたちの個性や生きる力は、親や教師に口やかましく育てられた子よりも、放任主義で育てられた子のほうが、よく育つ傾向がある。

イ　子どもたちの個性や生きる力は、手を加えずとも勝手に育つものではあるが、親や教師によって正しい方向へと導かれないと、子どもが乱暴な性格に育つなどの弊害がある。

ウ　子どもたちの個性や生きる力は、自分の役割を生きることに楽しみを見い出している親や教師と、彼らによって与えられた、好きなことを安心してできる環境のもとで育つものである。

エ　子どもたちの個性や生きる力は、子どもたちが安心して好きなことをできる状況のもとで育つものであり、親や教師は子どもが苦しみを感じているときは、すぐにその苦しみを排除すべきである。

オ　子どもたちの個性や生きる力は、子どもから大人へと成長していく中で楽しいと感じる出来事を数多く経験してきた親や教師によってのみ育てることができる。

五　次の文章を読んで、あとの問いに答えなさい。

小学三年生のとき、「僕」に三人の仲の良い友達ができた。ヤンチャとハム太とノリオ。だが四年生になって、ヤンチャは原因不明の病気で入院した。病状は日増しに悪化する。タイムマシンを作って未来の治療法を手に入れる――「僕」がふともらした夢のような話が、ヤンチャの思いがけない後押しで実現に向けて動き出す。もちろん、「僕」ですら、初めは信じていなかった。しかし、ヤンチャの期待に応えようと必死にガラクタを集めているうちに、いつしか「僕」たちはタイムマシンの製作に没頭するようになった。そして、ついにタイムマシンは完成する――。

僕らのタイムマシンが完成したのは、クリスマス・イヴの前の日のことだった。

できあがったタイムマシンに、僕らは大きなリボンをかけて、記念撮影をした。三人でいっせいに、

「はっしーん！」

と叫んでいる瞬間の写真だ。

タイムマシン本体を病院まで運んでいくことはできないけれど、せめて写真だけでも、ヤンチャへのクリスマス・プレゼントにするつもりだった。

二日ぶりに会うヤンチャに早く写真を見せてやりたくて、僕らは秘密基地から病院までヨーイドンをした。ヤンチャがいたらダントツで一番だったろうけれど、僕とノリオはいい勝負だった。見えないくらい後ろから、ハム太が［ a ］のどを鳴らして追いかけてきた。

息を切らしたままヤンチャの病室にかけ込むと、窓際のヤンチャのベッドはきちんと整頓(せいとん)されて、誰も寝ていなかった。

一瞬、部屋を間違えたのかと思った。でも、右側のおじいさんたちも、ヤンチャの隣のおっちゃんも、確かに同じ顔ぶれだ。

ものすごくいやな感じが僕を襲った。首筋の毛が、ぜんぶ［ X ］。

ウ　正解、不正解にとらわれず思考の過程を尊重すること。
エ　非科学的な精神論をふりかざして指導すること。
オ　全員が同じやり方で答えにたどりつけるようにすること。

問六　――線部⑥「育つための基盤」を作るにはどのようなことが必要でしょうか。その説明として最も適当なものを次の中から選び、記号で答えなさい。
ア　指導経験の豊かな大人たちが、若い親だけでなく教員までも指導し、子どもの教育環境を昔のように整備すること。
イ　生きる希望を見つけた大人たちが、子どもたちに自己体験を語り、生きる喜びを見つけられるようにアドバイスすること。
ウ　夢を実現した大人たちが、貧しい子どもたちの生活だけでなく学費も援助し、子どもの夢を実現させるようにすること。
エ　苦しみに耐え成功を勝ち取った大人たちが、頑張っている子どもたちを叱咤（しった）激励し、壁を乗り越えられるように導くこと。
オ　自分らしく充実した時間を過ごしている大人たちが、子どもたち一人一人が好きなことをできるように、工夫しながら見守ること。

問七　――線部⑦「一銭のお金を使うこともなく、子どもの一人一人が楽しい経験をする」とありますが、本文中で示されている例と同様のものとして最も適当なものを次の中から選び、記号で答えなさい。
ア　教室でうさぎなどの小動物を飼ってみなで世話をする。
イ　成績が上位の子どもの名前を張り出して努力を称える。
ウ　隣の席の子ども同士でお互いの良いところを紙に書いて渡す。
エ　電子黒板などの最先端の機材を導入して楽しみながら学ぶ。
オ　算数や国語の授業の代わりに校庭での体育を増やす。

問八　――線部⑧「非常に単純な考え」とありますが、どのような点で非常に単純なのでしょうか。その説明として最も適当なものを次の中から選び、記号で答えなさい。
ア　複雑な物事を簡潔にとらえ直し、万人に理解しやすく提示している点。
イ　物事の一部だけを見て、それが全体であると安易に解釈している点。
ウ　物事の特徴を見極めて、それ以外は枝葉として切り捨てている点。
エ　物事を合理的に解釈し、平易な言葉でありながら本質を見抜いている点。
オ　一見すると不条理に感じられるが、経験に裏付けられた説得力を持っている点。

問九　――線部⑨「せっかちな親からは評価されない」とありますが、その理由を説明したものとして最も適当なものを次の中から選び、記号で答えなさい。
ア　個性を生かす教育の成果は、成績や結果に直ちに現れるわけではないから。
イ　個性を生かす教育の成果は、子どもが大人になるまで決して分かるものではないから。
ウ　個性を生かす教育の成果は、生きる力をもった人でもすぐに評価できないから。
エ　個性を生かす教育の成果は、評価者自身の豊かな個性に基づいているから。
オ　個性を生かす教育の成果は、その評価方法がいまだに定まってい

ない。しかし、結局は子どもの幸福のためには大切であることを、教師、保護者、地域社会の人たちが互いに協力し合って認識を高める努力を払うべきである、と思われる。

（『中学生までに読んでおきたい哲学』所収　河合隼雄の文章より）

問一　――線部①「日本の現在の家庭や社会などの状況」とありますが、次の文は日本の社会の状況について説明したものです。空欄Ａ・Ｂのそれぞれに当てはまる四字の言葉を本文中より抜き出して答えなさい。

戦後五十年で［Ａ］と呼ばれるほどに成長したが、その代償として様々な問題が噴出し、［Ｂ］を大きく切り換えることになった。

問二　――線部②「開発途上国に行くとよい」とありますが、その理由として最も適当なものを次の中から選び、記号で答えなさい。

ア　子どもたちの生き生きとした表情を見ることで、「生きる力」が弱くなった背景を考える手がかりとなるから。
イ　厳しい食糧事情を目の当たりにすることで、拒食症に対する理解を深める一つのきっかけとなりうるから。
ウ　過酷な生活環境の中に身を置くことで、命の尊さを再認識し、自殺を防ぐ一つの手段になると考えられるから。
エ　不便な生活を体験することで、文明によってもたらされた快適な生活のありがたさを感じることができるから。
オ　自然の中で生活を送ることで、本当の豊かさは自然の中でこそ得られるものだと気づくことができるから。

問三　――線部③「文明というものがどうしても『自然』から切れていく」とありますが、これはどういうことですか。その説明として最も適当なものを次の中から選び、記号で答えなさい。

ア　文明は、自然を豊かにするために生まれたものだが、技術が人間の生活と深く結びつくことで、自然とのつながりが失われるようになったということ。
イ　文明は、人間の生活を豊かにする営みであるが、文明のもたらす便利さや快適さは、人間が本来持っている力を少しずつ失わせていくということ。
ウ　文明は、人間が自然と共存して生活するためのものであったが、文明が発展するにつれ、自然を支配するようになり少しずつ自然を破壊するようになったということ。
エ　文明は、自然の中から生まれたものであったが、技術が発達するにつれ、文明の力ばかりを頼るようになり、自然の力を軽視するようになったということ。
オ　文明は、自然を研究することで発展してきたが、研究対象が自然から科学技術に変わっていったことで、自然の恩恵を受けられなくなってきたということ。

問四　――線部④「これまでの日本の教育」が、重視してきたのはどのようなことですか。本文中の★以降（32ページ下段17行目以降）から二十四字で抜き出しなさい（句読点・符号も一字とします）。

問五　――線部⑤「『生きる力』を失わせるような指導や教育」とありますが、次の中でこれに**当てはまらない**と考えられるものを一つ選び、記号で答えなさい。

ア　物事を短時間で大量に記憶する能力を試すこと。
イ　多くの生徒に対して一つの指導方法だけで教えること。

をはずませて好きなことができる。そのなかで、子どもたちの生きる力は、まちがいなく育ってくる。

このような親や教師になるためには、自分自身が自分の個性を生きていることが必要である。「親であること」、「教師であること」に対して、自分の個性とのからみ合いのなかで、どれほどの楽しみを見い出しているだろうか。「楽しい」というのは、生きる力がはたらいているときである。ほんとうに楽しむためには、自分が生かされていないと駄目である。それができていてはじめて、子どもの生きる力を育てる土壌になれるのである。

画一的な指導をするのは簡単だが、子どもの一人一人を生かすことを考えはじめると、それなりの工夫がいる。しかし、そのような工夫が実ってこそ、親としても教師としても、ほんとうに楽しいのではなかろうか。

少し例をあげてみよう。ある小学校の先生は、学級の子どもの誕生会をホーム・ルームの時間にすることにした。それはごく短時間である。しかし、お祝いの係になった児童は、その日の朝早く行って、黒板に、「○○さん、誕生日おめでとう」と書くだけではなく、いろいろな「プレゼント」をする。と言っても、品物を買うのではなく、黒板に描く（あるいは、書く）のである。大きいデコレーションケーキを描く子もある。「この前の算数の時間、よくやったね。」などと文章を書く子もいる。それぞれの子どもが工夫して書くところがいい。誕生日は、一年に一度誰にも訪れるので、平等なところもいい。こうして、⑦一銭のお金を使うこともなく、子どもの一人一人が楽しい経験をすることができるのである。

楽しいときには、生きる力がはたらくと言っても、楽しいことだけが長続きすることはない。楽しみには苦しみが伴う。勉強にしろ、スポーツにしろ、それを深く楽しむためには、それにふさわしい苦労が必要である。従って、楽しみのなかに苦しみがまじってくるのは当然である。ところが、日本では、苦しめば苦しむほどいい、という⑧非常に単純な考えがあり、これは下手をすると、個性を壊すことに終わってしまうことになる。これはスポーツの指導の際の、いわゆる「しごき」となってくる。スポーツの指導において、欧米においては、効果的に集中した練習をするのに対して、日本ではただ長時間にわたり苦しめるだけの練習をすることがある。その結果、日本の選手が強くなるのではないことは、オリンピックの結果をみるとよくわかる。

これからの日本では、課外活動の指導においても、個性を大切にし、効果的に時間を利用することを考えねばならない。部活動などで、毎日長時間の練習をしているのなどは、もっと改める工夫をしてもいいだろう。

これまでは、与えられた知識をできるだけ多く、早く吸収することに重点がおかれすぎてきた。また、入学試験の問題もそのような能力を測定することを中心にし過ぎた。今後は、このような点を改めることが必要であろう。自分自身の固有の考え方、感じ方を持ち、それを他人に通じるように表現すること、に対してもっと高い評価を与えるべきであろう。入学問題に関しては、中学・高校、高校・大学などが共に参加する研究会でもつくって検討してみてはどうであろう。

生きる力を育てる、ということは、知識の吸収のように目に見えたり測定したりすることが難しい。従って、⑨せっかちな親からは評価され

四　次の文章を読んで、あとの問いに答えなさい。

教育において、子どもたちの「生きる力」を育てることの重要性が強調されるようになった。しかし、考えてみると、人間誰しも「生きる力」を持っているはずで、そんなことをわざわざ言いたてることもあるまいと思われる。このようなことを強調しなくてはならなくなったのは、やはり①日本の現在の家庭や社会などの状況のためであることを最初にまず認識しなくてはならない。

このことを実感するためには、②開発途上国に行くとよい。まったく食物がなくて飢餓(きが)状態のところは別として、少しぐらい貧しくとも、子どもたちが実に生き生きとした表情をしていることに気づくだろう。そこには、子どもの自殺も拒食症も起こらない。

文明国は、文明によって便利になり快適になっているようだが、それを維持するための努力をしなくてはならない。③文明というものがどうしても「自然」から切れていく性質をもっているので、下手な努力をすると、人間が自然にもっている「生きる力」を見失うことになる。特に、日本はどうしても欧米先進国を追いかける立場にあったので、既にある知識や技術をできるだけ早く吸収することに力を入れてきたので、近代文明の上澄(ず)みをすくいあげて自分のものにするのに熱心になっているうちに、だんだんと根が切れてきて、本来あるはずの「生きる力」が弱くなってきた。その点について、このあたりでよく反省してみる必要が生じてきたと思われる。

これは、④これまでの日本の教育（特に初等教育）が失敗したというのではなく、むしろ、日本の敗戦から僅(わず)か五十年の間にここまで立ち上がり、先進国の仲間に入るという点では、大いに成功してきたとさえ言える。しかし、日本が「経済大国」などと言われるようになった現在では、これまでの教育方針を大いに転換しなくてはならなくなった。

これまでは、できるだけ皆がそろって、全体の平均値をあげる努力をしてきた。しかし、それはどうしても画一的にならざるをえない。子どもたちの個々の人間としての在り方を無視して、画一的な受験勉強を強制したり、知識の量によって子どもの価値を一様に測ったりするようなことが生じてきた。このようになると、子どもに対する圧力が強くなりすぎて、たとえば、いじめとか不登校などの問題が多発するようになった。

だからと言って、子どもをまったく放任する方がよいとか、鍛えない方がよいというのではない。⑤「生きる力」を失わせるような指導や教育が問題だというのである。個性を殺すのではなく、個性を生かす教育が必要なのである。このように言っても、実際に実行するのは大変である。日本の教師や親は「教育」や「指導」という名によって、子どもの個性を殺すことをしてきたのではないか、と自分のことをよく反省するべきである。

★　子どもを「育てる」と言う。しかし、本来は子どもが「育つ」という面もあることを忘れてはならない。特に個性とか、生きる力などというと自ら育ってくるところが大きいのである。しかし、「育つ」と言っても、まったく棄(す)てておいて、育つはずはない。⑥育つための基盤がいる。土壌と言ってもいいし、器と言ってもいい。

生きる力が育っていくための「土壌」として親や教師が存在する。このことを具体的に言うと、「安心して好きなことができる」環境ということになろう。「あの先生が居てくれる」、というだけで、子どもたちが心

【国語】（五〇分）〈満点：一〇〇点〉

一 次の――線部の漢字の読みをひらがなで答えなさい。

1 長年政権の中枢にいる人物。
2 圧巻の投球を見せる。
3 風情のある庭を歩く。
4 雨の滴る音がする。
5 たくましい精神力を培う。

二 次の――線部のカタカナを漢字に直しなさい。

1 首相のトウベンに注目が集まる。
2 歴史的なカイキョを成し遂げた。
3 セイコウホウの番組作りが求められる。
4 メイブンカされたルールに従う。
5 多くの人がムラがる場所を避ける。

三 次の空欄にあてはまる言葉を入れて、ことわざや慣用句、故事成語を完成させなさい。空欄に入れた五つの言葉を比較したとき、他の四つとは種類や性質が異なるものを一つ選び、**ア～オの記号で答えなさい。**

（例）
ア 夜を□につぐ →日
イ 親の光は□光 →七
ウ □足のわらじをはく →二
エ 石の上にも□年 →三
オ □目置く →一

種類や性質が異なるもの……日（他の四つは数字）
答え……ア

1. ア □も歩けば棒に当たる
イ □の耳に念仏
ウ □の滝登り
エ □にひかれて善光寺まいり
オ □の手も借りたい

2. ア □の一声
イ □の行水
ウ □に豆鉄砲
エ 泣きっ面に□
オ □も鳴かずば打たれまい

3. ア □に入れても痛くない
イ □をとがらせる
ウ □に汗をにぎる
エ □が棒になる
オ □の居所が悪い

4. ア 絵に描いた□
イ 棚から□
ウ 重箱の□をつつく
エ □にかすがい
オ 花より□

5. ア □を正す
イ 左□で暮らす
ウ 紺屋の白□
エ □振り合うも多生の縁
オ 人の□で相撲をとる

問四　――線部②「日本のデザインは内向きでガラパゴス化しており、もっと世界に打って出るべきである、といった発言を時折耳にしますが、これはとんでもない誤解です」とありますが、これはどのようなことを言ったものですか。次の中から最も適当なものを選び、記号で答えなさい。

ア　日本のデザインは、非常にすぐれたものが多くあり、ことさらに宣伝などしなくても、その良さに気づいた海外の人々が積極的に使用して、今や世界中のあらゆる場所で受け入れられているということ。

イ　日本のデザインは、自国だけでしか通用しないような閉鎖的なものではなく、人間との関係によって独自の進化を遂げたものであり、それだけで世界に誇るべき豊かさがあるということ。

ウ　日本のデザインは、使用者の利便性を考慮せず、かたくなに古来からある意匠を継承しているように見えるが、実際には海外のデザインを取り入れて、現代的なものとして仕上がっているということ。

エ　日本のデザインは、本来日本人が使用するために作られてきたものだが、将来的に日本の人口が減少する中で、海外の人々を含めた多くの人にとって便利なものをデザインするべきだということ。

オ　日本のデザインは、海外の人々にはその使用法が理解できないものもあるが、実際に使用してその便利さに気づき、世界の生活様式が大きく変わりつつあるということ。

問五　――線部③「オブジェとしてのデザイン」とありますが、これはどのようなデザインであると筆者は言っていますか。「～デザイン。」につながるように、本文中の▼から▲までの間から三十二字の箇所を探し、抜き出しなさい（句読点も一字と数える）。

問六　本文の内容と合致するものを次の中から**二つ**選び、記号で答えなさい。

ア　フォークとナイフは、誰にでも使いやすい道具に見えるが、日々の生活で使い方を訓練することで、その機能をより生かせるようになる。

イ　日本のデザインの豊かさは、箸やふろしきのような、人々が日常生活の中で用いているものにこそ認められる。

ウ　宅配便で何でも届く便利な時代に、ふろしきが残っているのは、ただ一枚の布に人々の興味を引く図柄がデザインされているからである。

エ　日本のデザインについて知ることは、人間にとって本当の豊かさとは何かを考えるきっかけを与えてくれる。

オ　人間にとって本当の豊かさとは、経済的な余裕を持ち、便利さを追求した道具に囲まれた生活を送ることである。

カ　日本古来の日常生活用具は、素材の特徴を活かした素朴なデザインであり、装飾的な加工は一切されない。

問七　==線部「『ほどほどのデザイン』」とありますが、これはどのようなデザインですか。本文全体をふまえ、「余地」・「能力」の二語を用いて、六十字以内で説明しなさい（句読点も一字と数える）。

な一枚の布が、ほどほどなところで留められたことによって、無限と言いたいほど表現可能なキャンバスになっている。また、少しばかり昔の日本の生活を思い出してみるなら、普段は折り畳んで仕舞い、使う時だけパタパタと広げて、必要なところに置けば室内の間仕切りとなる「[　　]」などにも、「箸」や「ふろしき」と同じ「ほどほど」が見えてくるはずです。今後甦(よみがえ)るべき道具を、多く日常生活文化史に発見できるのではないでしょうか。

デザインを考えることは、人の豊かさとは何かを考えることに他なりません。今、二十世紀後半を振り返ると、生活道具をあたかもオブジェのように完成させて、その美しさを競った時代のように思えます。二十一世紀も同様に③オブジェとしてのデザインを我々はなし続けるべきなのでしょうか。日常を少し見回してみただけでも、箸やふろしきや[　　]のように日本人の振る舞いに準じて育まれてきた素晴らしいものが残っているのだと気づかされます。そしてそれらが体現しているのが「ほどほどを極める」なのです。人間の身体どころか心までを使わないで済むようにしてきてしまった必要以上の間違った便利さを見直して、ほどほどを極めるレベルを今一度模索しなければならない時が来ているようです。それこそは資源の問題、エネルギー問題、そしてこの国の文化的価値の問題などと密接に繋(つな)がってくると思われてなりません。

心と身体を使わないで済むような便利さが、果して人を本当に豊かにするのか。昔から普段よく言われてきた「ほどほど」や「いい塩梅(あんばい)」などの言葉が、実は日本人が忘れてはならない大切な感性をしかと伝えているのです。

（佐藤卓『塑する思考』より）

※カスタマイズ…既存の商品などに手を加えて、好みのものに作り変えること。

※ヘンリー・ペトロスキー…一九四二年生まれ。アメリカ合衆国の工学者、デューク大学教授。

問一　本文中の[A]～[C]にあてはまる語を次の中から選び、記号で答えなさい（同じ記号は一度しか使えない）。

ア　ところで　イ　もし　ウ　あるいは　エ　もっとも　オ　つまり

問二　本文中の[　　]にあてはまるものとして最も適当なものを次の中から選び、記号で答えなさい。

ア　蚊帳　イ　障子　ウ　行燈　エ　暖簾　オ　屏風

問三　――線部①「関係のデザイン」とありますが、これはどのようなデザインですか。次の中から最も適当なものを選び、記号で答えなさい。

ア　利便性を追求した機能的な構造で、誰が使っても同じように簡単に使いこなせるデザイン。

イ　古くから伝わる型を重んじることで、伝統的な文化をより豊かに継承していけるデザイン。

ウ　美しさを追求する一方、実用性も重視することで、作り手と使い手が共感を得られるデザイン。

エ　単純な形状であるがゆえに、使う人の技術しだいで様々な場面に対応することのできるデザイン。

オ　作り手が生み出す独創性によって、使う人の道具への愛着を引き出せるデザイン。

凡社ライブラリー）に詳しく書いていて、それはそれで微笑ましく、フォークとナイフが共に進化（共進化）した経緯は大変興味深い。現代のフォーク、ナイフには取手の部分があり、握りやすいように膨らんでいて、膨らみ具合がデザインの特徴になっている場合も多いでしょう。対するに、箸には取手に充たる部分がなく、取手どころか、どの指はどこに当てて、といったデザインは一切施されていません。ものの側から「このように使ってください」と教え示すデザインではなく、素材のままそこに在って、見掛けは「どうぞご自由に」とやや素っ気ないくらいですから、箸を初めて目にした他国の人は、いったいこれをどう使うつもりなのか？　と面食らうに違いありません。しかし使用法をマスターしてしまえば、食べるための道具としてのこの使い勝手の良さは他に代えがたいものになることでしょう。つまりは、二本の棒である単純さが、人の本来持っている能力をむしろ引き出しており、そこには人の所作さえもが生まれます。箸において日本人は、それ以上の進化による利便は求めてきませんでした。ですから西洋のフォークとナイフのような目に見える進化はしなかったものの、日本の箸は、ほぼ棒状のままの中国、韓国のそれとは異なり、かつ金属ではなく主に木や竹を使い、先をかなり細くすることで、より繊細な動きに対応できるよう微妙に進化したのみならず、漆塗りのような丁寧な表面仕上げや材質選びにも伝統が活かされてきました。このように当りまえの日常の中に、ほどほどのところで留めておきながら徹底的に突き詰めようとする日本らしさを見出すことができます。

　食べるための道具は、食物と人間との関係によって進化してきたのですから、それぞれの国や地域の食文化全体の中で見極めていく必要がありますが、これだけ食の流通が行き届き、世界中の食べ物が手に入るようになった今もなお、日本の箸は、あくまで日本の箸であり続け、しかも日本食が世界的なブームとなり、箸を使いこなす海外の人々も増えている事実に注目すべきです。②日本のデザインは内向きでガラパゴス化しており、もっと世界に打って出るべきである、といった発言を時折耳にしますが、これはとんでもない誤解です。誰々が派手にデザインした何々に、ではなく、アノニマス（匿名）な箸のようなものにこそ、世界に誇るべき日本のデザインが豊かに潜んでいるのですから。

　もう一つ、忘れてならないのが「ふろしき」です。何十通りもの包み方があり、あらゆる包む対象に合わせた対応が可能なばかりか、使わない時には小さく畳んでおける。つまり自由自在に変化できる一枚の布の状態に留めてあるわけで、それ以上はデザインしていません。バッグのように持手を付けたり袋状に縫ったりは敢えてせずに、どこまでも原型を保ったまま使われ続けている。我々が何もかもを便利至上に走っていたのであれば、すでに息絶えてしまってもおかしくなかった道具の一つなのかもしれません。しかし人間の側に備わっている「考える」力や「適応する」力を引き出す余地をたっぷり残した「ふろしき」という一枚の布が、宅配便で何でも便利に届くこの時代にまでちゃんと残っていること自体が注目に値します。これも、やり過ぎないほどほどのデザインの典型なのです。改めて申しあげるまでもなく、一枚の正方形の布であるがゆえに、「ふろしき」に施されるグラフィックデザインは無限の可能性に満ちている。今の時代、もっともっと便利さを求めてその場その場に合わせた様々な形態をつくり出しているのですが、ある意味で不便

オ　「私」は、この小説文の登場人物であると同時に語り手の役割もしており、各人の心理に分け入って説明をしている。

五　次の文章を読んで、あとの問いに答えなさい。

▼日本には昔から「ほどほど」という実にいい言葉があります。［Ａ］子どもに対しては、ほどほどのところでやめておきなさいと諭してしまうよりも、飽きるまでやらせる育て方のほうに一票を投じたいと思いますが、仕事の経験を積んでくると、この言葉の深い意味合いが少しずつ分かってきます。「ほどほど」には、やりきらずに手前で留めておくといったニュアンスがあります。これをデザインにそのまま置き換えてみると、「ほどほどのデザイン」となる。それだけを耳にすれば、あまりいいデザインではないような印象でしょうが、「ほどほどのレベルを徹底的にデザインする」、［Ｂ］「ほどほどのデザインを極める」こととして捉えるなら、印象は一変するはずです。［Ｃ］ここでお話ししたい「ほどほど」とは、やりきることも承知しながら、敢えて手前のほどよいところを見極め、そこで仕上げておくことなのです。

この、少し手前でほどほどに留めておくデザインによって生まれる「空き」こそが、人がものと自分なりの仕方で付き合うことを可能にする余地になります。その人その人なりにものを※カスタマイズできるのだと言ってもいい。そもそも人は、それぞれ価値観も違えば生活におけるあらゆる行動のとり方も一人ひとり違います。しかるに、完成しきって「空き」を持たないものを前にして、なんだか壁に阻まれているみたいだと感じたことのある方は少なくないと思います。もののほうから一方的に「こう使え！」と偉そうに言わんばかりであったり、ものとしては美しいけれどまったく実用する気にならなかったりするのも、「空き」がないためなのかもしれないのです。メーカーやデザイナーは、ついそのものだけを一つの作品のように見なしての完成度を目指してしまう傾向があります。当然「空き」など生まれようがない。しかし本来デザインは、それ自体に価値があるわけではなく、デザインされたものと付き合う人との関係の中で効力を発揮するのです。人の価値観はみな違うのだから、デザインは人それぞれの価値観で関わることができる、ほどほどの領域で留めておくべきなのではないでしょうか。そこに「空き」が生まれます。

「ほどほど」という曖昧な日本語の中に、実はデザインがなすべき大切なヒントが含まれているように思います。そしてこの「ほどほど」を、古来の日本の日常生活用具のそこここに垣間見ることができるのです。▲

私たちの日常生活の中で何気なく使われている道具を人との関係で観察し直してみると、日本ならではのデザインが見えてきます。例えば、使う人の能力を前提に成立しているもの。ご飯を食べる時に使う「日本の箸」はその代表格です。先を細くした二本の棒を使いこなすだけで、小さな米粒や豆や、けっこう大きなジャガイモまで挟むことができるばかりか、この単純きわまる道具で肉を切り離したり柔らかいものを刺して割ったり、みそ汁をかき混ぜたり具のツルツル滑るワカメをつまみ上げて口へと運んだり、海苔で白米を包んだりと、用途は多様で、小さな頃から経験を積んだ我々は、毎日のように二本の棒を無意識に使いこなしているのです。ここには西洋のフォーク、ナイフとは全く異なる「①関係のデザイン」が見られます。フォーク、ナイフの進化について、※ヘンリー・ペトロスキーが『フォークの歯はなぜ四本になったか』（平

ら選び、記号で答えなさい。

ア　かわいい子には旅をさせよ　イ　寝ている子を起こすな

ウ　泣く子と地頭には勝てぬ　エ　泣く子は育つ

オ　老いては子に従え

問四　本文中の□□□□に入る四字熟語として最も適当なものを次の中から選び、記号で答えなさい。

ア　呉越同舟　イ　有象無象　ウ　弱肉強食　エ　玉石混淆

オ　森羅万象

問五　══線部ア～オの中で一つだけ違った人物の呼称を探し、記号で答えなさい。

問六　――線部①「故郷の実家」はどこにありますか。次の中から最も適当なものを選び、記号で答えなさい。

ア　長州　イ　泉州　ウ　甲州　エ　奥州　オ　満洲

問七　――線部②「もっと広い広い家に住んでいると思った」理由を、「～ので。」につながる形で、本文中から二十九字で抜き出しなさい（句読点も一字と数える）。

問八　――線部③『「いいでしょう。可哀そうだから。」』について。次の文は「いいでしょう。可哀そうだから。」を補足説明したものである。［ア］～［ウ］に適当な言葉を入れて、説明文を完成させなさい。

［ア（三字）］を［イ（四字）］でもいいでしょう。［ウ（二字）］が可哀そうだから。

問九　――線部④「小葛藤を起した」について。「小葛藤を起した」金魚は兄の家族が去ったのち「私」にとってどんな役割を果たすことになりますか。簡潔に述べられた一文を本文中から探し、最初の五字を抜き出しなさい（句読点も一字と数える）。

問十　――線部⑤「叱られるから、さあもう弄るんじゃありません」という嫂の発言を説明したものとして適当なものを次の中から**二つ**選び、記号で答えなさい。

ア　叔父さんが叱らなければ、お祖母さんに買い与えられた金魚もお母さんの買ってあげた金魚も弄っても構わない。

イ　叔父さんが叱らなければ、お祖母さんに買い与えられた金魚は弄ってもよろしい。

ウ　叔父さんが叱らなければ、お母さんの買ってあげた金魚は弄ってもよい。

エ　叔父さんに叱られるのは厭だろうから、金魚を弄るのは叔父さんの家を出てからにしなさい。

オ　叔父さんに叱られるのは厭だろうから、金魚を弄るのは止めなさい。

問十一　この小説文の特徴を説明したものとして**適当でない**ものを次の中から一つ選び、記号で答えなさい。

ア　金魚のことを「赤い影」「赤いもの」「同類」「赤い動揺」など様々に表現して単調にならないようにしている。

イ　古典的な短歌を作中に織り込むことで、作品の文学的な雰囲気をかもし出そうとしている。

ウ　「私」の家の庭の楓の描写が時折はさまれることによって、初夏の季節感が効果的に表現されている。

エ　「私」、兄、母、嫂、辰夫、それぞれの登場人物が会話文を通じて、それぞれの考えや思いを示している。

て頬に上せて見せた。

「ええ、そうですね。」

私も苦笑して、内心鳥渡暗い気持になりながら、自身もいつの間にかこんな葛藤の中へ入ってしまった事を悔いる心持で、そのまま書斎へ入って行った。

其処には、私の書きかけの物が置いてある机の傍に、兄や嫂の旅用鞄や、行李、信玄袋の類が、所狭きまで置いてあった。私はそれらを眺めながら、こうしてこんな狭い家に、鼻を突き合しているので、知らず知らず双方の気が昂ぶるのだと、今更ながら思い返すようにした。そして嫂のそんな気持を、――久しぶりで良人とも会いながら、こう狭い障子一重と隔っているかいないような、弟の家に一緒に寝起きしていては、沁々話をする暇もないので、そういうヒステリィ傾向を帯びるのだと、頗る察しのよい推察さえして、先刻の争いめいた言葉を、心から済まないように感じた。

「何しろ、もう少し広い家が欲しい。」

そんな事を思いながら、もうすっかり夏らしく、蒼いなりにぎらつく空を、そっと庇越しに覗いたら、その途端に、先刻からの争いの種なる、小さい金魚玉が目についた。それは折からの日の光りの屈折で、庭の暗い楓若葉を背景に、燦として光っていた。私はそれをいつまでも見つめていた。……

兄や嫂たちは、しかしながらその後そう居悪がりもせず、また吾々も厭がりもしないで、十日余りいた後に、便船の都合で帰って行った。そうして永く居てみれば、矢っ張り名残惜しかった。

が、あの小葛藤の※紀念なる、金魚玉は長く私の家の軒下に残った。

私はその□□□□といったような、四角い位肥った腹に、鰭を豊かに付けた豪奢なのと、殺しても惜しくない程痩せて清貧に甘んじているのと、二種類混った金魚のいる金魚玉を眺めては、時々例の微苦笑を禁じ得なかった。

それは夏中、私の書き物に疲れた眼を、赤い動揺で慰めてくれた。

「緋鹿子の手から沈めし金魚かな。」……「金魚玉二階の君に悲しけり。」

……長く忘れていた、そんな昔憶えの句を思い出したりした。

（久米正雄「金魚」より）

※満洲…現在の中国東北部。　※賜暇…休暇をたまわること。

※逗留…旅先である期間とどまること。

※半襟…襦袢のえりにかける、かざりの布きれ。

※噞喁…あっぷあっぷする様子。　※紀念…記念と同じ。

問一　本文中の〈１〉～〈３〉に入る言葉として適当なものを、それぞれ次の中から選び、記号で答えなさい（同じ記号は一回しか使えない）。

ア　すうすう　　イ　にゃあにゃあ

ウ　ぽたりぽたり　　エ　ぎゃあぎゃあ

問二　本文中の（あ）～（お）に入る言葉として適当なものを、それぞれ次の中から選び、記号で答えなさい（同じ記号は一回しか使えない）。

ア　ねっとり　　イ　わーッ　　ウ　きょとん　　エ　じっ

オ　つくづく

問三　本文中の【　】に入ることわざとして最も適当なものを次の中か

翌る日、私が散歩から帰って来ると、そこの廊下で、辰夫がまた金魚鉢の中へ手を入れているのを発見した。私は悪戯は咎めたくなかったが、生きものを殺すという事には、心から咎め立てずにはいられなかった。

「おや辰夫。おまえまた金魚を弄ってるね。いけないよ、そんな事をしちゃあ。――ああもう一尾殺しちまったじゃないか。」

私は思わず怒って、睨みつけるようにそう云った。

辰夫は私の見幕が恐ろしいのに、呆気に取られたような顔を上げたが、例の少し寄ったような眼で私を見返しながら云った。

「ううん。だってお母ちゃんが、これ、弄ってもいいって、別なのを買ってくれたんだもの。祖母ちゃんのは、あれ、あすこにあるんだぞい。」

成程そう云えば、粗末な紗の夏簾が、もう早めに懸けられた縁の向うに、別な金魚の硝子玉が吊られて、その中で赤いものが動いていた。で、その水鉢を覗いてみると、それはそう腹の大きくない、ほとんど緋鯉の子といったような痩せた金魚が、三、四匹入れてあるのだった。私は少し唖然とした。そして、如何に吾が子の愛のためとはいえ、そんな当てつけがましい事をする、嫂の心事を憫れむというよりは、腹が立った。そんな悪意からではないと、思い返えす余裕もない程、一種の暗然たる憤慨を心の底に覚えた。

私は思わず声を高めて云った。

「いや、お母さんが買ってくれたって、誰が買ってくれたって、そんなに金魚を弄り殺しちゃいけないよ。祖母さんは何も金魚が惜しくて、自分のだから、高価いからといって、殺しちゃ悪いと仰有ったんじゃない。またお母さんが幾ら自分のだからといったって、殺していいというものじゃない。金魚は生き物だから、殺しちゃあ可哀そうだというんだ。殺しちゃいけない。どんな金魚だって、殺しちゃいけない。」

それは実際、辰夫に云っているというよりは、嫂に云っている言葉だった。間接に嫂を非難している言葉だった。辰夫は更に呆気に取られたように、瞳を寄せて、水の中へ入れた手を出したまま、まだ〈　３　〉と指先から滴を垂らしながら、（　お　）とこの叔父を見上げていた。

果して台所の方にいて、何か料理を手伝っていた嫂が、手を拭きながら急いで出て来た。彼女は少し青い顔をしていた。私は黙って立っていた。

「さあ、辰夫。その金魚をお寄越し。それも弄っちゃいけないんだよ。弄っちゃいけないって、叔父さんが仰有るんだよ。おお怖、――⑤叱られるから、さあもう弄るんじゃありません。……」

こう云いながら、彼女は辰夫の前から金魚鉢を取上げると、それを持って、前の金魚を入れてある硝子玉の吊してある処へ行って、立ったまま、その口から鉢の金魚を一尾ずつ中へ滑り落し始めた。水が鉢からポタポタ垂れたが、彼女はそれを気にもせず、金魚を残らず同じ玉の中へ入れてしまった。彼女はその間全く私の方を見なかった。

私は黙って見ている外なかった。辰夫も何となくこの場の、切迫した気分を感じたとみえて、何とも云わず母の手許を見つめていた。ただ金魚だけが、そう大きくもない硝子の円い世界に、そう一度に沢山同類が入れられて来たので、藻濁りを立てて泳ぎ騒いでいた。

「さあ、もうこれで何処からも苦情はないでしょう。」

嫂はこう云って、何となく痙攣的な、勝ち矜ったような笑いを、強い

それに安心したように、辰夫は小用をする時のように蹲んで、金魚鉢を未練らしく眺めていた。金魚は妊娠のような腹を揉み、尾鰭を揺るがして、しかも静かに泳いでいた。赤い影が水を透かして、鉢の底をぼんやり染めていた。

その金魚だった、今も辰夫が眺めているのは。――

しばらくして私が書斎にいると、日の翳った縁側の方で、母の何か云う声が聞えた。

「おや辰夫。いけないよ。おまえ金魚を弄っちゃあ。――ほんとに目が離されないね。いつの間にかこんなに、水の中へ手を突込んで追い廻しているんだもの。……ああこれ御覧こんなに鱗が剝れて、もう死にそうじゃないか。こんな事をすると取上げちまうよ。」

「ううん。」と辰夫の泣き出しそうな声で、「おらの金魚だよ。おらんだよ。……」

私は出てみようと思ったが、丁度物を書きかけていたので、どっしり手製のメリンスの海老茶蒲団の上に据えた腰を立たすのが億劫だった。それ程大事でもなかった。

と、その声を聞きつけて、玄関の小さい間の隅で、赤ん坊を寝かしつけていた嫂が、出て来たらしかった。

「まあ辰夫。何をそんなに悪戯するんだねえ。ほんとに云うことを聞かないで。それはお祖母さんに折角買って頂いたんだから、大切にしなけれぁいけないんだよ。高価いんだからね。――さあそれを此方へお寄越し。」

母にそう云われると、辰夫は（　え　）と泣き出した。

それでも嫂は母の手前、可哀そうだけれど、もっと怒らなくちゃならないといったように、なおも叱りつけるのだった。

「泣くんじゃないよ。ほんとにこの子は、悪戯っ子の癖に泣虫で、……さあその手をお離しったら。金魚を此方へお寄越し。」

「まあ、いいよ。いいよ。いいから預けてだけはお置きよ。ただ中の金魚を弄りさえしなけれぁいいんだから。ね、辰夫、もう弄るんじゃないよ。」

母が却ってこう宥めなければならなかった。

「だってお母さん。取り上げっちまわなければ駄目ですよ。こうして置けば、きっとまた手を入れるんですから。――ほんとに云う事をきかない子ですからね。」

「いいよ、そうしてお置きよ。――さあ、こうして置くからね。もう殺すんじゃないよ。もう決して辰夫は殺しゃしないね。辰夫はほんとにいい子だから、お祖母さんの云う事はよく聞くね。」

「うん。――」

辰坊は止むを得ず、また心から承知したらしかった。

私はこうして母と嫂とが、金魚を中心に、また子供を中心に④小葛藤を起したのを、書斎の中でじっと聞いていた。何だか少し日が翳ったような気持で。――

後で出て見ると、腹のあたりの鱗を三、四枚落されて、そこだけ薄桃色に白けた金魚が、一尾とりわけて水の上の方へ浮んで、身を斜に※喩喁していた。が、まだ確かに生きてはいた。

それでその辰夫の悪戯も、母と嫂との葛藤も、それだけで済んだと思っていた。

取られて、辰夫の方を見ずに、こう取消すように云っていた。
「泣かねえぞい。おら、泣かねえぞい。」
辰夫はまだこう云いながら、自分の前に置いてある、小さな鉢へ入れた金魚の水を、揺するように動かしていた。
「ああ泣かないよ。泣かないとも。辰坊は叔父さん所へ来てからだって、一度も泣いた事はないじゃないか。」
私もこう云って傍(そば)から、強く打消してやった。耳敏(さと)くもこうして聞きつけて、一生懸命抗弁する、辰夫の態度が恐ろしい程いじらしかったからである。
「おら、ほんとに泣かねえぞい。……」
と、語尾を低めて、辰夫は云い止(や)んだが、泣き出しそうな不服な顔で、まだ私の方を見凝(みつ)めていた。彼は本能的に、私たちの子供だましの云い宥(なだ)めを、内心知って不快なのに違いなかった。
「ほんとに辰夫は過敏で困るんですよ。ついうっかりした事は云えないんです。」
嫂(あによめ)はこう小声で、私に云い訳するように云っていた。
「成程(なるほど)ね。」
見ると、辰夫はもう、さすが子供だけに機嫌を直して、しかし黙ったまま、（　う　）と自分の目前(めのまえ)に置いてある、白い小さい化粧用洗面器の鉢に三、四尾(ひき)入れられた金魚を眺め入っていた。
それは母が、昨日辰坊を連れて近所の街へ出て、序(つい)でに買って与えたものだった。
「金魚も高くなったものだねえ。少しいいのになると、一尾(ぴき)十銭からするんだよ。これなんぞは十五銭だったのさ。」
母はその時そう云って、その金魚を皆に見せたのだった。
「まあ、そんなに高いのを、有難(ありがと)うございます。」
嫂(あによめ)は改まってこう云った。彼女は自分のためには、※半襟(はんえり)一つ買ってくれそうもない母が、孫のためにはそんな無駄なものに、鳥渡(ちょっと)五十銭ばかりも投じて来たのを、少し嫉妬めいた嬉しさで見ていた。
「どうせ此奴(こいつ)悪戯(いたずら)をして、終(しま)いには弄(いじ)り殺しちまうんだから、もっと悪いのを買って来て下さればいいのに。」
と、兄——辰夫の父——は、その用務を兼ねて出張して来たところの、会社の東京支店か何かへ出かけるべく、そこの座敷で支度をしていたが、ズボン吊(つ)りを肩へ擦(す)り上げながら、寄って来て云った。そして辰夫を見下(みおろ)して、「殺すんじゃないぞ。」
「ほんとに手で弄(いじ)ったりしちゃいけないよ。」
私も辰夫がもう金魚鉢を、揺すろうとしているのを見ると云った。
「すぐ赤い鱗(こけら)が落ちて死んじまうから、金魚ってそっと見てるものなんだよ。そら、見てるだけだって綺麗(きれい)だろう。ああ、そんなに水を揉(も)まないで。金魚が地震だと思うからね。」
「うん。——」
辰夫はまだまだ馴(な)れたというほどでない私から云われたので、おとなしく鉢から手を離した。
「手の届かない所へでも吊ろうかね。」母はこう云っていた。
けれども私は、辰夫がその言葉を聞いて、恨(うら)めしげに此方(こちら)を見ているのを見ると、何だかすっかり取上げちまうようで、こう云わずには居られなかった。
「③いいでしょう。可哀(かわい)そうだから。」

茶室というほど雅びてはいないが、兎に角風変りな中二階建の小さな家を、つくづく眺め入りながら云った。実際私の住んでいた家は、使える室とては八畳と六畳の二間きりなかった。

「そうだなあ。」とイ私も苦笑して「兄さん達が来るまでには、何処か広い所を見つけて越す積りだったんだけれど、どうもいい所が見つからなかったんだよ。——けれど狭いには狭いが、他へ行くよりはいいだろう。ウ僕は六畳の方にお母さんと一緒に寝て、八畳の方を提供するから、兄さんたちさえ関わなければ、ゆっくり泊ってっておくれよ。」

「それぁ他に泊る所ってないし、東京の宿屋は馬鹿高くて厭だし、どうしても此処へ厄介になるしかないんだが、随分迷惑だろうなあ。第一お前の書き物の邪魔になるだろう。」

「そんな事ぁ大丈夫だよ。エ俺は何処でも書ける性分なんだから、書こうと思えゃどんなに子供が騒ごうと、平気なんだよ。ただ余り嫂さんに気兼ねをさせちゃ気の毒だ。」

「なあに、そんな事ぁ関わないがね。」

兄は口ではこう云いながら、眉根を寄せるようにして、楓の枝の混んだ中央部の、こんもり黒ずむ位まで茂った梢を見上げていた。……

一週間ほどすると、兄は故郷から、嫂と四つになる辰夫と、それから生れたばかりの赤ん坊を連れて来て、兎も角も家に逗留する事になった。

赤ん坊というものは、オ私は初めて（　あ　）と見たのだが、想像していた以上に、可愛いものだった。私は一体子供嫌いという程ではないが、東西も弁えない赤ん坊なぞは、ただ（　1　）云うばかりで厄介なものだと位にしか思っていなかった。ところが、兄の赤ん坊は、気味が悪い位おとなしかった。小さな鼻腔をふくらまして、（　2　）寝入っている時は勿論、起きている時でもただ手足を伸び縮みさせて、白い地虫のように蠢いているのが、実に妙な可愛さを感じさせた。殊にその足の平までが、自由に屈曲する程運動するのを見ていると、何だか生の力の霊妙不可思議な現われを覚えて、変に感嘆させられた。自分の指一本握らしてみると、柔かい小さな、それ相応に暖かいものが、（　い　）と、むず痒いような握力で纏わるのも、堪らなく嬉しかった。

「こんなにおとなしくっても、丈夫に育つんですかね。」

私は【　　】という、世の諺なぞを思いながら、嫂に聞いてみた。

「ええ、大丈夫なんです。赤ん坊もある時期間は、ちっとも泣かない事があるんですよ。もっとも性によるんでしょうけれどね。——この辰夫なんぞは、始終泣いて困りました。」

私は縁側にいる、今年四つになる辰夫を顧みた。

「おら、泣かねえぞい。」

辰夫は、この四、五ヶ月の間、お産をする母と一緒に、故郷の東北の方にやられていたために、言葉を覚える盛りを、すっかり奥州訛りの影響を受けてしまって、そんな事を云っていた。彼は、母と叔父との対話中に、自分の名が出たのを、耳さとくも聞き取って、すぐ抗弁したのだった。首の細い、神経質な、利口な子だった。少し眼が、斜視のように寄るのも、その疳性を証拠立てているようだった。この子にじっと見られると、私は鳥渡妙な畏怖を覚えた。

「ああ泣かないよ。泣かないよ。今はもう立派な兄さんになったんだからね。……お母さんは、前の事を云ってたんだよ。」

嫂は兄が脱ぎ棄てて行った平常着を畳みつけながら、羽織の皺に気を

【国　語】（五〇分）〈満点：一〇〇点〉

一　次の——線部の漢字の読みをひらがなで答えなさい。

1　一途に思い詰める。
2　これ以上なす術がない。
3　君と僕とは親しい間柄だ。
4　準備万端ととのう。
5　彼を生徒会長に推した。

二　次の——線部のカタカナを漢字に直しなさい。

1　雑誌をカンコウする。
2　マワタを入れた布団。
3　センセイ君主による統治。
4　小売店に製品をオサめる。
5　親にコウヨウを尽くす。

三　次は、自身の転居を知らせる手紙である。［1］～［5］にあてはまる語をそれぞれ選び、記号で答えなさい。

> ［1］
> ［2］の候、ますますご清祥のこととお慶び申し上げます。
> さてこのたび、東京へ転居いたしました。
> お近くへお越しの際は［3］にもお寄りください。
> まずはご挨拶かたがた、お知らせ申し上げます。［4］
> 令和二年四月一日
> 攻玉太郎
> 近藤真琴先生
> ［5］奥様にもよろしくお伝えください。

1　ア　拝殿　イ　拝読　ウ　拝啓　エ　拝見　オ　拝観
2　ア　花冷え　イ　小春日和　ウ　時雨　エ　入梅　オ　青葉
3　ア　貴宅　イ　本宅　ウ　平屋　エ　御宅　オ　拙宅
4　ア　冠省　イ　謹啓　ウ　有終　エ　敬具　オ　失礼
5　ア　約言　イ　追伸　ウ　承前　エ　余滴　オ　余録

四　次の文章を読んで、あとの問いに答えなさい。

※満洲の植民地生活では、そう手当も行届(ゆきとど)かないから、お産に障(さわ)りが起ってはならぬというので、①故郷の実家の方へ送り返されていた嫂(あによめ)も、無事に出産が済み、母子とも産後の肥立(ひだ)ちが好かったので、それを迎い旁々(かたがた)、一個月(いっかげつ)ばかりの※賜暇(しか)を得て、兄が東京へ来たのは、庭の楓(かえで)が葉を広げ切った、六月初めの事だった。兄はこの二、三年、自分が満洲のある製鉄所に、技師として行っている間に、わずか一、二篇の小説などによって、意外にも有名になっている弟が、思いの外(ほか)小さく暗い家に住んでいるのを、鳥渡(ちょっと)また意外に思わざるを得なかった。

「ア俺はまたお前が、②もっと広い広い家に住んでいると思ったから、妻子もろとも手足を伸ばして、ゆっくり※逗留(とうりゅう)して行く積(つも)りだったが、これじゃ余り狭くって、四人厄介になるのは気の毒だなあ。」

兄は着いた翌朝、一坪(ひとつぼ)程な庭へ出て、一本庭を蔽(おお)うた楓の葉蔭から、

は最近のことである。

イ　現代では「家族」の定義がアイマイになってきており、血縁を離れ、自分が社会に出るまでに出会った人々のことをも「家族」の中に含むようになってきている。

ウ　仏教用語であった「縁」は、前近代の日本では非常に重視されていた概念であったが、科学が宗教に取って代わった現代では日常生活において「縁」はほとんど考慮されないようになった。

エ　「世間」を通じて経験することは、道徳的に正しいことばかりではないかもしれないが、そのような経験を通して若者は「社会化」を果たしていく。

オ　組織の円滑をはかるためには、ウマが合わない人同士が同じ配属になることを避けるのがよく、また自分が少しでも「相性」が悪そうだと感じた組織からは早く抜け出るべきである。

維持することが難しくなり、同時に「社会化」のために必要な経験を積むことも困難になってしまったから。

イ　近代以前の社会では、幼い子どもも労働力として期待されていたが、現代では子どもを働かせることは法的に禁止されているため、「社会化」する時期が遅くなってしまったから。

ウ　かつては自分の属する集団内の年長者や同年配から、良きにつけ悪しきにつけ、様々なことを教わることで人間は「社会化」していったが、現代ではそのような機会そのものが完全に失われてしまったから。

エ　普通教育が普及した現代では、学校に通う期間がかつてより長くなったことで、実際の世間の厳しさに触れるまでの期間も長くなり、「社会化」の始まりも遅くなったから。

オ　学校制度が整えられた近代以降、世間の厳しさもまた学校で教えることになったが、それでは不十分で、真の「社会化」は学校を出て働き始めたときから始まるものだから。

問七　――線部④「神様のお引き合わせだ、などというのはあとになってからの理屈」とあるが、これについて説明したものとして最も適当なものを次の中から選び、記号で答えなさい。

ア　たとえ自分が好感を抱かない人間であっても、人間関係を円滑にするために、これも運命だと受け入れて交際すること。

イ　自分の好悪に基づいて人を選別し、やがて発展した人間関係が宿命であったかのような意味づけをすること。

ウ　凝り固まった人間関係を一度解消するために、人知を越えた存在を持ち出してその理由付けをすること。

エ　世の中にいるたくさんの人々の中から、自分と共通点のある人物を見つけ出し、その出会いに特別な理由を後付けすること。

オ　ある人物についての好悪を説明するために、神という存在を持ち出して、合理的に説明をすること。

問八　――線部⑤「複雑な気持ちになる」とあるが、筆者がこのように感じる理由を述べたものとして最も適当なものを次の中から選び、記号で答えなさい。

ア　幸福な人間関係を築くために重視すべきものである「相性」を、アメリカは戦争の場に応用したことで、日本は大きな被害を受けたから。

イ　「相性」は日本に独自の考え方であったのに、これを科学的に研究したことで、もはや完全にアメリカのものになってしまったから。

ウ　これまで日本独自のものと考えていた「相性」という概念を、誰かがアメリカに漏らしてしまったことで、日本の敗戦が決定的になったから。

エ　戦争が終わって日本とアメリカの「相性」が良くなっても、自分が戦争でアメリカから受けた苦しみを忘れることはできないから。

オ　戦争当時、日本とアメリカの戦力は互角だったのに、アメリカが「相性」を本格的に研究したことによって戦況が大きく変わったから。

問九　本文の内容と合致するものを次の中から一つ選び、記号で答えなさい。

ア　「人間」は当初は「ジンカン」と読んで「世間」と同じ意味に用いられており、「ニンゲン」という意味で用いられるようになったの

「禅師」（高僧）が人間社会から離れ、帝の御陵に控えて成仏の助けとなることを誓った」という意味。

※慇懃　きわめて丁寧なこと。礼儀正しいこと。

問一　本文中の［Ａ］～［Ｄ］にあてはまる言葉を次の中から選び、記号で答えなさい。（記号は一度しか使えません）

ア　うとうと　イ　しばしば　ウ　そもそも
エ　ほうぼう　オ　いよいよ

問二　本文中の空欄［　］にあてはまる語を、漢字一字で答えなさい。

問三　本文には次の一文が脱落しています。この一文を補うのに適切な箇所を、本文中の空欄［ア］～［オ］の中から選び、記号で答えなさい。

そんなふうにして人類史は、そして生物世界はつづいてきた。

問四　――線部①「『ヒト』は生まれたときから『社会人』なのである」とあるが、このように言える理由を述べたものとして最も適当なものを次の中から選び、記号で答えなさい。

ア　人間は、一度所属した組織を抜け出すことは困難だから。
イ　人間は、生まれてまもなく親と接触することになるから。
ウ　人間は、何かにすがって生きていくことが宿命づけられている存在だから。
エ　人間は、社会で生きるために様々な経験をすることが求められるから。
オ　人間は、他の動物と違って生まれたときから一人前とみなされるから。

問五　――線部②「ひとりの豆粒のような人間をとりまいている家族あるいは血縁集団というちいさな円が、その外側にむかって大きな同心円にふくらんでゆく」とあるが、これはどのようなことを言ったものか。その説明として最も適当なものを次の中から選び、記号で答えなさい。

ア　家族や血縁集団は自分が生まれた当初は狭い範囲にすぎないが、自分が家族を設けることなどでその範囲が拡大するものだということ。
イ　人間にとって最も大切な世間は家族や血縁集団であるのに、成長とともに交際範囲が広がるにつれ、次第にその価値がないがしろにされてしまうということ。
ウ　家族や血縁集団は現代ではもはや時代遅れの概念となっており、いまやそれにかわるものとしてはもっぱら世間がその役を担っているということ。
エ　家族や血縁集団の中における自分の存在価値は、生まれた当初はほとんど無視されていたものの、成長するにつれ、次第に高まっていくということ。
オ　さまざまな人間と関わりを持つようになることで、はじめは家族や血縁集団だけであった世間の範囲が、次第に拡大していくということ。

問六　――線部③「新卒の若者をあらためて『社会人』とよぶようになったのにはじゅうぶんな理由と意味があるのかもしれない」とあるが、筆者がこのように考える理由を述べたものとして最も適当なものを次の中から選び、記号で答えなさい。

ア　子どもの数が減少した現代では、かつてのような同年配の集団を

れていっしょになったはずの配偶者も「性格の不一致」ということばでサラリと離婚してしまったりもする。

あなたがいま、ある学校の学生・生徒であったり、ある会社の社員であるというのも、かなりのていどまで「好ききらい」の結果である。なにかの「縁」でこの学校、あるいは会社にいるというのはたしかだが、［D］この学校の入試、あるいは会社の入社試験を受けようという興味と意思があなたにあり、学校や会社がわにも、この人物を入学させよう、採用しよう、という選択があったからだ。むずかしくいえば、わたしたちは「選択的行動」によって世間とつきあい、それと「縁」という観念とを同調させているだけなのかもしれないのである。

じっさい「好ききらい」原理は人間関係のうえで重要なはたらきをする。俗に「ウマが合う」とか「ソリが合わない」とかいった語法があるが、いろんなひととのつきあいのなかで、たのしくいっしょにしごとのできるひと、逆にできるだけ避けたいひと、さまざまであることが経験的にわかってくる。「相性」のよしあしが人間関係を決定するのである。

唐突なようだが、その問題をはじめて本格的に研究したのはアメリカの戦略空軍であった。Ｂ－29の無差別爆撃で多くの同胞を失い、家を焼かれた日本人としては⑤複雑な気持ちになるが、あの大型爆撃機は機長以下、数名の乗組員がせまい機内で協力しなければならない。観測係と爆撃手、そして機銃手。みんなが心をあわせて「あうんの呼吸」で出撃できるような態勢であれば戦果もあがるし、無事に帰投する確率も高い。だが相性の悪い組み合わせの乗組員が搭乗（とうじょう）した爆撃機は戦果どころか、敵機に撃墜されることが目立って多い。

そこで学者が動員されて、どんな性格の人間を組み合わせるのがいいか、を研究しはじめた。ひとりひとりの乗組員に、だれといっしょに乗り組みたいか、逆にだれとソリが合わないか、その人間関係図をつくってみた。ソシオグラム（sociogram）という手法であり、その基本になったのは心理学者モレノ（Jacob Moreno）が提唱した「社会計測学」（sociometry）という学問であった。

こうした「相性」の研究はたとえば工場の流れ作業での能率だの、レストランでの厨房（ちゅうぼう）から配膳（はいぜん）までの一連のサービス業務だの、いろんな場面に応用がきく。チーム・ワークを根幹とするスポーツの世界だってそうだ。いくら個々人の能力がすぐれていても、仲間どうしの連携がしっかりしていなければチームは負ける。それもこれも「相性」原理がどこかではたらいていることが［B］である。だから、チーム・スポーツの監督やコーチは選手の性格を見きわめてそれぞれの持ち場や交代の時期などを的確に判断し命令する。

会社の人事などにもそんなことがある。あいつの性格だったらあのチームからこっちのチームに異動させたほうが能力が発揮できるんじゃないかな、と判断した上司はその人事配置の変更をおこなう。そのほうが組織ぜんたいのためにもなるし、なによりも本人の成長のためになる。ひととひととは「縁」で出会うけれど、出会った「縁」をさらにゆたかにしてくれるのはよき仲間の設計にある。家庭でも職場でも「ウマが合う」ひと、つまり相性のいい人間といっしょに暮らすことが人生のよろこびというものではないのか。

（加藤秀俊『社会学――わたしと世間』より）

※禅師即誓、永絶人間、侍於山陵、転読大乗、奉資冥路　「禅師即ち誓わく、永（なが）く人間（じんかん）を絶（た）ちて山陵（みささぎ）に侍（はべ）り、大乗（だいじょう）を転読（てんどく）して冥路（みょうろ）を資（たす）け奉（まつ）らむ」と読む。

親もとで生活するのがふつうだ。そのあとも学校生活がつづくから、むかしにくらべればきびしい「世間の［　］」にあたるのは、ずいぶんおそくなった。とすれば定職につき、定時に勤務先に出勤して生身の上司、先輩、同僚とのかかわりのなかで訓練してはじめて新人社員は一人前になるのも当然である。そんな理由から、③新卒の若者をあらためて「社会人」とよぶようになったのにはじゅうぶんな理由と意味があるのかもしれない。

さきほどわたしは親子きょうだいがつくる「家族」という集団が人間にとっての原初的な世間だ、とのべ、それを「血縁」によるもの、と書いたが、それはただしくない。なぜならひとりの人間を生む男女のあいだには「血縁」関係がないからである。「夫婦は他人」なのである。その夫婦、あるいはひと組の男女がめぐりあったのはまったくの偶然にほかならない。親子関係は必然だが、夫婦関係は偶然なのである。極端にいえばもののハズミなのである。偶然が必然を生み、その必然がつぎの偶然を生む。［エ］

その偶然を必然化させている原理は「縁（えん）」というものであろう。縁あって特定の男女がむすばれる。「縁談」をつうじての婚姻関係などは実質的にすくなくなっているようだが、それでも出雲（いずも）大社をはじめ「縁結び」の神様は［C］にいらっしゃる。

（中略）

「縁」というのはもともとは仏教用語である。仏教の観念体系はややこしくて理解を絶することが［B］だが、仏教関係の書物を読むと「縁」というのは「ある結果（果）を導き出す直接的な原因（因）に対して、それを外部から助長させる間接的な原因。因と果とを結び付ける外部的な作用。因縁」のことだ、と定義されている。たとえば、あなたに配偶者がいる（果）のは年頃の異性がいたから（因）である。しかし、数ある異性のなかで、特定のひとりとひとりとわけしたしくなって結婚したのは「縁」である。

その男女の「縁」があるからこそ、その間のめんどうな人情の機微をめぐって神話や文学がうまれた。古くはアダムとイヴ、イザナギとイザナミ。すべて男女の求めあいを主題にした物語であった。文学作品を思いつくままに硬軟とりまぜ列挙しても『ロミオとジュリエット』『曾根崎心中（そねざきしんじゅう）』『赤と黒』『金色夜叉（こんじきやしゃ）』『嵐が丘』などおびただしい文学作品はことごとく男女求愛、悲恋のおはなしではないか。男女の「縁」こそがすべての「縁」の出発点なのである。落語の「厩火事（うまやかじ）」のマクラには「これは縁というよりほかに解決のしょうがないというのが、やっぱり夫婦の縁でしょう。あれはほかに、しょうがない。縁ですね、あれは」とある。［オ］

だが、「縁」がこれら文学作品のようにロマンチックなものになりうる理由は特定の男女が仲良くなることの根源に「好ききらい」という単純な原理がはたらいているからだ。④神様のお引き合わせだ、などというのはあとになってからの理屈で、じっさいにはおたがい数ある候補者のなかから好きな相手を「好ききらい」でえらんでいるのである。「お見合い」婚で、候補者を写真だの身元だので知っても、気に入らなければ※慇懃（いんぎん）にお断りする自由はある。そしておたがい憎からずおもう相手と交際して、それなら、というのでいっしょになる。「縁」というのは、そういう「好ききらい」原理での選別がおこなわれたあとで事態を合理化するためのものであることが多いのだ。そして、あれだけ好いて好か

ある。

そんなふうに「社会人」として生まれたこどもは、すこしずつ世間をひろくしてゆく。ベビーカーにのせられてそとにでれば知らないひとが目にはいる。ときには声をかけてくれたりする。バスや電車のなかでは何十人、何百人もの人間がいることを知覚する。保育所だの幼稚園だのではじめて「ともだち」ができる。いっしょに遊ぶがケンカもする。ときには「いじめ」を経験したりもする。［イ］

そのあと、小学校、中学校と学校生活のなかで、[A]「世間」はひろがってゆく。苦労もする。そして、人間十二、三歳にもなると、すこしずつ「親ばなれ」がはじまる。京都では「十三詣り」といって男女とも十三歳になったら虚空蔵菩薩にお詣りにゆく。ここから「ヒト」は独立するのである、そして親もとの外側にある世間にすこしずつはいってゆく。イメージでいうと、②ひとりの豆粒のような人間をとりまいている家族あるいは血縁集団というちいさな円が、その外側にむかって大きな同心円にふくらんでゆく。それが「世間」なのだ、といってもよい。そこから人生という名の旅がはじまるのである。

普通教育が普及するまえの村落で、家族からはなれた少年たちがまず経験するのは「若者組」という同年配のこどもたちの集団であった。「年齢階梯集団」である。地方や時代によって、その運営方法はちがうが、村の少年たちは「若者組」にはいる。ときに「若者宿」という合宿所のようなところで起居をともにすることもあった。女の子にはべつに「娘宿」があったりする。この同年輩の仲間のなかで先輩は後輩にさまざまなことを教え、その経験によってすこしずつ世間への目をひらかされたのである。［ウ］

やがて教育制度がととのってくると、若者組のかわりに、同年輩のこどもたちはおもに学校をつうじて「仲間」をつくるようになった。学校での同級生も仲間だし、公園でサッカーをする仲間もある。おおむねほがらかで、たのしそうだが、初期反抗期の少年少女だから、[B] こういう仲間はあれこれイタズラをしたり、ときにはよからぬこともする。ケンカや暴力沙汰もある。「世間の[　　]」はときとして冷たいのである。

こういう都市の青少年のグループのことをアメリカ英語では「ギャング」という。ウィリアム・ホワイト（William Whyte）の『街かどの仲間たち』（Street corner society' 一九四三年）という本はアメリカの大都市でのイタリア系青少年のギャング集団のみごとな研究だった。いや、映画『ゴッド・ファーザー』のはじまりの部分で貧民街の少年たちがどんなふうに育っていたかをみるだけでもその事情はわかるだろう。

十二歳というのは労働力として役に立つ年齢でもあったから、むかしは都市にでて商家などで丁稚奉公をする男の子もおおかった。女の子は女中奉公。こうした若年の「出稼ぎ」は十八世紀なかばから顕著になってきた。番頭、手代といった親代わり、きょうだい代わりの先輩や上役がたくさんいて、いろんなことを教えてくれた。もちろん親切に教えられるだけではない。イジめられたり、意地悪されたり、ダマされたり。そんな「世間の[　　]」によって人間は成長したのである。そんなふうに世間で揉まれてだんだん一人前になってゆくことを「社会化」（socialization）という。

（中略）

いまの日本では中学までが義務教育になったから、最低十五歳までは

問八 「お初」が奉公先に対して警戒心を持っていたことを示す箇所を本文中から二十五字で探し、最初の五字を抜き出しなさい。（句読点・符号も一字と数えます）

問九 ――線部⑥「ここを出ようとは思いませんでした」とありますが、このときの「お初」の気持ちを七十字以内で説明しなさい。

問十 この小説についての説明として**適当でないもの**を次の中から一つ選び、記号で答えなさい。

ア 情景を描写するのに比喩表現を用いて、読者の想像を助けている。

イ 同じような文末表現を用いることで事実がたんたんと描かれている。

ウ この小説は主に主人公「お初」の立場から描かれたものである。

エ 間取りや調度品などをこと細かく具体的に表現することでお屋敷の立派さを表している。

オ この小説は主に主人公「お初」とその他の登場人物との会話文で成立している。

五 次の文章を読んで、あとの問いに答えなさい。

現代日本語には「社会人」という語彙がある。新年度、つまり四月一日になると新聞、テレビ総動員で各企業の新入社員の入社式のことを報道し、あたらしいスーツとネクタイ姿の若者がその抱負をのべたりする。そんなふうに就職した青年たちのことをなぜか「社会人」になったというのである。たぶん、人生のその段階から「ヒト」は「一人前」としてみとめられる、ということなのであろう。［ア］

だが、そんな区切りをつけなくても、①「ヒト」は生まれたときから「社会人」なのである。世間に仲間入りしているのである。生まれたばかりの赤ちゃんにとって、はじめて経験する「世間」すなわち「社会」は母親の声であり、肌の触覚であろう。そして、間もなく、こんどは父親だの親族だの、あるいは近隣のひとびとだのの感触。「人間」はそこからだんだんと「世間」に接してゆくのである。

「人間」という二文字を「ジンカン」と読む用例は八世紀の『続日本紀』に「※禅師即誓、永絶人間、侍於山陵、転読大乗、奉資冥路」とあって、これは「世間」とほぼ同義。これを「ヒト」という意味で使用した事例は『今昔物語集』に「天人は目不瞬かず、人間は目瞬く」とあるのが初出らしい。十二世紀のことである。つまり語誌からいうと「世間」と「人間」はおなじことなのだ。「人」と「人」との「間」に生まれてくるのだもの、人間はもともと世間に所属しているのである。

いまわたしは「人」と「人」とのあいだ、といったが具象的な意味でも「人間」は「人の間」の産物だ。ひとりの「人間」が生まれるのは両親、すなわち夫婦あってのことである。いうまでもなく人類という生物の「種」は、男と女の配偶関係によってつづいてきた。「ヒト」はすべて親の子である。両親あっての「ヒト」なのである。おおくのばあい、婚姻届のある夫婦が両親だが、さまざまな理由で「夫婦」以外の男女のあいだに生まれたこどももいる。

むかし「家族」は「男女とそのあいだに生まれたこどもから成る集団」と定義された。しかしこれではいろんな例外が発生してきたから、このごろでは「家族」の定義はアイマイで不可能にちかいものになっている。だが親のいない人間は存在しない。親子きょうだいという「血縁」という名の集団こそが、ひとりの「ヒト」が経験するさいしょの世間なので

が〈　7　〉と疲れた頭脳（あたま）に思い出されてきました。そして昨夜まで枕をならべて寝ていた妹や(カ)お母さんのことが、恋しくなって来て仕方がありませんでした。しかし、半日で自分になついたような、あの可愛い赤さんをおいて、⑥ここを出ようとは思いませんでした。

（徳田秋声『初奉公』より。読みやすくするため、現代表記へと改め、送り仮名やふり仮名の加除を適宜おこなった。明らかな誤りと思われる箇所は訂正した。）

※お目見え　ここでは、奉公人が正式に雇われる前の見習い期間を指す。
※美事　見事のこと。

問一　〈　〉1～7に入ることばを次の中から選び、記号で答えなさい。（記号は一度しか使えません）

ア　ごちゃごちゃ　イ　にこにこ　ウ　おずおず
エ　うきうき　オ　ちびちび　カ　ぴかぴか
キ　ほろほろ

問二　══線部（ア）～（カ）は二人の呼び名が混在しています。正しく分別したものを次の中から選び、記号で答えなさい。

ア　ア／イウエオカ　イ　アウ／イエオカ　ウ　アウオ／イエカ
エ　アウカ／イエオ　オ　アウオカ／イエ

問三　――線部①「楽」について、なにが「楽」ではないのでしょうか。本文中から三字で抜き出して答えなさい。

問四　――線部②「何かする」の内容としてふさわしくないものを次より一つ選び、記号で答えなさい。

ア　いたずらをする。　イ　不祥事を起こす。
ウ　困ったことをしでかす。　エ　奉仕活動をする。
オ　迷惑をかける。

問五　――線部③「厭な気」の説明として最も適当なものを次の中から選び、記号で答えなさい。

ア　あれこれと世話を焼くお母さんをうとましく思う気持ち。
イ　幾度も同じことを聞くお花をしつこいと思う気持ち。
ウ　お母さんやお花との別れを悲しく思う気持ち。
エ　家族から自分を引き離す叔父さんを恨む気持ち。
オ　知らぬ間に奉公先を決められたことを不快に思う気持ち。

問六　――線部④「哀れな身のうえ」を具体的に述べた部分を、これより後の本文中から探し、十五字で抜き出しなさい。（句読点・符号も一字と数えます）

問七　――線部⑤「お初はただ淋しげに笑っただけでした」とありますが、「お初」がこのような態度を取った理由として適当なものを次の中から二つ選び、記号で答えなさい。

ア　御主人の問いかけに、それまで忘れていた家族のことをふと思い出してしまったから。
イ　御主人の問いかけがあまりに急だったため、自分の兄弟の数を忘れてしまったから。
ウ　御主人からの思いがけない問いかけに驚き、すぐに答えを返せなかったから。
エ　お座敷で目にしたものがあまりに刺激的だったため、御主人の声も耳に入らなかったから。
オ　履歴書を見てお初の家族構成を知っているはずなのに、わざとらしい質問をする御主人に腹が立ったから。

胸が塞がって来ました。(ウ)お母さんや妹の顔も、目にみえるようで思わず涙が湧いて来ました。

しかしお初は、直に気を取り直すことができました。そしてみんなで四人いる女中の傍へ行って、その日のおやつなどを頂いた頃には、何を聴かれても、はっきり返辞も出来たし、みんなが好い子だといって、褒めてくれましたので、何だか気が引き立って来ました。中にはお初が、つい四月ほど前に、父親に別れたのだと聞いて、可哀そうだといって、目をうるませてた女がありました。そしてみんなはめいめいに自分の親のことを話し出しました。するうちに奥の掃除に取りかかるものもあり台所で(エ)奥さんのお手伝いをして晩の御飯の御馳走ごしらえに立ち働くものや、風呂の火の加減を見に行くものなどもありました。

お初はそのあいだ、奥の部屋で赤ちゃんのお守をしたり、二人ある上の子供たちの用をたしたりしていましたので、もう気がまぎれて、家のことなどはしばらく思い出しもしませんでした。上の子は二人とも愛らしいお嬢さんでしたが、色の白い、目のぱっちりした二番のお嬢さんが、どうやら少し意地がわるそうに見えるだけで、一番上のお嬢さんは、いかにも素直そうなやさしい顔立ちをしていました。

御主人のお帰りになったことも、お初は少しも知りませんでしたが、湯殿へおいでになるその姿が廊下の方に見えたとき、お初はじきにそれと気がつきました。そしてお目見えをしたのは御飯の時でしたが、御主人は、家のことはそうかまってはおいでにならぬらしく「ふむふむ」と云って、奥さまのお話を聴いておいでになるだけでした。御主人はその時美しい色をした洋酒などを召しあがってでしたが、そのお座敷には室内暖炉がすえてあったり、目もさめるような屏風が置いてあったり、器具がおいてあったりしました。

お初はそんな立派な部屋を初めて見ましたので、目に入るものが、一つ一つ何だか芝居の舞台でも見るような気がしました。そして東京にこんな暮らしをしている人のあることを見も知らない母親などが、気の毒のように思われて来ました。

御飯のすんだお嬢さんたちも、お父さんや(オ)お母さんの側へ来て、そこにあった蜜柑などを食べたりして、さも楽しそうに学校のお話や、活動のお話をしあっていました。お父さんはお酒を〈　5　〉飲みながら、〈　4　〉した顔をして、それを聴いておいでになりましたが、時々さも嬉しそうな声を出して、奥さまと一緒にお笑いになりました。

お初は世のなかには、こんなに〈　6　〉した楽しい家もあるのかと、つい自分もそれに引き入れられるような気がしました。

御主人はお初の膝にいて、時々手足を動かしたり、何か感動したように、張りつめた目をしたりする赤ちゃんの方へも、時々目を見張っておあやしになりました。赤ちゃんはお父さまのお顔を、もういくらか覚えているようでした。

「初は兄弟が幾人あるのかい。」など御主人がお聞きになりましたが、⑤お初はただ淋しげに笑っただけでした。

お湯へ入ってから、洗濯したお襁褓などを幾組も幾組も熨したり、畳んだりしてから、お初が床についたのは、もう大分遅うございました。お初は目が変になって、電気の明るいのなどに、反って疲れをおぼえましたが、床に入ってからは、目が冴えだして来て、急に寝つかれそうもありませんでした。傍にぐっすり寝込んでいる他の女中たちの歯ぎしりや寝言なども耳につきました。するとまた、夢のような今日一日のこと

「さあ初坊叔父さんと行こうや。何にも悲しいことはないや。奉公だって、外のお屋敷と違って、あすこならもう皆さんが、実に好い方ばかりで、きっと親切にして下さるよ。」

お初は新しい下駄を穿いて、蝙蝠と、※お目見え中の着替えとを持って、叔父さんの後から家を出ましたが、何だか③厭な気がしたので、お母さんやお花の顔を見ないようにしていました。

叔父さんは経師屋でした。そして永年そのお屋敷へ出入りしていましたから、そこの隠居さまや若い御主人や(イ)奥さまにもよく気心を知られていました。

行って見ると、お屋敷は成程立派なものでした。まだ木の新しい門を開けて入ると、玄関まで砂利が敷き詰めてあって、右左に※美事な植込みがありました。まだ寒い時分でしたから、木の根方には枯れ松葉をどっさり敷いてありました。叔父さんの後について、お初が〈　２　〉勝手口の方から顔を出しますと、すぐそこにお料理場がありましたが、もったいないほど綺麗で、見たこともないお料理の道具がいろいろ揃っておりました。中には何やら〈　３　〉光る器械のような物もあって棚の皿や鉢、コーヒー茶碗や杯なども、いずれも贅沢な品ばかりでした。

お初はお茶の間のようなところを、二間も三間も通って、ちょっと部屋の入口へ来て、叔父と一緒に坐りましたが、そこには若い束髪の綺麗な奥さまが、切髪の品のいい御隠居さまと一緒に、産まれて八月か九月くらいの可愛らしい赤ちゃんをあやしておいでになるところでした。床の間には美事なお花が生かって、お琴が立てかけてありましたが、皆さんのお傍にはお菓子器やお茶道具や、赤ちゃんの玩具などが散らかっていました。

世のなかには、こんなに綺麗に暮らしている家もあるのかと、お初はきょときょとしていましたが、そこの障子の腰硝子から見える、お庭は公園よりも広そうで綺麗でした。

「好さそうな子ですね。」

「躯もしっかりしていますから、役に立ちそうでございますね。」

隠居さまと奥さまとが、そう言って話しておいでになるので、お初はやっといくらか気が落ち着きましたが、まだまだなかなか安心することは出来ないと思いました。叔父さんは、この子が④哀れな身のうえだということをお話しました。年の割には悧巧だということも、少しは自慢しました。

「はやく親に別れるような子はどこか違いますね。」隠居さまはそう言って、気の毒そうにお初の顔を眺めました。

「まあ置いて行って見てごらんなさい。この子が落ち着くようでしたら、私が末長く面倒を見てあげますからね。」親切そうな隠居さまはそうも言いました。

「まあ当分この子でも少しずつ見てもらいましてね。それも体を背中へ縛りつけておくようなことはしませんから、子守る方でもそう骨はおれませんよ。」そんなことも言っていました。

「何分どうぞよろしく。」と、叔父さんは幾度もお辞儀をしました。

「それじゃ叔父さんは帰るから皆さんの仰ることをよく聴いて、いつまでも置いて頂くようにせんけりゃいかんよ。」叔父さんは帰りがけに、女中達にもお初のことを頼んでから、勝手口でまたお初に言って聴かせました。その時はお初は〈　４　〉した顔を見せていましたが、叔父さんに別れてしまうと、急に何だか家のことなどが想い出されて、小さい

【国語】（五〇分）〈満点：一〇〇点〉

一　次の――線部の漢字の読みをひらがなで答えなさい。

1　人の往来がはげしい。　　2　心配事が杞憂に終わる。
3　世間の耳目を集める話題。　　4　秋の風物をめでる。
5　海外企業の参入を促す。

二　次の――線部のカタカナを漢字に直しなさい。

1　表現のチョウフクをさける。　　2　次第にトウカクを現す。
3　事前の対策がフカケツだ。　　4　セイゾウ元に問い合わせる。
5　話ナカばで席を立つ。

三　次の1～5について、ア～オの各語を〔　〕内の内容によって分けたとき、ひとつだけ他と異なるものを選び、記号で答えなさい。

（問題例）ア　木魚　イ　岩魚　ウ　河豚　エ　烏賊
オ　雲丹　〔種類〕
→（答え）ア……この語のみ生きものではない。

1　ア　帰雁　イ　白露　ウ　秋空　エ　紅葉
オ　名月　〔季節〕
2　ア　小生　イ　拙宅　ウ　粗品　エ　愚考
オ　御社　〔敬意の表し方〕
3　ア　消印　イ　封筒　ウ　郵便　エ　通帳
オ　貯金　〔熟語の読み方〕
4　ア　誕生　イ　入学　ウ　卒業　エ　就職
オ　昇天　〔熟語の構造〕
5　ア　人参　イ　ネクタイ　ウ　鉛筆　エ　てぬぐい
オ　豆腐　〔数え方〕

四　次の文章を読んで、あとの問いに答えなさい。

お初が叔父（おじ）さんに連れられて、初めて麹町（こうじまち）の方のお屋敷へお目見えにあがったのは、ある日のお午（ひる）少し過ぎでした。お初はやっと十歳になったばかりでしたけれど、躯（からだ）は十二歳位の大きさでした。

お初は、お父さんが亡くなってから、お母さんと一緒に四谷の叔父さんの家へ来て、そこで世話になっておりましたが、そこもそんなに①楽な家でもありませんでしたので、叔父さん夫婦と（ア）お母さんと相談のうえで、叔父さんの出入りしているそのお屋敷へ奉公に上がることになったのでした。

その日はお母さんが朝のうち、お湯につれて行ってくれたり、髪を結って白粉（おしろい）をつけてくれたりしました。その間にもお母さんはお初に色々のことを聞かせました。

「どなたの仰（おっしゃ）ることでもよく聴いて、皆さんに可愛（かわい）がられるようにしなければ駄目だよ。お行儀がわるいからと言われて返されて来たり②何かするのではありませんよ。」

お母さんは言いましたが、どうやら目のうちがうるんでいました。六つになる妹のお花も傍（そば）でそれを聴いて、様子を感づいたようでした。そして「姉さんは何処へ行くの」と、幾度も幾度も心配そうに聞きました。お初は何だか悲しくなって、（　1　）涙を流していました。そこへ叔父さんが、晴れ着の羽織なぞを着込んで、奥から出て来ました。

解答用紙集

○月×日 △曜日 天気(合格日和)

◆ご利用のみなさまへ

＊解答用紙の公表を行っていない学校につきましては、弊社の責任において、解答用紙を制作いたしました。

＊編集上の理由により一部縮小掲載した解答用紙がございます。

＊編集上の理由により一部実物と異なる形式の解答用紙がございます。

人間の最も偉大な力とは、その一番の弱点を克服したところから生まれてくるものである。 ――カール・ヒルティ――

東京学参株式会社

攻玉社中学校(第1回)　2024年度

◇算数◇

※解答欄は実物大になります。

1

(1)	(2)	
(3)		
①	②	③

2

(1)	(2)	(3)
km	チーム	通り
(4)	(5)	
人		

3

(1)	(2)	(3)
(4)	(5)	

4

(1)	(2)	(3)
cm^2	cm	cm
(4)	(5)	
cm^2	：　：	

攻玉社中学校(第1回)　2024年度　◇理科◇

※ 159%に拡大していただくと，解答欄は実物大になります。

1

(1)		(2)		(3)		(4)	
(5)		(6)	キ	ク			
(7)	① 倍	② L					

2

(1)		(2)		(3)	毎秒　km	(4)		(5)	秒
(6)	km	(7)		(8)		(9)	秒		
(10)	km								

3

(1)		(2)		(3)		(4)	%	(5)	g
(6)		(7)	目の位置	液面の高さ					
(8)	%	(9)		(10)					

4

(1)	g	(2)	cm	(3)	①	②	③
(4)	cm	(5)	cm	(6)	①	②	
(7)	① 度	② 度	③ 度				

攻玉社中学校(第1回)　2024年度

◇社会◇

※ 156%に拡大していただくと，解答欄は実物大になります。

1

問1	(ⅰ)		(ⅱ)		(ⅲ)	

問2		問3		問4		問5		問6		問7	

問8		問9		問10		問11		問12	

2

問1	(ⅰ)		(ⅱ)	

問2	

問3	(1)		(2)	

問3(3)	特徴	
	理由	

問4		問5		問6	(1)		(2)	

問7	(1)		(2)		(8)	

3

問1		問2		問3		問4	

問5		問6		問7	問題

◇国語◇

攻玉社中学校(第1回)　２０２４年度

※１６１％に拡大していただくと、解答欄は実物大になります。

一

1　2　3　4（もに）　5

二

1　2　3　4（って）　5

三

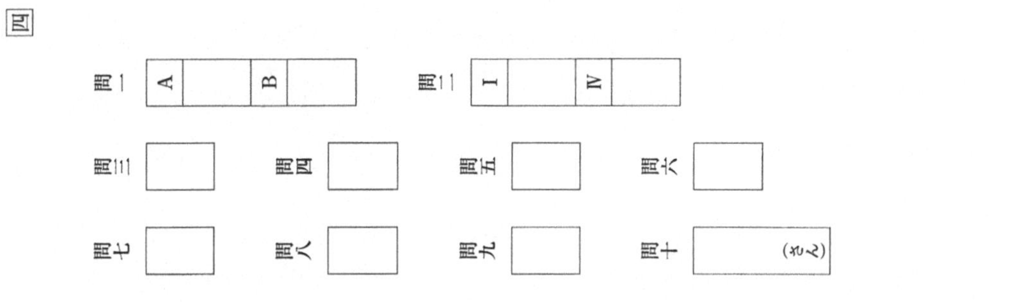

四

問一　A　B　　問二　I　Ⅳ

問三　問四　問五　問六

問七　問八　問九　問十（さん）

五

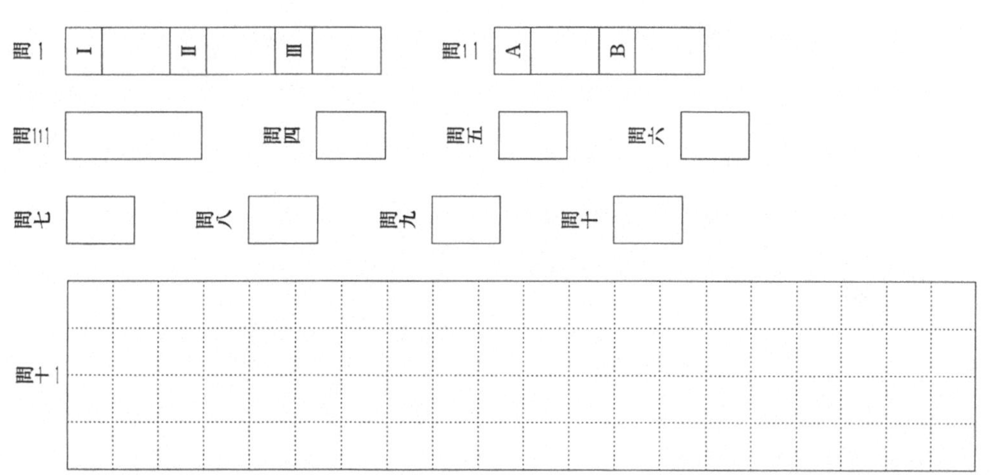

攻玉社中学校(特別選抜)　2024年度

◇算数①◇

※ 143％に拡大していただくと，解答欄は実物大になります。

(1)	(2)	(3)	(4)
	票	℃	個

(5)	(6)	(7)	(8)
倍	通り	本	cm^2

(9)	(10)
cm^3	

攻玉社中学校(特別選抜)　2024年度

◇算数②◇

※ 143%に拡大していただくと，解答欄は実物大になります。

1

(1)

(2)

(3)

(4)

(ア)

(イ)

<考え方>

(イ)の答え

2

(1)	(ア)	AR ： RC ：	(イ)	QP ： PR ：

(2)					
(ア)	<考え方>			(ア)の答え	AY： YH ：
(イ)	cm	(ウ)	AP： PC ：	(エ)	AQ： QE ：

3

(1)	

(2)	

(3)	

(4)	

(5)	

(6) ① \ ②	正しい	正しくない
正しい		A
正しくない		

(7)	

攻玉社中学校(第1回)　2023年度

◇算数◇

※解答欄は実物大になります。

1

(1)	(2)	
(3)		
①ア	②イ	③ウ

2

(1)	(2)	(3)
通り	才	m
(4)	(5)	
cm²		

3

(1)	(2)	(3)
cm	L	cm
(4)	(5)	
分　秒後	が　秒早い	

4

(1)	(2)	(3)
:	cm	:　:
(4)	(5)	
cm	cm²	

攻玉社中学校(第1回)　2023年度

◇理科◇

※ 172%に拡大していただくと，解答欄は実物大になります。

1

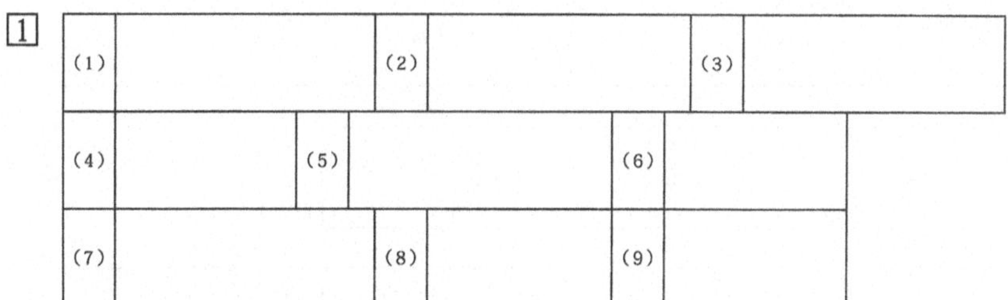

(1)		(2)		(3)	
(4)		(5)		(6)	
(7)		(8)		(9)	

2

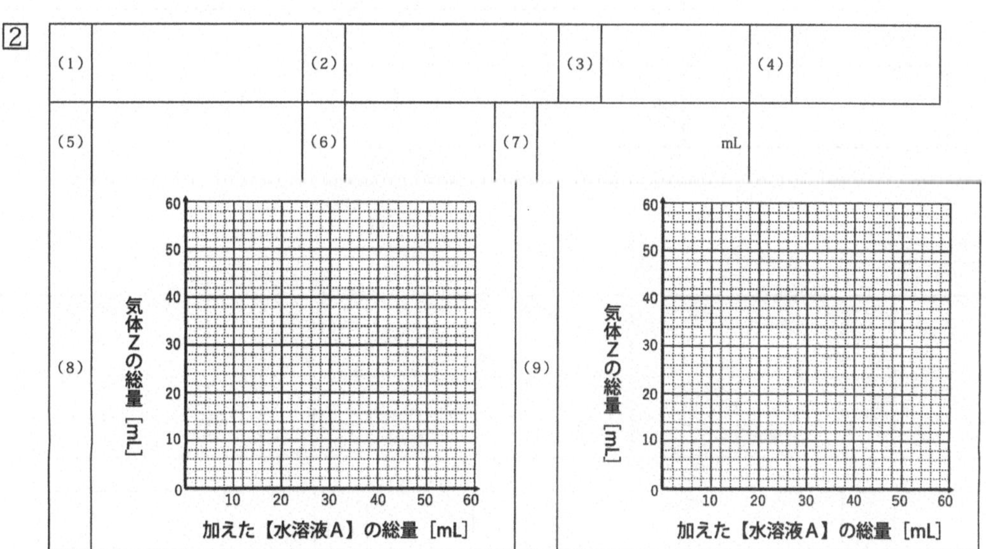

3

(1)		(2)	作用	(3)	
(4)		(5)		(6)	
(7)		(8)		(9)	
(10)	m				

4

(1)	g	(2)	㎤	(3)	g	(4)	
(5)	g	(6)	g	(7)	㎝		
(8)	g	(9)	g	(10)	g		

攻玉社中学校(第1回)　2023年度　◇社会◇

※ 139%に拡大していただくと，解答欄は実物大になります。

1

問1	(ⅰ)		(ⅱ)		(ⅲ)	

問2		問3		問4		問5		問6	

問7		問8		問9		問10		問11	

2

問1	(ⅰ)		(ⅱ)	

問2	

問3 (30字)

問4		問5		問6	(1)		(2)	

問7	

問8 (40字)

3

問1		問2		問3		問4	

問5		問6		問7	記号		数字	

◇国語◇

攻玉社中学校(第1回)　２０２３年度

※１６７％に拡大していただくと、解答欄は実物大になります。

一

1　2　3　4　5（かな）

二

1　2　3　4　5（やか）

三

①　②　③　④　⑤

四

問一　問二　問三　問四

問五　問六　問七　問八

問九　問十　問十一　問十二（さん）

五

問一

問二

問三　問四

問五　問六　問七

問八

攻玉社中学校(特別選抜)　2023年度

◇算数①◇

※ 147%に拡大していただくと，解答欄は実物大になります。

(1)	(2)	(3)	(4)
	番目	秒後	倍

(5)	(6)	(7)	(8)
日	人	°	cm^3

(9)		(10)
①	②	③

攻玉社中学校(特別選抜)　2023年度

◇算数②◇

※ 147%に拡大していただくと，解答欄は実物大になります。

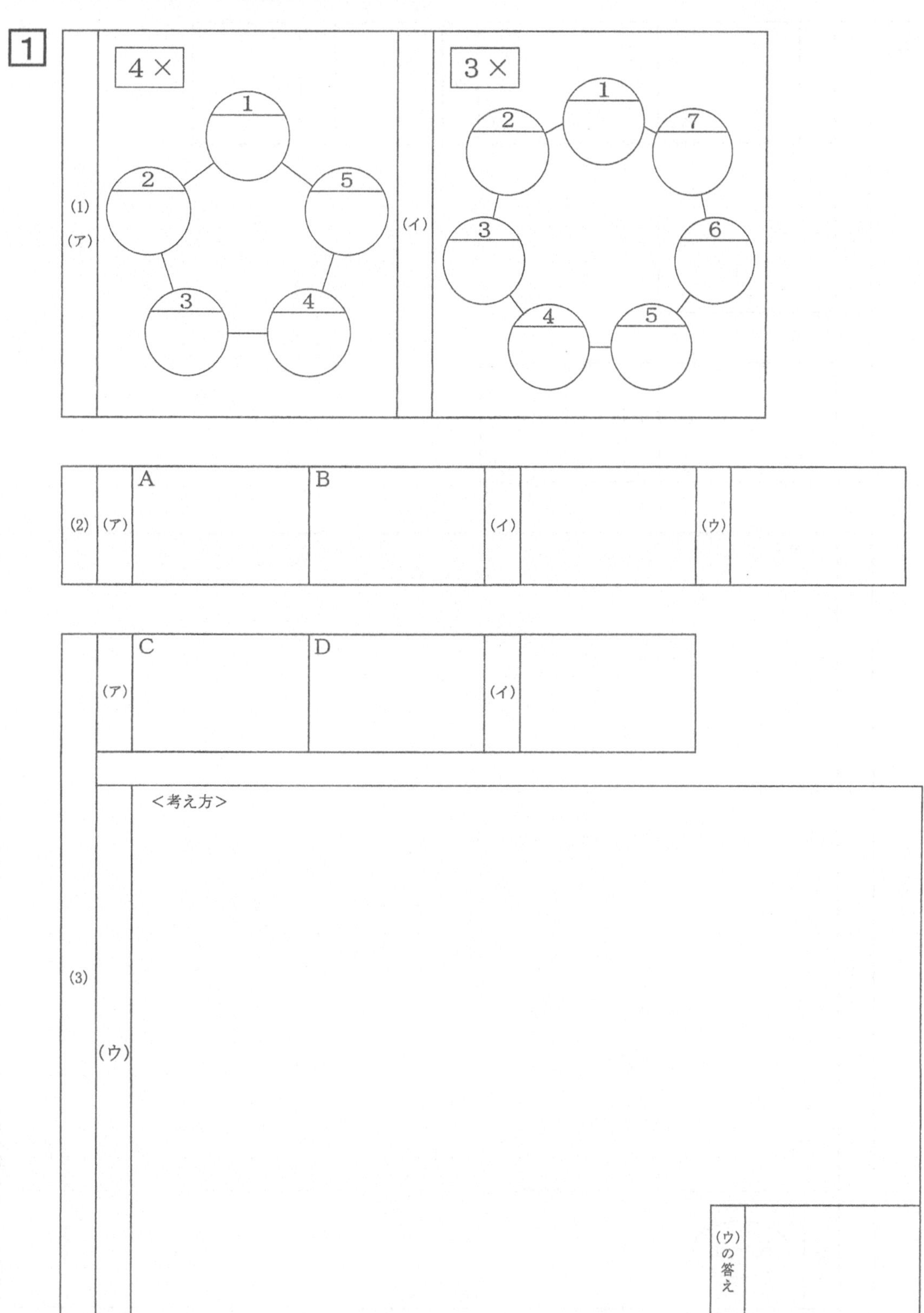

2

(1)	ア	回	イ	回	ウ		エ	

(2)	回

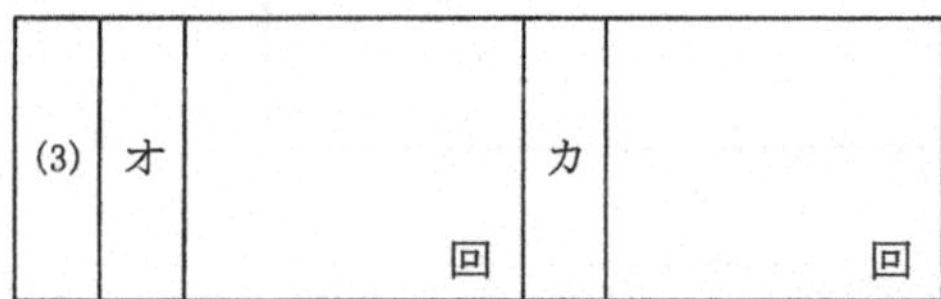

(3)	オ	回	カ	回

(4)	<考え方>
	(4)の答え　$X+1$ ＝

3

(1)	(ア)	ABC : AEF :	(イ)	ABCD : AEFG :
(2)	(ア)	AI : ID :	(イ)	ABCD : ABHI :
(3)	(ア)	BK : KC :	(イ)	NK : KJ :
	(ウ)	NAJM : NCKL :		
	(エ)	<考え方>		

(エ)の答え	ABCD : X :

〈ダウンロードコンテンツについて〉

本問題集のダウンロードコンテンツ、弊社ホームページで配信しております。現在ご利用いただけるのは「2025年度受験用」に対応したもので、**2025年3月末日**までダウンロード可能です。弊社ホームページにアクセスの上、ご利用ください。

※配信期間が終了いたしますと、ご利用いただけませんのでご了承ください。

中学別入試過去問題シリーズ

攻玉社中学校　2025年度

ISBN978-4-8141-3159-4

[発行所] 東京学参株式会社

〒153-0043　東京都目黒区東山2-6-4

書籍の内容についてのお問い合わせは右のQRコードから　⇒

※書籍の内容についてのお電話でのお問い合わせ、本書の内容を超えたご質問には対応できませんのでご了承ください。

2024年7月18日　初版